宁夏师范学院学人文库·第五辑

# 教师教育研究（第二辑）

宁夏师范学院教师教育研究中心·编

黄河出版传媒集团
阳光出版社

图书在版编目（CIP）数据

教师教育研究. 第二辑 / 宁夏师范学院教师教育研究中心编. -- 银川 : 阳光出版社, 2016.12
（宁夏师范学院学人文库. 第五辑）
ISBN 978-7-5525-3385-9

Ⅰ. ①教… Ⅱ. ①宁… Ⅲ. ①师资培养 - 文集 Ⅳ. ①G451.2-53

中国版本图书馆CIP数据核字(2016)第315139号

教师教育研究 . 第二辑　　宁夏师范学院教师教育研究中心　编

责任编辑　靳红慧
封面设计　晨　皓
责任印制　岳建宁

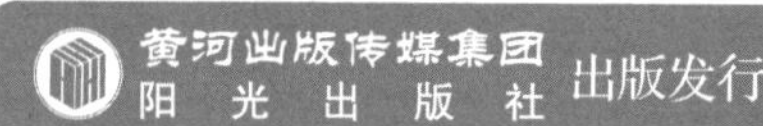


出 版 人　王杨宝
地　　址　宁夏银川市北京东路139号出版大厦（750001）
网　　址　http: //www.yrpubm.com
网上书店　http: //www.hh-book.com
电子信箱　yangguang@yrpubm.com
邮购电话　0951-5014244
经　　销　全国新华书店
印刷装订　宁夏凤鸣彩印广告有限公司
印刷委托书号　（宁）0003775

开　　本　787mm × 1092mm　1/16
印　　张　18.5
字　　数　200千字
版　　次　2016年12月第1版
印　　次　2016年12月第1次印刷
书　　号　ISBN 978-7-5525-3385-9
定　　价　42.00元

# 前　言

时间如涓涓细流，悄无声息地从我们身边流过。蓦然回首，宁夏师范学院“学人文库”已经成功出版、发行了四辑，第五辑正向读者翩翩走来。本辑有六部作品，分别为常志勇著《秦王朝与加洛林王朝政权结构比较研究》；刘霞著《恐惧与反思——美国“后9•11”小说研究》；吕超峰著《油画风景之意境》；陈彦平著《中国写意画笔墨探索与研究》；宁夏师范学院教师教育研究中心编《教师教育研究（第二辑）》；刘衍青主编，安正发、于永森、王兴文副主编《固原历史文化研究（第四辑）》。

“学人文库”出版项目于2012年设立，五年来，得到了学校的大力支持，设专款予以资助。每一辑作品从组织申报、选题评审、编辑审稿到首发研讨，都倾注着作者、学校领导、科研处及相关部门的心血，而作者（编者）无疑是最辛苦、最重要的。在这里，要感谢每一位作者（编者）对“学人文库”的支持与信任，是他们的勤奋耕耘，为“学人文库”奠定了良好的学术基础，产生了不俗的社会影响。

“学人文库”为宁师人架起了一座桥梁，通过它，教师的学术著作和文学艺术作品走出书斋，走向社会；“学人文库”也为宁师开启了一扇学术交流的窗口，通过这个窗口，宁师“升本”以来的科研成果得以集中展示。如今，“学人文库”已经成为宁夏师范学院最重要的学术品牌之一。

五年固然短暂，然而“学人文库”在不间断的努力中，从青涩走向成熟。它如同莘莘学子，在稚嫩中起步，在求真务实的追求中走过青葱岁月，接受社会的检阅。《礼记·学记》有云：知不足，然后能自反也；知困，然后能自强也。毋庸讳言，“学人文库”的学术品质还有较大的提升空间。宁师人从来不敢懈怠，他们将继续发扬“不到长城非好汉”的精神，安心从教、悉心钻研、稳步提升，与这所年轻的学校一起走好新的“长征”路。相信在下一个五年，“学人文库”会吸引更多学人的垂青，会得到学术界更多的关注。我们翘首以待。

学人文库编委会

2016 年 11 月 1 日

# 序

为了凝聚全校教师教育研究的力量，在区域教育研究中发挥引领作用，彰显教师教育的办学特色，2011年学校成立了直属科研机构——宁夏师范学院教师教育研究中心，最初名称为“师范教育研究中心”，随着教育改革形势的发展，2013年更名为“教师教育研究中心”。2014年，学校为了加强科学研究平台建设，聚集并培养一批高素质的学术带头人，提高科研创新能力和学校竞争力，对原有的师范教育研究中心、基础教育研究所、外语教学行动研究所、大学生思想政治教育研究所和健康与体育科学研究所五个研究机构进行了整合，组建成立了新的教师教育研究中心。至2016年，研究中心已经走过了五年的发展历程，为总结五年来的成就，分析五年发展的成败得失，结集出版了《教师教育研究（第二辑）》。其目的一是把老师们在教育领域的研究成果集中起来，彰显学校教师教育的办学特色；二是总结回顾过去，放眼未来，真诚地希望老师们在教学与科研中，执着追求一种精神，坚守一种情怀，守望一方天地，为个人的专业成长、为学校科研水平和办学实力的提升做出努力。

作为地方师范院校，教师的教学学术研究和专业发展是学校可持续发展的关键，是师范院校核心竞争力的集中体现。随着教育改革的深入，教师培养由“师范教育”转向“教师教育”、从“封闭”转向“开放”，这些教育形势的变化都对传统的师范院校冲击很大。近年来，我校锐意改革，抢抓机遇，紧紧抓住“教师教育”的办学特色和根基，应对挑战和冲击，谋求自身的发展，教育教学质量和社会声誉获得快速提升，与我校重视教师队伍建设，特别是重视教师的专业成长密不可分。实践证明，促进教师专业发展，不但要有学校政策和经费的支持，更离不开教师自身对教育教学工作的思考与研究。目前，我校已经有一大批教师，他们在紧张纷繁的日常工作之余，笔耕不辍，将自己的研究与思考写成论文。这不单是老师们实践工作及其总结、反思的过程记录，更是他们教育教学智慧的结晶，是学校的一笔宝贵财富。为了珍惜这笔财富，加强优秀论文成果的交流与推广，让更多人得惠于此，同时，也为了感谢他们的辛勤付出，营造更加浓厚的教研氛围，鼓励更多老师积极地、深入地开展教育教学研究，让更多人养成总结与反思的习惯，更好地促进教师专业水平提升，真正推动学校内涵发展，我们从老师们已经公开发表或者获奖的论文中，选取一部分编辑出版了《教师教育研究（第二辑）》。

本书共收录公开发表的学术论文38篇，分为教师专业发展、职前教师培养、基础教育研究、师资队伍建设、民族教育研究、教育技术研究和教材教法研究等七个部分。主要针对教育实践中存在的普遍问题，借鉴了国内外相关研究成果，从不同视角探讨了地方师范院校师资队伍、职前教师培养、教师职后专业发展等问题；也结合地方基础教育的实际情况，研究了现代教育技术在教育教学中的应用、基础教育均衡发展等热点问题，反映了区域教师教育研究最新的学术思想和观点，丰富和发展了地方高师院校的办学理论，对新建地方高师院校的发展以及提高教师专业化发展有一定的参考价值，也对促进地方基础教育的均衡发展具有现实意义。

由于时间仓促，加之篇幅有限，还有许多老师的多篇优秀论文未能收录，实为遗憾！在教师教育研究中心五年的发展历程中，得到了丁钢、郝文武、李瑾瑜、王鉴等知名学者的关心和支持，在此表示衷心的感谢！

宁夏师范学院教师教育研究中心

2016年7月20日

# 目 录

## 教师专业发展研究

## 职前教师培养研究

## 基础教育研究



## 师资队伍建设研究



## 民族教育研究

## 教育技术研究

## 教材教法研究

# 教师专业发展研究

# 浅谈地方师范院校教师教学能力的构成

郝福生
（宁夏师范学院　教师教育研究中心）

**摘　要：**地方师范院校是为地方基础教育培养师资的骨干力量，其教师的教学能力影响着基础教育的改革和发展。本文以教学能力的概念为基础，提出地方师范院校教师教学能力的构成要素有：科学研究能力、理论统驭能力、教学认知能力、教学实施能力、教学评价、反思能力和基础教育实践能力。

**关键词：**地方师范院校；教师教学能力；构成要素

地方师范院校的办学定位是教学型大学，主要任务是为地方基础教育学校培养师资。大学的人才培养工作主要是通过教师的课堂教学活动来实现的。在大学里，教师最基本和核心的工作是教学。大学的教学活动是创造性的知识再生产实践活动。大学教师既是从事学术活动的研究者，也是人类知识的传播者，但终归从事的是专业化的教师职业，因此，大学教师的教学能力是组成教师专业素养的核心内容。

地方师范院校的教师是培养“未来教师”的“教师教育者”。在当前教师专业化的背景下，专业化的“未来教师”是要依靠专业化的“教师教育者”来培养。发展地方师范院校教师职业的专业性，提高教师的教学能力，是提高“未来教师”培养质量的根本途径，是保障基础教育均衡发展的关键。

## 一、教学能力的概念

高等学校的教学是以学科理论为媒介，应用教育教学原理，采用艺术化的方式和手段，将学科知识体系传授给学生、对学生的心智产生影响的实践活动。是一种师生之间复杂的情感和认知的双边交互活动。①教师的教学活动是知识再生产和再加工的过程，它是以教师的分析性思维、创造性思维、实践性思维等构成的智力为基础的认知性活动。教学活动因涉及教师、学生、课程、环境、交流和手段等诸多因素；涉及教师和学生的认知和非认知心理特征、学科教学内容和特点、师生双向间的交互影响、社会政治经济等因素，显得纷繁复杂。

学术界对教学能力做出了有益的研究，因教学活动的复杂性，对教学能力的概念有不同解释。综观近年来学术界对教学能力的研究成果，对教学能力达成共识的定义是：教师在从事教学工作中，为顺利实施教学活动，达到既定的教学目标而表现出的一种心理特征。这种心理特征影响着教学活动的质量，是由特殊专业能力和一般能力组成的复合能力。在这，一般能力是指从事教师职业所必备的学科专业知识和能力；特殊能力则是教师依据教育教学理论构建起来的、开展教学活动时拥有的专门能力。②

## 二、地方师范院校教师教学能力的构成

大学教师教学能力的构成要素，因学者研究的角度不同，在已有的研究成果中③④⑤，提出了不同的观点。大学教师拥有知识“研究者”和“传播者”的双重身份，其教学能力着重体现在：学科专业知识和能

①岳夕茜.论高校教师教学能力的基础［J］.教育与职业，2011（17）.
②申继亮，王凯荣.论教师的教学能力［J］.北京师范大学学报（人文社会科学版），2000（1）.
③吕纪增.高校教师教学能力分析［J］.河南教育学院学报（哲学社会科学版），2002（3）.
④王少良.高校教师教学能力的多维结构［J］.沈阳师范大学学报（社会科学版），2010（01）.
⑤张应强.大学教师的专业化与教学能力建设［J］.现代大学教育，2010（4）.

力、教育专业知识和能力、教师职业精神和道德等三个方面[①]。从实施教学活动的全过程来看，可分为设计与准备、组织与实施、评价和反思三个主要阶段。而教师的教学能力也是在这三个阶段表现出来的。地方师范院校的教师是“教师教育者”。他们的教学行为本身就是学生学习的内容，其教学能力反映了自己的科学和教育思想，对未来教师起着耳濡目染、潜移默化的熏陶作用，教学行为影响未来教师的教学行为。相对其他类型高校的教师，要求专业化程度更强、教学能力更高。据此，本文提出地方师范院校教师教学能力构成的核心要素如下所述。各能力要素相互之间紧密联系，构成完整统一的教学能力有机系统。



**1. 科学研究能力**

科学研究能力反映了教师发现问题、分析问题和解决问题的能力。在科学研究的每个环节中都要求教师具备创新能力。当今时代的教育是创新教育，要培养具有创新能力的人才，教师必须具有创造才能。真正具备创新精神和创造能力的教师，才能提高教学能力，取得优异的教学效果。

（1）学科科学研究能力。教师开展本学科科学研究，不但要求应用已有知识解决问题，还要不断地获取新知识。所以，开展学科科学研究是教师更新学科知识、实现终身学习的最佳途径和方法。教师学习获取学科新知识，再加以分析加工新知识，既可丰富教学内容，又可把教学变成知识再生产的过程。

（2）教学科学研究能力。教育科学自人类历史开始，以探索人类教育活动中的基本规律为对象，经过几千年的发展，已成为成熟的学科，指导着人类的教育实践活动。今天，教学学术研究已成为大学学术活动的主要内容，更是构成地方师范院校教师教学能力的基本要素。

**2. 理论统驭能力**

理论统驭能力在这是指运用科学的态度、理论和方法操作、控制、统筹教学内容和活动，实现教学目的的能力。是科学应用学科理论和教

①胡定荣.影响优秀教师成长的因素[J].教师教育研究，2006(4).

学理论开展教学活动的创造性能力。

（1）学科理论统驭能力。深知本学科历史和发展趋势、本学科和相关学科的理论体系及相互联系，能够开展知识再创造的能力。具备娴熟学科理论统驭能力的教师，能够采用艺术化的方法，对学科教学内容进行知识再生产。

（2）教学理论统驭能力。教育教学实践中自觉地学习教书育人的理论知识，而且会自觉地以研究者的眼光去观察、思考和解决教育教学活动中遇到的各种问题，同时还会主动地反思和改进自己的教育教学工作。

（3）理论联系实践能力。将理论发展成果应用于教学，既可丰富教学内容，又能够提高教师的教学能力。在学科教学中，通过理论与实际的联系，可将抽象的理论形象化，促进学生建构知识体系和心智发展。在日常教学活动中，将教育理论应用于教学，可帮助教师发现教学中存在的问题，解决教学中产生的实际问题，进而提高教学效果。

**3. 教学认知能力**

教学认知能力主要是指教师以教学活动作为认知对象，深刻认识教学活动的特点及要素之间的联系或关系，理解和概括学科的概念、法则和规律，洞察和把握学生心理特点，深度了解所采用的教学策略的能力。反映着教师对“教学目标、教学任务、学习者特点、教学方法与策略以及教学情境的分析判断能力”。[①]

（1）教学目标认知能力。教师准确把握课堂、课程和学科教学目标，使三类目标之间相互影响、多维衔接、彼此渗透。在教学中准确地实施和实现教学目标，能够使教学活动对学生的发展成长起到积极作用，保证教学活动有效性，这是衡量教师教学认知能力高低的重要表现。

（2）理解和把握教学资源内在的构成特点与外在的形式表征，透彻理解教学资源的内容，内化成自身知识，促进自身专业发展，实现学科的有效教学。在教学中有效利用好各类教学资源，结合学生实际，灵活运用，最大限度地发挥教学资源的作用，满足学生学习和发展需要，

①孙杰远.教学认知能力：教师专业发展核心力［J］.当代教育与文化，2012（4）.

也是教师应具备的基本能力。

（3）教学对象认知能力。教师要对学生的学习状况、心智发展水平和课堂表现等背景进行全方位的了解。教师只有对学生学习境况进行全面的、整体性的感知、认识和了解，才能保证教学活动的客观性、可行性和针对性，从而更好地完成教学任务，提高教学效能。

（4）教学情境认知能力。作为教师的一种重要的认知能力，反映了教师对课堂信息的理解和加工能力，直接影响课堂教学效率。教师抓住课堂教学本质，从课堂教学现象中辨别与教学有关的关键信息，发现关键问题和重要线索，即能够灵活地运用一些课堂教学规则，掌握课堂教学事件之间的内在联系，是保证教学质量的基础。



**4. 教学实施能力**

课堂教学是人才培养的主要渠道，课堂教学效果决定着人才培养的质量。教师在课堂教学的全过程中，将教学活动本身作为意识的对象，不断地对其进行积极、主动地规划、检查、反馈、控制和调节，是教学实施能力的反映。[①]

（1）教学方案设计能力。所谓教学方案设计的能力，是指教师应用教育科学理论详细谋划具体教学过程的能力。教师根据学生学习的特点，制定适切的教学目标，正确把握学科理论体系，对教学内容进行再生产，选择恰当的教学模式和方法开展教学，以取得最佳教学效果。

（2）艺术化的表达能力。在课堂教学中，教师通过用艺术化手段再生产的内容，配合以艺术化的教学语言和肢体语言加以表达，可增强教师的个性魅力和教学吸引力。教师精练的语言、鞭辟入里的分析、入木三分的概括，可极大地开启学生的心智和陶冶情操，使艰繁的教学活动变为艺术享受。

（3）教学方法应用能力。教师应根据教学内容和教学目标来确定、娴熟灵活地使用各种教学方法和媒介，使教学方法多样化，避免教学模式单一化和僵化，增强课堂的艺术效果和吸引力。

①贺永旺.提升教师教学实施能力[M].北京：教育科学出版社，2011-06-01.

（4）教学组织监控能力。教师具备良好的教学监控能力，面对错综变化的教学环境，能够灵活自如地处理教学过程中的各种问题，对自己实际教学活动进行有意识的监察、评价和反馈，对教学活动进行调节、校正和有意识的自我控制。可营造出良好的教学氛围，达到教学目标，提高教学质量。

（5）交流与沟通能力。教师的教学活动主要是与学生进行心理互动的活动，因此，教师必须具有较强的交流与沟通能力，能够使学生主动参与到教学中，从而将自己所拥有的专业知识和能力、学术思想和见解充分传授予学生。在与学生的交流沟通过程中，既可以培养他们的交流与沟通能力，也可以用教师自己的人格魅力影响“未来教师”的发展。

**5. 教学反思和评价能力**

教学反思和评价是指教师在教学实践中，以批判性的思维评价自我主体教学行为及表现的过程。教师通过回顾、分析和检查等方式，对自己教学过程中存在的问题进行改进，从而努力优化教学效果。教学反思和评价是教育理论和教育实践有机结合的一个重要途径，它会促使教师将日常教学中积累的狭隘、片面、肤浅的经验升华为教育智慧和思想。教师通过反思可将自己的自发教学行为变成自觉行为，缩短教师的成长周期，使教师全面成长发展。

**6. 基础教育实践能力**

为使地方师范院校的教学现状和新课程改革的形势相衔接，做到有目的、有针对性地培养合格的“未来教师”，地方师范院校的教师应当走出“象牙塔”，深入基础教育学校，亲身感受基础教育改革现状，深刻理解新课程改革的目标、内容及实施过程，理解新课程的学习观、教学观、评价观。具备从事基础教育教学实践工作的能力，熟练开展基础教育教学工作。能够对基础教育教学和研究进行指导，实现“理论—实践”的“双师型”教师专业素质的发展，以增强学科课程对“未来教师”实践能力的培养。

地方师范院校教师教学能力的发展是提高教师专业素养、提升教学质量、优化教学效果、实现教育教学目标的基础性条件。因此，进一步探寻地方师范院校教师教学能力的构成要素，对构建教师教学能力的培养路径、提升教师专业素质发展、强化有效教学、推动基础教育课程改革的深入尤为重要。

（本文刊于《教育教学论坛》2015 年第 5 期）

# 新建本科院校青年教师专业发展的目的和条件分析

马贵俊
（宁夏师范学院　教育科学学院）

**摘　要：**新建本科院校是我国高等教育大众化的产物，是地方人才培养的重要基地。从新建本科院校的教育现状上来看，青年教师多，其专业发展还存在很多问题，严重影响到整体教育水平的提高，不利于人才培养。对此，本文从青年教师专业发展的背景和现状说起，详细阐述青年教师专业发展的目的和条件。

**关键词：**本科院校；青年教师；专业发展；办学质量

从1999年开始，我国为发展教育事业，新建了一大批本科院校，截至2013年6月，全国批准建设的本科院校达327所。这些新建的本科院校大多以服务地方经济为宗旨，以培养应用型本科人才为目标，该类本科院校与其他本科院校相比，明显处于弱势地位。为加强新建本科院校之间的联系，提升办学质量，培养更多高素质应用型人才，顺利通过本科院校教学工作的合格评估和审核评估，近年来，新建本科院校引进大批青年教师，充实教师队伍。青年教师思维活跃、创新能力强，为学校发展增添活力。同时，青年教师的专业发展问题也逐渐暴露出来，影响了新建本科院校的人才培养，引起相关专家的关注。对此，加强青年教师专业发展的研究势在必行。

## 一、新建本科院校青年教师专业发展现状

据悉，新建本科院校的青年教师占总教师的三分之二左右，青年教师的教学能力不足成为影响新建本科院校办学质量的重要因素。在专业发展方面，青年教师存在以下几个问题。

1.专业发展意识薄弱，可持续发展能力不强。专业发展是教师自主选择的过程，教师只有不断学习，主动参与专业素质发展，才能在专业发展中不断提高自身可持续发展能力。但新建本科院校的青年教师多在从事教师职业后就很少进行系统的理论学习，缺乏自主学习意识和愿望，参与的各项培训教育是被动的，这使得其专业发展意识薄弱，可持续发展能力不强。

2.专业知识结构单一。专业知识是专业发展的基础，新建本科院校的青年教师学历一般为硕士及以上，但许多青年教师依然存在理论知识不扎实、无法准确把握专业前沿，知识结构单一、无法适应本科院校的人才培养需求。

3.青年教师缺乏自我角色认同感，没有“教师”的自觉性，将学校当成一般的行政单位，认为只要服从学校的制度安排，就能获取相应的福利，长此以往对其专业发展非常不利。

4.学校缺乏教师专业发展的激励机制。新建本科院校很多时候更重视教师的学历，而不是能力，过分重视科研考核，轻视教学考核，这必然导致青年教师将大量精力投身于科研工作，却在教学工作上敷衍了事，最终导致学校办学质量长期得不到提高，也直接影响其专业发展。

## 二、青年教师专业发展目的和条件

新建本科院校青年教师的专业发展是一项综合性工程，需要从不同维度思考该问题，从学校、政府、教师等方面思考该问题，采取相应的措施，加强青年教师专业培养，逐步提高学校的办学质量。在此，分析

青年教师专业发展的目的和条件有助于我们理清思路，掌握青年教师专业发展的路径。

1. 目的。青年教师专业发展的最终目的是要增强学校的师资力量，提高办学质量，增强新建本科院校的竞争力，为地方经济培养更多优秀应用型人才。具体来说，其目的包含以下三个方面。

（1）增强青年教师的专业发展意识。新建本科院校与其他普通院校相比，处于弱势地位，要想培养更多应用型人才，促进地方经济发展，必须增强师资力量，而青年教师作为教师队伍中的大头，具有思维活跃、创新能力强的特点，增强其专业发展意识有助于青年教师主动吸取新知识，提高自身素质，钻研教学，逐步提高学校的办学质量。而且，只有青年教师有专业发展的意识，才能在生活、工作中主动寻找提升自身专业素质的机会。因此，增强青年教师专业发展意识是目的之一。

（2）逐步提高青年教师的专业知识结构和专业技能水平，从而促使青年教师在教学工作上大胆创新，将新教学模式、教学方法、教学理念应用到教学活动中来，提高教学效率和质量。新建本科院校的青年教师以助教和讲师为主，教学水平不高，还需通过各种手段提高其专业素质，从而逐步提高教学质量，故此，在专业发展中，学校应积极为青年教师搭建起专业知识结构和专业技能培养的平台，逐步加快其专业发展速度。

（3）提升学校的办学质量，这是青年教师专业发展的终极目标。任何一个学校的生存和发展都需要依赖办学质量，它是教育的永恒主题，只有这样，才能培养更多优秀人才，为社会服务，进而增强学校的竞争力，吸引更多学生。对于新建本科院校来说，影响其办学质量的因素主要是人，包括科研人员、教学人员、管理人员、后勤人员等，以前两者为主。而青年教师作为新建本科院校教师队伍的主要人员，其应通过专业发展提高青年教师的整体素质，逐步提高学校的教学水平。

2.条件。在前面的现状分析中，提出了一些影响青年教师专业发展的因素，既包括教师方面的主观因素，也有学校方面的因素。从教师职业特点上来说，专业发展是一个内外因共同驱动的结果，因此，必须给予足够的条件，方能推动青年教师专业发展。下面，从国家政策、学校和教师三个方面阐述如何给予青年教师专业发展足够的内外条件，以促进新建本科院校办学质量的提高。

（1）国家政策。2002年下发的《教育部关于“十五”期间教师教育改革与发展意见》中明确指出：在终身教育思想的指导下，教师专业发展有不同的等级和阶段，学校应努力实现教师职前培养和在职培养的一体化。2005年，袁贵仁副部长又提出应坚持教师专业发展的导向。2007年，《教育部关于进一步深化本科教学改革全面提高教学质量的若干意见》中指出：新聘任的青年教师必须有一定的时间担任辅导员、班主任等工作，逐步提高青年教师教书育人的使命感和责任感。上面简述了几条有关青年教师专业发展的政策。国家除了一些规定外，还应给予新建本科院校一定的经费，给予财政补助，帮助学校做好青年教师的专业发展工作，激发青年教师专业发展的热情，增强其专业发展意识和速度。

（2）学校方面。学校应从环境、管理等方面给予支持，给予青年教师专业发展更多的外部推动力。实践经验表明：青年教师的专业发展很大程度上依赖于职业生长环境和教师群体之间的互动，在开放、轻松、活泼、合作的环境中，青年教师的争优创先意识容易被激发出来，有助于教师积极主动吸取知识，积极寻求合作，利用一切可利用的学习资源，逐步提高自身专业知识水平和专业技能，提高教学水平。因此，学校应积极为青年教师创造良好的学习环境，营造轻松、活泼、合作互助的组织环境，并通过信息平台建设、激励机制、发展性教师评价机制、职业发展规划等激发青年教师专业发展的积极性和主观能动性，促使青年教师增强专业发展意识，积极主动学习专业知识，吸取国内外先进的教学理念、方法、模式，将更多精力放到教学工作上，大胆创新教学活动，开展活泼、开放的课堂教学，提高教学质量，最终提高学校的整体办学质量，促进学校的可持续发展。

（3）从教师自身来说，教师内在的条件是最为重要的条件，教师应将专业发展培养成为一种自觉式的行为，教师从自身的需求、愿望等出发，在专业知识、专业能力、专业态度的丰富和深化中领悟、思考教学情境，内化最新专业知识，从而逐步提高自身专业水平。教师只有在教学活动中不断反思、领悟、内化新知识，才能逐步加快专业发展速度，提高自身教学水平。专业发展是一种自主性行为与过程，青年教师必须有自主学习、专业发展的意识，才能合理利用外在条件，真正实现自身专业发展，提升自身可持续发展能力，丰富学校的师资力量，为社会培养更多优秀应用型人才，更好服务于地方经济，推动经济发展。

## 三、结束语

随着高等教育的发展，新建本科院校的弱势逐渐凸显出来，培养出来的人才与其他本科院校有一定差距，这不利于新建本科院校的可持续发展。而提高办学质量是学校发展的重要渠道之一，师资力量则又是提高办学质量的重要影响因素之一。对此，新建本科院校应充分认识本校青年教师教学水平现状，积极采取相应的措施，为青年教师专业发展创造优良的外部条件，并通过激励机制、教师评价措施等增强教师专业发展的意识，促使其主动学习专业知识，循序渐进的提高青年教师专业素质，提高本校办学质量。

（本文刊于《科技展望》2014 年第 13 期）

## 参考文献

［1］舒礼平，王超．试论新建本科院校青年教师专业发展的目的和条件［J］．魅力中国，2014（1）：230.

［2］束仁龙．新建应用型本科院校青年教师专业发展现状研究［J］．池州学院学报，2013，27（6）：25-29.

［3］谭冠中．新建本科院校青年教师专业发展的实践路径［J］．黑龙江教育（高教研究与评估版），55-57.

［4］王凯．新建综合性本科院校青年教师专业发展问题论析［J］．继续教育研究，2012（3）：84-86.

# 基于地方师范院校的中小学教师校本培训



薛正斌

（宁夏师范学院　教师教育研究中心）

**摘　要：**目前，虽然中小学教师参与的培训活动很多，但缺乏自我反思、高层专业引领和同伴互助等问题。同时，地方县（区）级中小学教师培训中心的师资力量薄弱，不能很好地发挥其应有的作用。针对中小学教师培训中存在的这些问题，提出要充分发挥地方师范院校在师资、教学资源、区位等方面的优势，充分发挥中小学校对促进中小学教师专业发展的功能，以中小学教师所在学校为基地，通过课例研究、专题讲座、合作课题研究、网络交流等形式，促进中小学教师专业发展，提高基础教育质量。

**关键词：**中小学教师；地方师范院校；校本培训；专业发展

## 一、地方师范院校在中小学教师校本培训中的优势

地方师范院校一般位于地级市或县城，属于教学型院校①，其服务对象具有区域性，服务范围主要是面向本地区、兼顾周边其他区域。地方师范院校具有地方性和专业性特点。地方性主要是生源和服务对象的本地化；专业性主要是教师教育的专业化。②地方师范院校不仅拥有数

---

①马元方.西部新建地方师范院校办学定位探析［J］.教育研究，2007，(09).

②刘捷，谢维和.栅栏内外——中国高等师范教育百年省思［M］.北京：北京师范大学出版社，2002：43.

据库、图书资料等丰富的教育教学资源，而且地方师范院校的教师具有较高的教育理论素养，能够及时了解到教育教学最前沿的发展信息，具有一定的教学实践经验。

目前，地方县（区）级中小学教师培训中心普遍存在师资力量薄弱问题，不能很好地发挥其应有的作用。大学有三大功能：教学、科研和社会服务。其中地方师范院校服务地方基础教育就是大学社会服务功能的具体体现。因此，地方师范院校在地方中小学教师培训中具有十分重要的作用。若地方师范院校能参与中小学教师培训，就会充实地方中小学教师培训中心的师资力量，可以为中小学教师提供多种形式的培训，尤其是直接参与中小学校的教师校本培训。这种中小学教师校本培训方式活泼多样，具有如下优势。

1.培训内容的灵活性。培训内容可以针对教师自己在教育教学实践工作中存在的问题、困惑，或者是根据学校自身在改革发展过程中的需要而定。内容包括理论专题讲座或具体的课例研究、新教师或骨干教师专业培训、教育改革或教育教学实践问题等。

2.培训形式的灵活性。教师和学校可以根据自身发展的需要、特点等，灵活选择合适的培训形式，可以是群体合作学习、导师带教或个体的自主学习、专家的专题讲座或经验交流、参与课题研究或教研组专题研究、进行案例分析或组织教育教学实践研究等。

3.培训对象的灵活性。学校根据培训的内容及教师的教学需求，灵活地组织培训对象，可以以教师任教学科或年级组合；也可自由组合或学校组合等，这样有利于加强中小学教师之间的协作与交流，相互帮助，相互学习，相互教学教改，形成一个能够在合作中自主学习的教师共同体，提高培训质量。

4.培训时空的灵活性。学校和教师根据培训内容和教育教学实际，可以灵活地安排培训时间和培训场所。培训时间可以是固定或不固定时间，可以在工作期间或业余时间进行，在课前开展研究或在课后进行反思；可以在课堂中进行或在课堂外进行，如在教研组内进行、可以通过面对面或网络进行等，有利于提高中小学教师培训的实效性，可以解决中小学校教师培训存在的工学矛盾、培训经费紧缺等问题。

综上所述，地方师范院校参与地方中小学教师校本培训，培训形式灵活多样，能有效提高中小学教师的培训质量，从而促进其专业发展。

## 二、地方师范院校参与中小学教师校本培训的思考



针对传统中小学教师培训中存在的不足：培训规模大，主要采取集中培训，整齐划一，而忽视了不同教师、不同学校的实际需求；大多数培训采用灌输形式，缺乏积极性和主动性；培训内容与教师的专业成长、教学实际需要脱节等问题。因此，地方师范院校应充分发挥其区位和师资优势，参与中小学教师校本培训，充分发挥中小学校对促进教师专业发展的功能，针对地方中小学教师专业发展中存在的问题，以教师所在学校为基地，结合基础教育新课改，创新中小学教师培训模式，提升教师的专业水平，从而提高基础教育质量。

### （一）课例研究

我国高等师范院校人才培养方案规定：师范生必须要有到中小学进行教育教学实践锻炼的经历才能毕业；中小学校要为师范生的见习和实习提供必要的实践锻炼平台。因此，通过师范生的教育实习平台，地方师范院校与地方中小学校之间建构了一种合作伙伴关系。在此合作伙伴关系中，大学教师和中小学教师在指导师范生的教育实习过程中，就会自然形成教师学习共同体。在此学习共同体中，实现了教育资源共享，借助于具体的教育教学实践活动，双方教师通过对话、交流、讨论等形式，特别是课例研究，将教育理论与教育实践有机地结合起来，有效促进了中小学教师的专业发展，因而要充分发挥各自的资源优势，扩大和延伸双方的合作内容。

目前，课例研讨已成为中小学教师校本培训的重要形式之一，对促进中小学教师的专业发展、提高课堂教学实效性等方面具有非常主要的作用。在知识结构、智能水平、思维方式、认知风格等方面，地方师范院校与地方中小学教师之间存在着很大差异，这些差异正好成为中小学

教师校本培训的宝贵教育资源。通过中小学教师“同课异构”等教研活动形式，促进中小学教师之间进行互动，相互启发、相互补充，从而产生新的教育教学思想。由此可见，课例研究作为校本教研的一种活动形式，是基于课堂教学，教师共同体通过备课、听课、评课等校本研修，实现了最佳教学方案；同时，全体参与教师在共同体活动过程中能够获得对有效教学意义的理解，是提升中小学教师专业水平发展的重要方式之一。

该培训模式建立在教育理论知识和教育实践研究的基础之上，有助于发展中小学教师的批判性、创造性和自我反思能力，更有利于拓展中小学教师的自主成长能力。[①]如果中小学教师养成了教育教学反思的习惯，学会了独立思考的能力，在教学设计、教学实施、课堂调控等方面就会有突破性的进展，他们会针对具体教学内容和学生的实际情况，创造性地开展教学，不断探索新的教育教学方法，巧妙灵活地组织教学，提高教育教学效果。

在此学习共同体中，教师培训内容与培训形式是统一的，教师以学习者的身份亲自参与合作学习、体验整个培训活动过程，并结合自己已有的经验，吸收、内化新的教育教学理念。因为双方指导教师通过参与中小学课堂教学活动全过程，如集体备课、说课、观课、评课等活动，针对课堂教学中存在的问题，展开研讨与反思。在解决和研究教育教学实践问题的过程中，中小学教师积极、自觉、主动地学习，更好地理解了教育理论知识，体验、掌握实践性知识，并将理论与实践结合起来，更新教育教学理念，引导中小学教师学会教育教学反思。

该培训模式解决了传统中小学教师培训整齐划一、培训内容与教学实际需要脱节、教育理论性强、未体现培训教师主体性地位等问题，依据教师实践性知识具有情境性、案例性、个体性等特点，立足于教师的教学实践，立足于教师所在学校的实际情况，通过具体的教育教学实践研讨，将教育理论、新的教育理念与教师的实际教学实践结合起来，内

---

①刘恩允，韩延明.大学教师专业化的内涵、问题与对策[J].教育发展研究，2007(6A).

化为教师自己的实践知识。

### （二）举办专题讲座、讨论和座谈

地方师范院校服务地方基础教育是其本体功能之一，但目前大多数地方师范院校的教师只注重本专业的理论研究，不重视对基础教育实践研究。中小学教师很少接触教育理论知识，只停留在教学经验阶段。因此，地方高师院校的教师应深入地方中小学校，了解基础教育发展的最新情况及存在的问题，只有这样，才能结合中小学教学实际情况，讲座内容具有地域性和针对性，将教育理论与教学实践紧密结合起来，容易被中小学教师理解和接受，帮助其改变新课改教学理念、教学活动设计、教学方法等。定期为地方基础教育免费提供各种咨询和诊断、专题讲座、座谈、指导、讨论等多种形式的校本培训。研讨交流过程气氛宽松和谐，参与教师畅所欲言，大家在彼此的对话中交流经验，分享智慧，真正实现了共同提高。

所以，地方中小学校应充分利用地方师范院校的宝贵教育资源优势，加强与地方师范院校之间的合作与交流，如围绕某一主题或教学实践问题进行座谈、讨论等，为中小学提供教育教学改革和发展所需相关信息，以改变中小学教师的教育教学思想观念，开阔其思维和视野，促进其专业发展；同时，使中小学教师树立以学生为本，把知识学习、能力发展与人格完善结合起来，改变传统课堂教学以教师为中心、教师是知识权威等不合理的教学理念，帮助中小学教师分析、发现教学中存在的问题，并提出解决问题的策略及方法等，地方师范院校的教师应成为地方中小学教师专业发展的促进者和引导者。

### （三）课题合作研究

教育理论与教育实践之间的关系是教育研究主要的内容之一，也是一个很纠结的问题，很难处理好二者之间的关系。但在高师院校与中小学合作研究过程中，理论研究与实践不存在矛盾和冲突，大学与中小学保持各自的特质，共同生长、发展，形成了一个稳定的教师共同体。在此共同体中，教育理论与实践之间能够持续不断地互动生成、相互建构。

中小学教师拥有丰富的教学实践经验；而高师院校的教师具有深

厚的教育理论知识和一定的科研能力。高师院校教师与中小学教师之间的这种文化差异为双方的合作提供了前提、基础。高师院校教师可以共享中小学教师宝贵的教育教学实践经验，丰富和发展教育理论知识；同时，中小学教师也可共享高师院校教师的理论知识、新的教育理念等，促进教育理论实践化。但这种平等的合作伙伴关系必须以中小学的教育教学实践为基础，只有在双方合作实践过程中，才能生成新的教育理论或完善已有的教育理论。

中小学教育教学实践需要教师进行教育科学研究，而中小学教师缺乏教育理论素养和进行课题研究的能力，虽然他们熟知自己的教学实践，具有丰富的教学实践经验，但只局限于教学经验层面的积累，没有深厚的教育教学理论支撑，严重制约着他们观察、思考自己教学实践问题的角度、深度等，很难有创造性的突破，影响了中小学教师的专业发展。而且新课程也要求中小学教师需要接受必要的最新教育理论，以更新其教育教学理念，不断创新教学方法；同时，还倡导中小学教师要学习进行教育教学研究的基本方法。因此，对于中小学新课程改革中出现的问题，需要在相关专家的指导下，通过课题研究寻求解决教育教学问题的对策。地方师范院校的教师具有一定的教育教学理论基础和最新的教育理念，具有进行学术研究的素养和能力，能够运用相关的教育理论、新的教育思想，帮助中小学教师观察、分析、思考和解决中小学教师的教育教学实践问题。[①]通过课题合作研究，中小学教师在地方师范院校教师的帮助下，了解和掌握进行教育教学研究的基本方法和思路，提高了他们的科学研究能力，学会了解决自己教育教学中遇到的问题，有效地促进了中小学教师的专业发展。

校本培训是在教育行政部门和有关业务部门的规划和指导下，以教师任职学校为基本培训单位，以提高教师教育教学能力为主要目标，把培训与教育教学、科研活动紧密结合起来的继续教育形式。[②]因此，

①傅树京.大学与中小学合作发展：理念及实践[J].辽宁教育研究，2003，(5).

②赵蒙成.校本培训：教师在职培训制度的创新[J].教育与职业，2000(3).

课题研究是校本培训的重要形式之一。课题合作研究以中小学校教育教学改革或学校学科教学中存在的问题为研究对象，课题研究内容可大可小，教师可以根据自己的情况参与不同类型的课题研究，可以从大课题研究中衍生出相关的教师个人教学小课题进行研究，小课题可以是2–3名教师组成。课题组成员的确定实际是教师学习共同体的形成，因为课题组成员是具有合作研究意向、相同学科、相同兴趣爱好等方面的教师自愿组成。该教师学习共同体有利于课题研究的实施，课题研究以教育理论为指导，以课堂教学实践为基础，以培养中小学教师创造性教学能力为目标。课题管理要求具有详细的研究计划，课题研究过程切实可行，有可操作性等，研究结果要具有一定的应用价值。通过地方中小学校与地方师范院校的合作课题研究，中小学教师逐渐学会发现和解决问题的思路、策略，从不同层面增进对课题研究的理解。同时，也在一定程度上能够帮助中小学教师改进自己的教育教学方法，促进其专业成长，提高其教学效果。

**（四）网络交流**

我们处在一个高度信息化时代，信息技术在人们的日常生活中起着非常重要的作用。针对目前地方县（区）级中小学教师培训中心的师资力量薄弱问题，可充分利用网络通信技术，拓展对基础教育的服务范围，加强对中小学教师的指导和引领，通过沟通、交流，帮助中小学教师解决他们在教育教学中遇到的困难。

信息技术超越传统中小学教师培训受地域、时间等因素的限制，教师可以根据自己的兴趣选择学习主题，根据自己的时间在网上学习或讨论，激发了他们自主学习意识。通过网络通信可以随时与地方师范院校的教师直接对话，得到他们的指导或同行的建议。网络通信已成为教师群体思维互动的平台，也是中小学教师学习实践共同体的载体。

（本文刊于《中小学教师培训》2014 年第 2 期）

# 依托地方师范院校促进中小学教师专业发展

李琦[1]　薛正斌[2]
（1.宁夏师范学院　教育科学学院
2.宁夏师范学院　师范教育研究中心）

**摘　要：**虽然中小学教师拥有丰富的教育教学实践经验，但缺乏反思、科研能力，仅局限于教学经验的积累层面。且新课程的实施也使中小学教师面临新的挑战。而地方师范院校具有深厚的教育理论，具备及时获取学术前沿最新发展信息的优越条件。因此，中小学应充分利用地方师范院校的教育资源，发挥地方高师院校对基础教育的引领作用。通过对中小学教师的培训、科研、教学实践指导等多种形式，促进教师专业不断得到发展，以提高教育质量。

**关键词：**地方师范院校；教育资源；中小学教师；专业发展

基础教育新课程改革对中小学教师的教育理念、教育能力与知识结构提出了全新的要求。特别是教师的教育理念更新，因为教育理念是教师的灵魂。教育部颁布的《基础教育课程改革纲要（试行）》也强调："师范院校和其他承担基础教育师资培养和培训任务的高等院校和培训机构应根据基础教育课程改革的目标与内容，调整培养目标、专业设置、课程结构，改革教学方法。"因此，地方师范院校应充分发挥学校的优势教育资源，调整和改革教师培养模式，包括对在职教师的培训，通过对中小学教师的教育教学理论培训、科研能力培训、教学实践指导等多种形式，以促进其专业快速成长，从而提高基础教育质量。

## 一、为基础教育服务是地方师范院校的使命

地方高师院校一般位于地级市或县城，属于教学型院校[①]，其服务对象具有区域性，服务范围主要是面向本地区、兼顾周边其他区域。地方师范院校具有地方性和专业性特点。地方性主要是生源和服务对象的本地化；专业性主要是教师教育的专业化。[②]地方师范院校大多都是由原来专科学校升本而成的，它们在长期的办学过程中积累了丰富的理论与实践经验，具有明显的师范教育特色，是地方高等教育的重要组成部分，承担着地方中小学教师培养、继续教育的重要使命，在基础教育发展中占据非常重要的地位。所以，地方师范院校的特点就决定了其重要任务是为地方基础教育服务，即不仅要为地方基础教育培养高质量的师资，而且还要承担当地和周边区域的基础教育和各类在职教师培训、提高的重任。因此，地方师范院校要立足于地方基础教育师资的需求，做大做强师范教育。

## 二、中小学教师专业发展需要教育理论工作者的引领

中小学教师专业知识具有实践性、日常性和内隐性特点。虽然中小学教师拥有丰富的教育教学经验，但是缺乏反思、提升的能力，如不知道从哪里开始研究、如何提高自己的专业水平等，他们缺乏有效的指导。因此，中小学教师专业发展需要教育理论工作者的帮助和引领。另外，新课程不仅要注重培养学生的基本知识和基本技能，还要注重培养学生的情感态度价值观，这给中小学教师提出了更高的要求，教师面临新的挑战，需要更新教育教学观念和知识结构，以适应新的教育发展需要。而地方师范院校的教师具有深厚的教育理论素养，具有能够及时获



①马元方.西部地方师范院校办学定位探析［J］.教育研究，2007（09）.

②刘捷，谢维和.栅栏内外——中国高等师范教育百年省思［M］.北京：北京师范大学出版社，2002：43.

取学术前沿最新发展信息的优越条件，所以，地方师范院校拥有优势教育资源，可以帮助中小学教师提升专业水平。地方师范院校对中小学教师的帮助应以教学实践为基础，使教育理论与教育实践互补互益，促进教师改变自己的教育观念，不断地反思、重建自己的教育生活，推动教师专业的不断发展。

## 三、地方师范院校是促进中小学教师专业发展的有效途径

地方师范院校与中小学在课程改革、在职教师培训、教育教学科研等方面有着广泛的合作空间和合作需要。地方师范院校是地方唯一高等学府，具有一定的理论水平和研究能力，而且能够紧跟学术研究的最前沿动态。尽管中小学教师有丰富的教育教学经验，但缺乏进行科研的能力。因此，地方师范院校与中小学的合作能够有效促进教育理论与教育实践的结合，达到双方互惠双赢的效果。

### （一）为基础教育师资提供职后培训

教师职后培训是促进教师专业发展的重要途径之一，但受传统教师培训观念的影响，中小学师资主管部门以及教师都把职后培训视为一种学历补偿教育，没有树立终身教育理念。大多数教师都是通过自身的经历、教学实践的摸索，形成自己的教学方法和风格，缺乏有效的职后培训。因此，地方师范院校在地方中小学教师培训中扮演着重要的角色，应该为基础教育提供免费或较少费用的咨询和诊断，通过学历教育、业务提高性教育等多种办学形式，对在职教师采取脱产培训、半脱产培训、专题讲座等方式进行培训，通过提高教师的专业素养，推动基础教育的发展。

大多数中小学教师对新课改的理念还停留在表面感性认识上，缺乏对新课改的教育理念、教学方法的深层理解。而地方师范院校的教师对新课程教学理论思想的理解比较全面、深刻，他们能够联系本地区中小学教育教学的实际情况，讲座内容具有地域性和针对性，能将抽象的理论与教学实践结合起来，容易被理解和接受，能帮助中小学教师转变新课程教育教学观念、教学设计、教学方法等。因此，充分利用地方高

师院校的教育资源，邀请地方高等师范院校的教师结合新课程改革的理念，做相关方面的专题讲座，帮助他们理解、内化这些新的教育理念或教学方法，使教师树立以学生为本，“为了一切学生”“一切为了学生”，把知识学习、能力发展与人格完善结合起来，改变传统课堂教学以教师为中心、教师是知识权威的理念，教师应成为学生学习的促进者、引导者和反思者。



**（二）引领中小学教师进行教育教学研究**

教育对象是有思想、有感情的人，因而教育是一种复杂的教学活动，针对不同的学生和教学内容，应采用不同的方法。中小学教育教学本身需要教师不断地进行研究，但由于缺乏必要的教育理论素养和研究能力，中小学教师了解、熟知自己的教学实践，具备丰富、鲜活的教学实践经验，仅局限于教学经验层面的积累，难以有创造性的突破，严重制约着中小学教师专业水平的发展。新课程要求中小学教师需要更新教育理念，创新教育教学方法，因而新课程改革中出现的问题需要在有关专家的指导下，寻求解决问题的对策。地方师范院校具有一定的教育理论基础，并且具有及时获取最新研究成果的优越条件，具备发现问题的洞察力，以及运用相应教育理论研究问题的能力，可以给中小学教师提供新的教育思想、新的教育教学方法以及进行研究的思路和方法。①因此，地方中小学应充分利用地方师范院校的教育资源，加强与地方师范院校的合作，从而使双方优势互补、资源共享，真正实现理论与实践的结合。一方面，通过这种合作，中小学教师在地方师范院校的帮助下，解决自己教学中存在的问题，有利于推动中小学课程改革，在此过程中，提高了他们进行科学研究的能力，以促进其专业发展。另一方面，可以充分发挥地方师范院校的师资力量，地方师范院校的教师可以定期深入中小学，了解和掌握中小学课堂教学的第一手资料和案例，将自己的课题研究与中小学教学结合起来，使自己的教学和科研更具有实践性和针对性。在地方师范院校的引领下，使中小学教师自觉地把教育教学

①傅树京.大学与中小学合作发展：理念及实践[J].辽宁教育研究，2003(5).

工作实践变成自己的研究对象，以研究的态度和方式对待日常的教育教学工作，而不是只停留在教育教学经验的积累和总结层面上，通过实证研究解决自己教学中的问题。

### （三）通过课堂教学研讨提升中小学教师的反思能力

教师的反思能力对于促进教师专业化的成长、教育教学能力的提高以及新形势下角色的转变具有重要的作用。因此，培养教师的反思能力已成为促进教师专业成长的重要策略之一。“反思型教师”已经成为教师教育改革的一个重要方向。[①]将教学实践置于系统的理论知识和实践研究的基础上，也有助于发展教师的批判性、创造性和自我反思，更有利于拓展教师的自主成长能力。[②]新课程在教学设计、教学实施、课堂调控、教学评价等方面都没有固定模式，要求教师学会独立思考，针对具体内容和学生的实际情况，创造性地进行教学，探索新的教育教学方法，巧妙灵活地组织教学，提高教育教学效果。所以，地方师范院校应以中小学新课程改革为平台，走进中小学课堂教学，通过听课、评课等活动，针对课程改革中出现的新问题，特别是教学实践中急需解决的问题，开展教学研讨。地方师院在帮助中小学教师解决和研究教育教学实践问题的过程中，使中小学教师更好地理解、应用本体性知识和条件性知识，体验、掌握实践性知识，有机地将理论与实践结合起来，增强中小学教师的反思意识，更新教育教学理念，丰富反思内容，获得实践性知识。在研究中不断反思，在反思中不断提升自己的专业水平，促进教师从经验型向研究型、学者型转变，逐渐成长为反思型、学者型、专家型教师，以提高解决教育教学实践问题的能力。

（本文刊于《教学与管理》2012 年第 7 期）

---

①高玲.教师反思能力发展特点的研究[J].教育理论与实践，2007(5).

②刘恩允，韩延明.大学教师专业化的内涵、问题与对策[J].教育发展研究，2007(6A).

# 教师资格证获得的模块化建构

朱许强
（宁夏师范学院　教师教育研究中心）

**摘　要**：目前教师的综合素质受到社会的普遍关注，教师是教育改革的实践者，没有师资质量就没有教育质量。因此，要提高教师综合素质，就必须从提高教师资格准入门槛的源头抓起，而模块化建构就是把好师资质量关的有效途径。

**关键词**：教师素质；教师资格证的获得；模块化

## 一、教师资格证获得的现状

### （一）发达国家教师资格证的获得

在韩国，由于教师已正式成为国家教育公务员，任用考试更显激烈，竞争者中教育硕士并不少见，即便如此，考试的通过率也只有20%~30%。正是如此严格的把关，才保证了真正一流的人才进入教师行业。美国教师资格证书申请者的起点学历为大学，高级资格证书和大多数州的专业教师资格证书还需要硕士学历，且证书需要不断更新。德国教师资格证书分实习教师资格证书和正式教师资格证书，申请者大学毕业后，需参加第一次国家考试，通过后成为见习教师；之后要从事一年以上的教育实习，实习合格后参加第二次国家考试，合格后才获得教师资格证书；这时获得的教师资格身份还是“候补教师”，经试用期后，成为正式教师；任教后2～3年内进行一次教师终身制的考核，合格后即可成为终身教师。日本的教师资格证书由都、道、府、县颁发，分为三种：普通许可证、临时许可证、特别许可证。普通许可证又可以分为：专修、一种、二种许可证；普通许可证没有失效期，不被吊销，终身有效；但要取得高一级的普通证书需要进修相应的学分。[①]

### （二）我国教师资格证获得的现状

我国师范类院校中的师范生通常开设教育学、心理学课程，如果学生能够通过教育学、心理学、普通话三门课程的考试，基本上都能获得教师资格证。

尽管各地方教育部门设置的教师资格准入门槛有高有低，但与发达国家的教师资格证的获得相比较，[②]我国教师资格的准入门槛仍然非常低。以宁夏回族自治区为例，宁夏师范学院的师范类学生只要通过教育学、心理学、普通话三门课程的考试就能获得教师资格证，如果非师范类的学生要考取教师资格证，其程序也是相当简单，申请者与自学考试的学生一起参加自考科目教育学、心理学（教材为南开大学出版的自考教材《教育学》《心理学》，1999年版）的考试并通过，就可以拿到教师资格证。且不说教材版本陈旧，教师教育技能也尚未达到教师准入的水平，更谈不上教育理念的培养与教师职业道德的养成。因而，许多学医的学生、学护理的学生以及函授大专生都很容易地获得教师资格证书，这对于整个教师队伍水平的提高来说是一个不小的挑战。

## 二、模块化建构的探索

教师是一种专业职业，但是与其他职业资格，如注册会计师、临床执业医师、律师资格的获取相比较，显得容易太多。《国家中长期教

①尚菲.浅谈日本教师专业发展的特点及对我国的启示[J].吉林省教育学院学报，2011(1)：56.

②陈志敏.美国优秀教师的评估认证[J].中国民族教育，2011(1)：41.

育改革和发展规划纲要（2010—2020年）》第五十五条中指出："健全教师管理制度。完善并严格实施教师准入制度，严把教师入口关"。[①]因此，教师资格证应提高准入门槛，实行模块化运行方式。我校在2012年伊始，就对教师资格证的获取进行了积极探索，依据《教师教育课程标准》[②]（试行）将教师教育的课程分为三大目标领域：教育信念与责任、教育知识与能力、教育实践与体验。按照三大目标领域将课程模块化分割，结合各专业的实际进行适当调整，建立了"必修+选修+免修"的运行方式。具体内容是：对模块实行学分制，规定每个小模块不低于36学时，为1学分，共18学分；结合各专业的实际，在模块中如某些小模块已经在专业学习中开设过，且学生已经获得学分，则可以免修。只有修满学分并达标，才能获得教师资格证，确保师资质量。



**（一）教育信念与责任模块**

教育信念与责任模块主要有教育理念与当代教育思潮、学科教育新进展、教育政策与法规、教师职业道德。

1.教育理念与当代教育思潮。教师教育理念是对教师教育活动的理性认识，经历了知识本位、技能本位和专业发展化三个发展阶段。[③]知识本位时期，具备丰富知识的年长者即可成为教师；技能本位阶段，注重对教学技能的培养，以教师能力发展为目标，强调教师传授教学知识的能力；专业发展化阶段强调教师是具有专业性要求的职业。从理论上讲，现在的发展方向是教师专业化发展阶段，但实际上，我国教师的教育理念更多的是停留在技能本位阶段，甚至是知识本位阶段，从中小学教师到大学教师的讲课、作业布置以及考试形式就可见一斑。因此，教师教育必须转变理念，顺应教师职业发展的主流趋势。目标取向从"半专科"走向"专科"，内容选择从"粗放"走向"精细"，功能定位从

①中共中央，国务院.国家中长期教育改革和发展规划纲要（2010—2020年）[Z].2010-07-29.

②教育部.教师教育课程标准（试行）[EB/OL].http://www.moe.gov.cn/public files/business/htmlfiles/moe/s6342/201110/xxgk_125722.html，2011-10-08.

③张红.美国教师教育理念特点及其启示[J].辽宁教育行政学院学报，2010（1）：145.

“无限”走向“有限”，教育方式从“灌输”走向“建构”，重新架构以教师专业化为导向的教师教育新体系。[①]教师的教育理念决定教师的教育行为，无论是教育还是学习理念，方向错了，努力也就失去了意义。对于教师而言，教育视野的拓展、思想的更新和方法的改进，不仅有助于自身的成长进步，而且有助于学生的学习与发展。教育观念是从事教育教学工作的心理背景，是教师素质的重要组成之一。任何教育都不可能离开教育观念，因为它是实实在在的，并顽强地、无孔不入地渗透到我们的教育行为中。现代教师到底应具备怎样的教育观念呢？学者们提出了诸如赏识教育理念、问题意识理念、注重过程教学理念（人本学生观、综合课程观、发展评价观）、主体性教育理念、研究性学习意识、教育研究意识、[②]“教育回归生活世界”[③]的理念、“生命化教育的理念”[④]和“无立场”[⑤]教育理念等。例如，我校在开设教育理念与当代教育思潮模块初的指导理念，是应体现出《教师教育课程标准》（试行）中提出的三条教育基本理念：育人为本、实践取向、终身学习，并通过教师教育培训和自我教育的途径来不断提升教育理念水平，使准教师在未来的教学不要离开教育理念的指导，只有在这种教育理念的指导下，教学才能与学生的学习紧紧联系在一起。

2.学科教育新进展。该模块旨在让学习者了解学科专业发展的特点与最新研究成果，把握学科发展动态与发展趋势，使学习者的知识结构与时代发展同步，在教学中能始终站在学科发展的前沿，同时培养学习者的问题意识、信息意识和研究意识。

3.教育政策与法规、教师职业道德。教育政策与法规模块设置的目的，是为了让学习者了解教育政策与法规的基本要求、基本理论、教师

---

①赵卫菊.论教师专业化观照下教师教育的理念转变［J］.当代教育科学，2008（3）：39.

②赵伍.当代教师教育理念阐释［J］.教学与管理，2008（2）：10.

③刘旭东.对教育与生活关系的思考［J］.教育研究，2007（8）：53.

④冯建军.生命化教育与生活［J］.教育评论，2003（6）.

⑤金生鈜.无立场的教育学思维——关怀人间、人事、人心［J］.华东师范大学学报：教育科学版，2006（3）：1.

与学生的权利与义务、教育法律责任与教育法律救济，在教育中做到依法治教。教师职业是按照一定的社会需要和标准，传授文化科学知识，培养学生能力和思想品德的一种职业，是对人类社会发展影响最为重大的职业。由于教师劳动的对象是人，教师的一言一行对学生都有教育作用。而个别教师违背职业道德，逾越社会底线的行为总能“一石激起千层浪”，师德问题在这个倡导尊师重教的社会中屡屡成为公众的“冷话题”。因此，教师职业道德要求应高于其他许多职业。

教师职业道德模块主要包括教师职业道德概述、教师职业道德原则、教师职业道德范畴、教师职业道德规范、教师职业道德培养及教师职业道德评价等，可以根据该模块的学习成绩与学习者的日常表现、档案记录的教师评价进行综合考量。

### （二）教育知识与能力模块

教育知识与能力模块主要包括教育学、心理学、教育心理学、学科教学与课程设计、教育测量与评价、教育科研方法、现代教育技术、心理健康教育、性健康教育、班级管理。

1.教育知识类课程。教育学、心理学、教育心理学、学科教学与课程设计、现代教育技术的作用不再详述。教育测量与评价模块主要的目的是让学习者能针对教材编写标准化程度较高的试卷，并对试卷的质量做出评价；能正确看待学生的成绩、智商、能力等的测量结果；能以多元智力结构的相关理念看待学生的成长与成才。

教育科研方法旨在提高教师的教育研究能力。信息技术革命推动了教育领域的深刻变革，使得教育教学与科学研究的联系越来越紧密，教师作为研究者的呼声越来越高。教师立足于教育实践，发现、分析、解决教育问题成为当务之急。改变传统的、师资建设以教育投入及条件为内容、主要依据经验判断的评价模式，转向以学生为中心，以证据为基础的教育质量评价与保障体系，是国际教育质量保障的一个重要发展趋势。这一发展趋势使得教育的变革更加精细化、实证化和可操作化。因而，教师如果不了解前沿的研究成果、先进的研究方法与工具，就很难提高研究能力，也就在一定程度上让自己的教育实践仅停留在经验层次上。

2.心理健康教育。2004年，国务院先后颁布了《中共中央国务院关于进一步加强和改进未成年人思想道德建设的若干意见》和《中共中央国务院关于进一步加强和改进大学生思想政治教育的意见》都对新世纪新阶段加强青少年心理健康教育提出了明确要求。在这种情形下，大力开展学校及社会心理健康辅导教育体系，设立“青少年心理健康辅导”这一职业，不仅是社会和时代发展的需要，也是对传统学校教育的重要补充，更是学生全面发展、实施素质教育的客观需求。心理健康教育是教育者运用心理科学的方法，对教育对象心理的各层面施加积极的影响，以促进其心理发展与适应、维护其心理健康的教育实践活动，是培育良好的性格品质、开发智力潜能、增强心理适应能力、激发内在动力、维护心理健康、养成良好行为习惯的重要途径。心理健康教育有利于教育教学的科学化、素质教育的落实、教育者自身的优化，有利于学生的心理健康、全面发展和主动成长，有益于校园的和谐、社区的安定及社会的文明。设置该模块的目的就是通过准教师将来对学生的教育，使学生的认知多一点理性，少一点非理性；情绪多一点快乐，少一点烦恼；意志多一点坚强，少一点脆弱；行为多一点理智，少一点冲动；人生多一点成功，少一点失败。

3.性健康教育。值得一提的是，其他模块在许多省份的教师教育课程中或多或少都有体现，但是性健康教育模块在目前国内的任何一份教师教育课程模块中还不曾见到。性健康教育模块的开设，一方面，学习者通过对性知识的了解，加强准教师自身的性责任和性道德意识；另一方面，准教师将来能够对学生进行简单的性教育，使学生免受性侵害。校园性侵害案件所暴露出的问题就是性教育的滞后和不足，而且这一现象已经引起“多米诺骨牌效应”，使大众对教师队伍的素质，甚至教师的品格都产生了怀疑。性是人类生活重要的组成部分，也一直是人们津津乐道的话题，更是千年历史中敏感避讳的话题。在历史上，人们或是崇拜，或是压抑，或是观望，或是幻想，从而上演了形形色色的人生。对性知识的掌握和对待性的态度则是性健康的基础，它们作用于性行为，对日后的性功能障碍和性传播疾病的发生以及性生活满意度将产生直接影响。尤其是危险的性行为带来的严重后遗症，如堕胎、性犯罪、艾滋病等与社会稳定密切相关。作为一名教师，性健康教育是我们不可以回避的，更是回避不了的，它跟每一个学生的生活息息相关，教师应该坦率面对，才是对下一代人负责任的表现。



4.班级管理。该模块主要涉及班级管理的概念、内容、功能与目的、原则、地位与作用、常规管理、班级组织建设、班级管理模式与方法，以及班级管理中经常出现的问题及解决策略。班级管理是一个动态的过程，它是教师根据一定的目的要求，采用一定的手段措施，带领全班学生，对班级中的各种资源进行计划、组织、协调、控制，以实现教育目标的组织活动过程。班级管理是一种有目的、有计划、有步骤的社会活动，这一活动的根本目的是实现教育目标，使学生得到充分的、全面的发展。因为班级活动状况直接关系到学生的生活、学习和教学质量，任何一个管理经验丰富的学校都会把班级管理放在极其重要的地位。

### （三）教育实践与体验模块

教育实践与体验模块主要包括教师语言、书写技能、教育实习与教育见习。

1.教师语言、书写技能。教师语言技能主要是普通话与语言表达能力的训练；书写技能主要包括“三笔字”的练习，“三笔字”即粉笔字、钢笔字与毛笔字。

2.教育实习与见习。教育实习是教师教育、培养合格中小学教师的综合实践环节。该模块主要由四个环节组成：一是听课，由于每个老师的上课方式并不相同，我们要求每个学习者必须观摩10~20名教师的讲课，主要学习老师如何引入、如何设置问题、如何驾驭课堂、如何控制授课时间、如何调动学生积极性、如何传授知识等；二是备课，由学习者先细读教材和课程标准，确立课程目标和教学目标，确定教学重点和难点，选择恰当的教法和学法，整理教学思路写出教案，经指导教师反复修改，直到合格后方允许登台授课；三是上课，要求学习者对自己的每节课进行录音，课后一起与老师探讨，查找不足；四是批改作业，一方面锻炼学习者的耐心与细心，另一方面检验自己的教学效果。整个教育实习的时间不得少于8周。

总之，教师教育课程模块化运行是我们为探索提高教师资格准入门槛和教师教育水平迈出的一大步，还有很多不完善的地方，将有待进一步在教育实践中完善。

（本文刊于《教育与职业》2014 年第 9 期）

# 基于语料库技术的英语教师教育行动研究

崔藏金
（宁夏师范学院　外国语学院）

**摘　要：**本文是语料库在职前英语教师教育中应用的一项行动研究报告。针对职前英语教师职业技能培养中存在的教学方法单一、理论与实践脱节、实践知识增长缓慢等诸多问题，将笔者自建的教学语料库引入课堂教学，革新教学内容和授课方式。行动研究发现，英语教学语料库的应用能激发学生对教师教育理论课程的兴趣，为学生搭建理论联系实践的桥梁，提高职前英语教师的职业技能水平。

**关键词：**英语教学能力；语料库；行动研究

## 一、引言

20世纪90年代以来，语料库建设和研究发展迅速，随之语料库技术在语言教育教学领域的应用也日益广泛和深入。语料库语言学在语言教学中的应用主要体现在两个方面：一是直接应用。包括讲授有关语料库的知识，传授语料库探索的方法，利用语料库进行教学等；二是间接应用。主要是基于语料库编纂词典、语法参考书、教材、基于语料库的目标语言或学习者中介语语言特征的描述与分析。①

①余国良.语料库语言学的研究与应用［M］.成都：四川大学出版社，2009（78）.

语料库由于信息量大、语料内容真实等特点不仅使其在第二语言教学领域发挥独特的作用，而且，国内有些师范院校在教师教育中也尝试使用语料库。如华南师范大学建成英语教学语料库，并将其应用于英语教育学中，教学效果良好。

笔者所在的宁夏师范学院仍然采用传统的模式培养英语师范生的教学能力，课堂教学以教师讲授为主。学生在三年级要学习外语教学理论、英语课程与教学论和英语教师职业技能发展三门课程，在四年级第一学期进行为期两个月的教学实习。笔者给他们讲授英语课程与教学论课程。这是一门实践和理论高度结合的课程，需要教师既具备深厚的英语教学理论知识，同时还要有丰富的指导学生开展实践训练的经验。经过一段时间的教学实践后笔者发现，学生对这门课程的兴趣普遍不高，重视度也不够，学生的理论水平和实践技能都得不到有效提高，教学效果不理想。2012年3月份，笔者与课程组的教师尝试通过行动研究的方法，借鉴华南师范大学的教育学中语料库应用的经验，在英语师范生职业技能培养中引入笔者自建的英语教学语料库，以期提高师范生的授课能力。

## 二、问题的分析

### （一）最初的观察

笔者给英语专业学生讲授英语课程与教学论课程，并参与指导他们的教育实习工作。由于缺乏教学经验，笔者只能先参照课程组其他两位教师的教学方法，并自己慢慢摸索更加有效的策略和途径。学习结束后，学生参加了毕业前的教学实习。笔者通过观察实习生的课堂，发现实习生在英语课堂教学技能方面存在的突出问题有以下几点：上课背教案、教学内容太多或过少、教学目标设计不切实际、教态不自然、板书不规范、提问无目的、口语表达能力差、常规教学媒体使用不当等。

### （二）最初的反思

教师职业技能是师范生必备的技能。师范生能否在职前练好教学基本功关系到毕业求职和个人的职业发展，但是英语师范生对教师职业技能学习和训练的兴趣不大，参与度不高，经过一学期的训练后其教学技能水平令人担忧。笔者反思了自己的教学方法和技能训练措施，学习了大量师范生职业技能训练与发展的相关文献。2011年10月，教育部提出了《教师教育课程标准（试行）》（以下简称新《标准》），从十个方面对深入推进教师教育课程改革做出了总体部署。新《标准》以构建符合素质教育要求的新教师教育课程体系为目标，基于“育人为本”“实践取向”“终身学习”三个基本理念，从课程目标和课程设置两个方面，对幼儿园教师教育课程、小学教师教育课程、中学教师教育课程进行了规范，并提出了实施建议。



赫尔巴特（2001）认为，“单纯的教育学讲座本身不太可能为已有教育天赋的学生指出明确的方向和给予必要的辅助手段”，“一个学习做教师的人，必须能够成功地建立起他与教育世界的联系——教育经验”[①]。冯奕兢（2012）在南京师范大学教育学院的教师教育改革实践基础上提出“共同培养，双向强化”的教师教育模式，强调“教学做”合一的学习系统的构建，加强学科专业和教育专业、高等教育和基础教育、理论学习和实践学习等要素之间的长效[②]。可见，开展“做中学”、实现“教学做合一”，是培养教师的重要策略之一。王歆军[③]和杨跃[④]均认为实录式或视频案例在英语学科教学论教学中的应用具有以下优势：能促进学生对知识的领悟、建构理论联系实践的桥梁、发展学生实践性智慧、提升学生的反思能力。

笔者在教学中只注重理论知识的讲授，没有做到“教学做”的有机统一，忽略了教师职业技能的发展实践性。如果能在精讲教学理论知识的同时，利用语料库手段为学生提供大量典型教学视频、教案等教学案

①李其龙.赫尔巴特文集（教育学卷）[M].杭州：浙江教育出版社，2001：62-67.

②冯奕兢.教师教育模式改革与探索——以南京师范大学教师教育改革为例[J].教育理论与实践，2012，(1).

③王歆军.实录式案例在英语学科教学论教学中的应用[J].孝感学院学报.2005，(2).

④杨跃.职前教师教育课程中视频案例教学管窥[J].教师教育研究，2010，(4).

例，让学生通过观摩—评价—模仿—反思的学习思路实现教学实践能力和知识的发展。

## 三、行动干预的第一阶段

### （一）行动计划与实施

冯奕兢（2012）指出，开展做中学，实现教学做三者的有机结合，是培养教师授课技能的重要策略[①]。根据这一策略，行动研究小组决定改变英语学科教师课程的授课方式和手段。

1.观看教学视频，开阔学生视野。笔者和同课程的教师在讲授教师的礼仪、教态、授课的基本环节（包括热身、新知识呈现、操练、拓展运用、巩固和总结、作业）等模块时，给学生观看优质教学视频片段，然后引导学生对某一个方面进行讨论和评价。课后学生以小组为单位集体备课，尝试使用视频中的技巧和方法，并在小组内试讲演练，熟练后在课堂上试讲演示，最后以学生评价、授课教师点评总结、讲课者反思的形式结束本次试讲。学生通过观看相同教学内容的不同教学视频，有利于打开他们的备课和授课思路，进而创造性地运用当地的教学资源和环境，有针对性地授课。

2.使用电子教案，提高学生备课技能。备课技能是教师要具备的一项基本技能，但是很多学生备课时发现对于教学目标，教学重、难点内容，一节课讲多少内容以及知识的过渡与衔接等许多方面感到无从下手。笔者在讲授如何撰写教案时，运用语料库技术，给学生呈现大量电子教案，讲解教案撰写规范，结合语料库中的电子课本库和学生一起讨论分析教材，确定教学目标，区别详案和略案，小组讨论某一教案的优缺点，并在原教案的基础上进行改写。课外让学生就给定的教学内容练习撰写教案，课堂上展示学生评选出来的优秀教案，以便学生学习参考。

---

①冯奕兢.教师教育模式改革与探索——以南京师范大学教师教育改革为例[J].教育理论与实践，2012，(1).

3.使用语料库技术，提高学生研究教材和评价教材的能力。目前国外通过大型语料库研究教材已逐渐形成一种趋势。在国内，华南师范大学外文学院一直致力于建设大型英语教育教学语料库，依托这一语料库平台，对高中英语教材教学做了多方位多角度的评价。笔者运用何安平教授的教材分析框架[①]，在教学中尝试使用语料库技术对当地中小学使用的英语教材进行量化分析，并把分析结果与大型通用语料库进行对比，学生对分析过程和方法很感兴趣。课后学生自己确定分析的目标内容，进行语料库检索和对比，发现不同教材的编排特点、语法安排顺序、课后练习题的数量分布和设计特征等。语料库技术的应用使学生对教材的认识由感性上升为理性，学生研究教材的兴趣和能力都得到很大的提高。



**（二）观察与发现**

令笔者感到高兴的是，经过一学期的教学改革实践和行动研究，学生对教师职业技能训练的积极性有很大的提高，兴趣也逐渐增强。班级之间、小组间逐渐开始悄悄地较劲训练，为的是能有更多的机会在同学面前展示自己的技能。这些改变主要体现在训练态度、技能发展、信息化理念等方面。

1.训练态度更积极。学生通过观看优质教学视频，看到优秀教师的授课如鱼得水，同时优秀教师的职业素养和精神面貌也深深地感染着学生。再通过回放自己的教学录像发现自己和优秀教师的差距简直是天壤之别。这使得学生产生危机意识，进而开始主动学习每一项技能。经过一段时间的转变后，学生逐渐由“要我训练”转向“我要训练”，训练的主动性和积极性显著增强。

2.技能水平提高。通过单项技能训练、模拟课堂、微格教学、回放视频并分析和评价等一系列措施后，学生的教案撰写更加规范、对教学三维目标的理解更准确、教学活动的设计能围绕重点教学内容展开。在模拟课堂活动中，学生的教态更加自然、自信、大方；教学过程更加流

①何安平.语料库在外语教育中的应用［M］.广州：广东高等教育出版社，2004.

畅，能做到课前有热身、下课有总结。并且学生能不断地进行自我反思，不断改进自己的教学设计，力求取得更好的教学效果。

3.注重现代教育技术的应用。在英语学科教师教育课程的教学行动研究中，笔者和课程组教师频繁运用现代教育技术和手段，多媒体课堂教学语料库（教学视频、电子教案集、教学案例集等）、微格教学、多媒体课件等。通过一学期的教学行动研究，学生使用现代教育技术手段的意识明显增强。在教学设计中，学生尽量采用直观化、形象化等电子化手段创造真实的教学情境，吸引学生的注意力，活跃课堂气氛。

## 四、对教学和行动研究的反思

通过一学期的调整，笔者改变了教师满堂灌、注入式的教学方式，实行“教学做”合一的技能训练模式，在教学中运用多媒体教学语料库，使理论学习和技能训练有机结合，学生很喜欢，教学效果良好。帮助学生形成学习共同体，要求学生不仅在平常的生活中互相帮助，更要在学习上形成团队。竞争机制的引入激发了学生不服输的精神，学习小组技能训练的劲头很大，自觉性更强。但是教学中仍然存在一些问题。有一部分学生仍然对教学技能的重要性认识不足、训练时态度不端正、做差事完任务的心理依然存在。还有一部分学生能认真训练、教学基本功都不错，但由于英语语言知识和听说读写技能不扎实导致试讲中经常出现英语单词发音不标准、语言知识讲授欠规范、板书错误等问题。由于课时有限，教师职业技能训练项目多，在一学期的时间里通过三门课程的学习和实践训练难以实现学生整体教师职业技能水平的大幅度提升。

鉴于以上问题，笔者和课程组教师进行广泛讨论，分析了本学期教学成功的经验和应该改进的方面。对存在的问题要从以下两个方面着手解决。一方面，加强学生英语知识和语言技能的学习。学生要在一、二、三年级打下牢固的语言基础，实行英语语言知识（词汇、语法、文化知识）和单项技能（听、说、读、写）与综合运用能力的考核制度。

另一方面，要建立立体的教师职业技能训练体系。一年级可以普通话、英语语音语调、英文书写、三笔字等技能训练为主，组织学生参加并通过普通话等级测试；二年级在一年级的基础上主要开展英语口语竞赛、演讲比赛、书法等技能的训练，提高英语师范生的专业技能和人文素养；三年级则主要训练英语教学所具备的课堂教学技能和班级管理技巧，并要在学年结束时实行严格的测评。除此之外，还要组织学生到中小学校见习，走进英语课堂，观摩和体会中学英语的教与学，对英语师范生的角色转换，建立教学理论知识与教学实践之间的联系十分必要[①]。



## 五、结语

总体看来，英语教学语料库在英语教师教育课程教学中的应用提高了学生的教学水平。由于语料库中储存了大量来自教学第一线的素材，师生们能够利用电脑语料库检索手段进行大规模的英语课堂教学语言调查研究，解决在微格教学和实际应用中发现的问题。同时视频、教学实录和电子案例集的使用将教学实践过程中可能遭遇的实际问题呈现在学习者面前，要求他们根据先前学过的理论常识做出适时的反应，从而成为沟通理论与实践的桥梁，促进学生对知识的领悟，拓展学生对原理、知识运用的实际情境的认识。但是，英语教学语料库仅仅是教学的一种工具，学院和教师还需协力建立完善的教师职业技能训练方案和考核方案，从教学管理的层面提高学生对教师职业技能训练的紧迫感。教师也需不断提高自身的英语学科教学理论素养和实践技能，为学生树立良好的“师范”榜样。

（本文刊于《长治学院学报》2014 年第 1 期）

①李学农.论教师职前教育的经验课程[J].课程·教材·教法，2008（10）.

# 从合作的视角看教育理论与实践的关系

邱芳婷

（宁夏师范学院　教育科学学院）

**摘　要**：解决教育理论与实践的关系问题，归根到底要放到教育理论工作者和实践工作者之间的关系层面去讨论。两类主体的合作是二者关系新的深化点，通过教育理论工作者把理论带入实践、教育实践工作者寻求理论的帮助和大学与中小学合作伙伴关系等方式进行合作，因为两者的合作假设、思维方式和价值追求的差异，阻碍了教育理论和实践关系的深入开展。只有两类主体的反思和行动，才能走向真正的合作，实现教育理论和实践真正的内在打通。

**关键词**：教育理论工作者；教育实践工作者；合作

教育理论与实践的关系是教育学领域的一个基本问题，是一个常谈常新的问题，也是一个亟待解决的问题。多年来许多学者从不同角度不同层面给予了不同解答，有代表性的主要有："指导说"[①]"中介说"[②]"实践优先说"[③]"统一说"[④]"双向滋养说"[⑤]。以上"诸论"的确为教育理论与实践关系问题的解决提供了丰富的理论视角，也在当

①曹永国.也谈"教育理论指导实践"——兼与彭泽平同志商榷[J].教育理论与实践，2003(1).

②宋秋前.行动研究：教育理论与实践相结合的实践性中介[J].教育研究，2000(7).

③康丽颖.教育理论工作者回归实践的自识与反思[J].教育研究，2006(1).

④宁虹，胡萨.教育理论与实践的本然统一[J].教育研究，2006(5).

⑤吴黛舒.对教育理论与实践关系问题的本土反思[D].教育研究，2004(5).

前的基础教育改革实践中有一定的体现。但以往很多学者对教育理论与实践关系的探讨，往往忽视了对理论和实践主体之间的关系研究。也就是说，在此问题的研究上缺少“主体意识”，由于缺少主体，教育理论与实践关系的研究也呈现出“理论”和“实践”相脱离的现象。因此，要解决这一问题，要深入教育理论工作者和实践工作者之间的关系，通过两类主体的合作和沟通，为解决教育理论与实践的关系寻找新的深化点[①]。



## 一、教育理论工作者和实践工作者合作的主要形式

“合作”和“协作”是与“合作”相近的词汇中最为常用的两个词。“合作”是指一个主体和另一个或若干个主体共同从事一项工作，而“协作”是指某一方主体正在帮助或愿意帮助另一方[②]。这里，也是从“协作”和“合作”两层含义去理解合作。

### （一）教育理论工作者主动把理论带入实践

教育理论是理论工作者对教育的理论性认识，是他们理性思考的产物，一般以概括和抽象判断为其特征。理论的自身建设需要其不断地积累和发展。很多理论工作者以现有的理论为研究实践的基础，并通过分析比较、批判重建等方式推进理论。这的确是一种有效的理论研究方式，但是，研究视野如果只是局限在已有的教育理论，也终会成为“无源之水，无本之木”。因此，教育理论的研究必须突破这一局限，体现社会转型期正在变革的、动态的社会和教育实践活动[③]。这不是指教育理论工作者如何让教育理论“指导”或者“联系”教育实践，而是要认识到时代发展和社会进步对教育的要求和冲击力，重新审视旧的研究理

---

①叶澜.我与新基础教育[D].丁钢.中国教育：研究与评论[C].北京：教育科学出版社，2004：43—44.

②邓涛.大学与中小学合作：英美两国教师培养模式比较研究[D].长春：东北师范大学硕士学位论文，2003：3—4

③叶澜.思维在断裂处穿行——教育理论与教育实践关系的再寻找[J].中国教育学刊，2001(4).

念和价值观，从生动的教育实践中去寻找理论发展的鲜活素材。因此，部分教育理论工作者主动进入实践，一方面检验自身已有理论的合理性，另一方面，为理论的进一步发展寻找活的源头。这种理论工作者与实践工作者的合作多体现为一种“协作”，目的重在发展教育理论。

### （二）教育实践工作者寻求理论的帮助

教育实践主要指教育实践工作者所从事的教育活动的总称。实践工作者在实践中常常会碰到各种各样的问题，大部分时间都会依据实践本身的情况，用已有的经验和方法去解决。随着教育实践的推进和发展，特别在一些重大的教育改革实践过程中，他们会遇到一些前所未遇的、依靠自身的经验和方法已经不能解决的大问题。这种时候，他们就需要向教育理论来寻找依据，求助于理论工作者。这种实践工作者和理论工作者的合作依然是一种“协作”，目的重在解决教育实践问题。

### （三）教育组织间的合作——大学与中小学合作伙伴关系

相对于前两种“协作”形式的合作，教育组织间的合作是合作实践的一种主要形式。大学与中小学的合作是教育组织间合作中的一个典型模式，大学与中小学的合作还可以称为：院校合作（或院校协作）、“U－S”伙伴合作关系、大学－中小学伙伴（协作）关系等。这种组织之间的合作开始于19世纪末杜威创建的实验学校和哈佛大学校长等组成的“十人委员会”，后来发展为“教师专业发展学校”（PDS）。在我国，具有代表性的合作项目有香港中文大学的“香港跃进学校计划”和“优质学校改进计划”、东北师范大学的“优质学校”建设项目、华东师范大学的“新基础教育”以及首都师范大学的“教师发展学校（TDS）”[①]。还有很多地方师范院校同中小学校之间的合作伙伴关系的建立。这些合作各有侧重：有的注重组织的发展，有的关注教师的发展；有的目的重在理论建构，有的为实践服务；有些基于一种标准，有些综合多个维度[②]。这种理论工作者和实践工作者的合作，目的重在教育理论和实践的共同发展。

①王恒.中外大学与中小学合作研究的回顾与展望[J].黑龙江高教研究，2010（10）.
②王恒.中外大学与中小学合作研究的回顾与展望[J].黑龙江高教研究，2010（10）.

## 二、合作中存在的问题

教育理论工作者和实践工作者主要通过以上三种形式进行合作，但由于两类主体的立场、价值观等方面的差异，存在一些阻碍合作的不良因素。



### （一）合作假设存在差异

教育理论者与实践者在合作之初，都带有不同的合作假设，不同的合作假设导致不同的合作目的。理论工作者的假设是：实践者缺少理论知识，需要被指导，从而提升其理论水平。实践人的假设是：自身没有理论知识，需要向理论人学习，以提升自己的实践水平。[①]带着这样的合作假设，理论工作者的合作目的是：通过对实践工作者的指导，获得丰富的实践资源，进一步发展教育理论，或者通过合作影响实践人的教育理念，从而改变他们的思维方式和行为方式，甚至生存方式。实践工作者的合作目的是：吸收理论者的有用的理论（主要是指操作性的技能、方法和工具），以解决实践问题。这种合作假设的差异性，让理论工作者有一种“专家”的优越感，居高临下地去指导实践者；让实践者有一种附属的卑微感，而内心又拒绝和排斥理论工作者。这种不平等，不利于合作的真正开展，或者帮理论者实践了教育理论，或者帮实践者解决了一时或表面的问题，并没有促进双方的实质性发展。

### （二）思维方式不同

理论工作者多以已有教育理论为研究对象，采用概念思维和逻辑思维为主的学理性思维，追求一种普适性的知识体系，注重思维的“理论性”。相对的，教育实践工作者的思维是一种体验的、经验的思维，追求实践问题的解决，注重思维的“实践感”。[②]由于思维方式的差异，理论工作者很难真正地理解实践工作者的处境和需要，实践工作者也总是认为理论工作者是高高在上的，其理论是一种空谈，不能解决实践问

①李政涛.论教育理论主体和教育实践主体的交往与转化［J］.高等教育研究，2007（4）.
②刘西亚.教育理论与实践关系困境之反思［J］.基础教育参考，2010（3）.

题。因此，教育理论工作者和实践者的合作总是多以一方的目的达成为合作的终结，而后各自退回自己的阵营。

**（三）价值追求不同**

由于生存的场域不同，所处立场的不同，教育理论工作者和实践工作者的价值追求也存在较大差异。当两者相遇时，理论工作者希望将理想的教育价值观传递给实践工作者，在检验教育理论的同时，关注其自身和实践者的专业成长；实践工作者希望理论工作者的理论是操作性强、见效快的教育理论，而非形而上的思辨性理论，关注考试的效果、升学率的提高和学校知名度的提升等。比较而言，理论工作者更关注合作的内涵和过程，并注重如何在实践中去实现合作的具体目标；实践工作者更多关注如何实现合作的任务和合作所带来的获益。①

两类主体在以上各方面的差异，致使二者的合作要么难以开展；要么流于形式，难以深入；要么各取所需，合作结束后恢复原样。教育理论和实践的关系也因此存在以下情况：教育理论被理论工作者带入实践，指导教育实践，验证理论的普适性；教育实践工作者求助于理论工作者，解决自身难以解决的实践问题，寻求理论的可操作性；理论工作者和实践工作者解决共同的课题，以理论工作者为主导，既不利于教育理论的推进，也不利于实践的发展。如何促进两类主体真正的、深入的合作，促进教育理论与实践关系的更好发展？

## 三、反思与行动：走向真正的合作

教育理论工作者和实践工作者要走向真正的合作，就必须消除两类主体在合作假设、思维方式和价值追求上的差异。首先，两类主体要认识到这些差异，这需要他们的反思。其次，在认识的基础上，要缩小甚至消除这些差异，需要他们的行动。在教育理论工作者和实践工作者的合作实践中，“牺牲了行动的实践就是空话，牺牲了反思的实践就

①李孝川，王凌.农村中小学与师范大学的合作伙伴关系探析［J］.云南农业大学学报.2008（11）.

是行动主义，这两方面相互作用，牺牲任何一方都会使另一方面受到损害”。[①]

### （一）教育理论工作者的反思和行动

教育理论工作者首先需要反思：理论研究是否仅限于对已有理论的分析比较和批判重建？这种研究固然重要，也可以促进理论的发展和完善，但是离开时代需求和教育实践，教育理论将成为“真空存在”，必须要既满足时代的发展需求，又关注教育实践。其次，理论者需要反思：理论是具有普适性的吗？能否指导实践者的实践？教育理论追求的是理论的抽象性、逻辑性和明晰性，而教育实践是具体的、复杂的、不确定的。教育理论可能为教育实践提供研究的视角，但不能解决所有的教育实践问题。[②]最后，理论者需要反思：理论者的理论能否指导自身的实践？教育理论工作者的理论与其实践也是普遍脱离的，很多专家在自己的课堂上讲授“对话教学理论”和“自主、合作、探究”的学习方式，反思自身，或者说跳出自身来反思自身，这才是最难的，但也只有这样，才可能更深入地认识，更健全地成长。

教育实践中获得精神的滋养，并形成新的理论。[③]其次，理论者要学会把抽象的、思辨的理论转化为教育理论工作者在反思的同时，需要行动。首先，教育理论工作者要学会用生成性的思维方式从动态的教育实践中获得精神的滋养，并形成新的理论。再次，教育理论工作者要吸收实践工作者的实践智慧，对经典的案例和经验进行概括和提炼，使其上升到理论的高度，形成并丰富教育理论。此外，教育理论工作者要在自身教育实践中去践行理论。

### （二）教育实践工作者的反思和行动

实践工作者首先需要反思：实践人是没有理论知识的吗？人们有一

---

①保罗·弗莱雷著，顾建新等译.被压迫者教育学[M].上海：华东师范大学出版社，2001：88.

②叶澜.思维在断裂处穿行——教育理论与教育实践关系的再寻找[J].中国教育学刊，2001(4).

③高维.谁的理论？谁的实践？——教育理论与实践的关系重审[J].现代教育管理，2011(12).

个共识，教育实践者可能具有丰富的教学经验，但是理论素养缺乏，事实上，实践者有没有理论关键在于如何界定理论。有学者指出，理论有两种存在形态，一种是以文字和符号等形式存在的群体普遍形态；一种为个体或部分群体所拥有的包括个人内在理论和共同经验为存在形态的私我和局部形态。①后一种常常被忽视，而实践者的理论恰恰就是这种隐藏在教育经验背后的个人哲学、隐喻、实践规则等等。其次，实践者需要反思：个人实践的改变是否需要自主能动意识的发挥？在合作中，实践工作者大多只是把个人实践的改变寄托在理论者所提供的可操作性指导上，只是配合完成任务，并不去真正地认识和理解理论，也认识不到个人实践的改变是通过个人知识的改变而完成的。

在反思的基础上，实践工作者也需要行动。首先，实践者要意识到支配自己教育教学行为背后所蕴含的个人内在理论，如缄默知识。在教育实践中，不再只是简单执行别人的指令或模仿他人的做法，而是能动的、自觉的、创造性地去实践。其次，实践工作者要主动学习各种或传统或现代的有关教育的系统的学说、他人的经验，通过比较和思考，并内化为自身的个人内在理论。最后，实践工作者还要善于总结和反思自身在实践过程中的得失，形成能提升个人实践的内在理论，形成自己独特的实践智慧。

总之，教育理论工作者和实践工作者双方通过反思和行动，前者的研究对象从已有的理论到生动的实践，再到理论与实践的结合；后者的态度从不理解到相信，再到掌握理论，形成提升个人实践的内在理论。二者不仅是指导与被指导的关系、主导与服从的关系，而且是一种平等对话，在此基础上相互激发、相互唤醒、相互建构，使得教育理论和实践实现真正的内在打通。

（本文刊于《教育理论与实践》2014 年第 17 期）

---

①叶澜.思维在断裂处穿行——教育理论与教育实践关系的再寻找[J].中国教育学刊，2001(4).

# 职前教师培养研究

# 化学专业学生职业技能提升模式的创建及实践

吴茂江
（宁夏师范学院　化学与化学工程学院）

**摘　要：**为了尽快提升高师大学生职业技能，创建了师能培训、岗前培训、科技创新培训、一专多能培训及实验效果反馈五个行动模块，形成了大学生职业技能训练的新模式，实践效果良好，具有一定的应用推广价值。

**关键词：**化学专业；职业技能；培训模式

在校大学生的职业能力是衡量大学生毕业后尽快适应社会、有效服务社会的重要标志之一。大学生在校期间，如何快速高质量提升他们的职业能力，这是大学生教育实践活动的重要内容。为此，从2009年开始，我们就成立了宁夏师范学院化学与化学工程学院“大学生实践教育活动指导小组”，着重研讨适合我校校情、学情的大学生职业能力提升培训模式。经过五年多的科学设计、缜密探索、不断改进、反复实践，终于形成了具有我校特点、化工学院特点的大学生职业能力提升培训模式。实践证明这种模式科学合理、易于操作、效果显著。

## 一、模式概述

### （一）行动模块

该模式分为五个行动模块，每个模块的主要功能和作用如下：

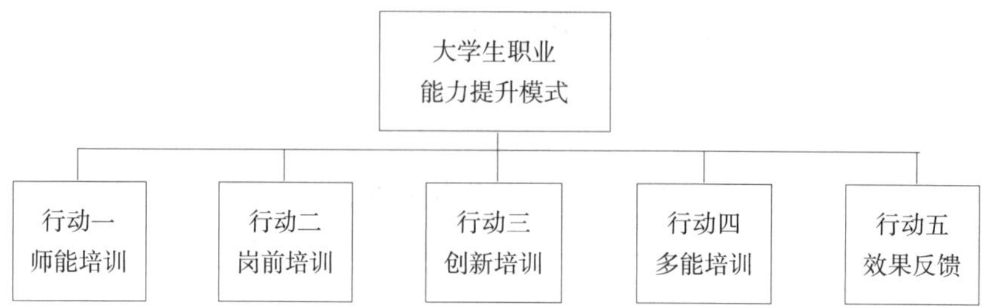


行动一：通过对学生的语言表达、板书设计、绘图技巧、课件制作、教具制作、实验操作、现代教育技术手段、课堂教学等基本教学技能循序渐进的培训，使学生从事教育教学的能力有一个质的提高。

行动二：通过对学生备课、说课、讲课、评课等教学过程的精细化训练，使学生能站在一定的高度理解新教学理念，掌握新教学方法，提高自身教学水平，为教育教学实习及教育实践活动打下坚实的基础。

行动三：通过建立创新创业工作室，启动科研项目，开展科技创新和创业设计等活动，激发学生的创新思维，培养学生的创新意识和精神，开阔学生的就业视野。

行动四：通过建立“双师型”教师队伍，培养“毕业证+职业技能证”的一专多能毕业生，拓宽学生的就业方向和渠道，为学生毕业后的就业、择业、创业铺垫畅通的途径。

行动五：通过培训效果的反思，认真分析总结，形成可持续培训的定势，为后续学生职业技能的提升积累成功的经验和模式。

### （二）培训流程

师能培训：语言表达（大一）→板书设计（大二）→实验操作（大三）→课堂教学（大四）→师能竞赛（综合）

岗前培训：备课活动→说课活动→讲课活动→评课活动

创新培训：思路培训→方案设计→活动过程→成果展示

多能培训：培训方案→培训过程→效果反馈

### （三）模式的创新点

该培训模式打破了传统的在教学论课堂上培训学生职业能力的单一方式，开辟了多形式、多层次、多渠道、全方位的培训途径，培训方法灵活，形式多样，高效快捷，保质保量。大大提升了学生动脑思考、动眼观察、动口表达、动手操作的职业能力。

1.技能训练的连续性与渐进性。把学生从事教育教学的能力分解为四个学年段、四个层次，从学生一入校就进行培训，随着学生年级的升高，加大培训项目和力度，在培训上具有由浅入深、由易到难的阶梯性和层次性。

2.专业综合能力训练的针对性。实习前有针对性地对学生“四课”能力进行集中专一培训，组织教师资源，统一时间，针对学生课堂教学中的薄弱环节进行强化训练，快速提升适应能力。

3.第二课堂训练的拓展性。以大学生科技创新创业项目为纽带，以科技创新创业工作室为平台，培养学生具备较强专业素养和一定的科学研究和科技创作能力，加深学生科研和科技创作的深度和广度。

4.多能培训的适用性。对学生进行一专多能的培训，使学生获取化学化工类的各项职业证书，不但使学生掌握了多项职业技术，而且拓宽了学生毕业后的就业渠道，具有现实意义和适用意义。

## 二、实施过程

### （一）强化师能训练，夯实从教基础

从学生一进校，我们就根据人才培养目标，设计四年的整体培养目标，分层设计活动内容和师能培训项目[①]，抓住以下几个要素培训学生的职业素质。

---

①吴茂江.高师化学教育专业学生从教能力培养模式的设计与实践[J].化学教学，2010，(7).

1.大一年级段主要开展语言表达能力的训练。首先是做好宣传工作，说明教学语言的重要性。其次是在教室、校园创造讲普通话的气氛，强调在宿舍、课堂、会场、公共场所都要讲普通话。第三是结合学校普通话课程进行推普活动。第四是开展班级、个人之间的普通话演讲比赛。普通话及口语表达技能的主要实训项目有读单音节词、读双音节词，短文；利用第二课堂进行普通话辅导训练，开展普通话互动交流、讲演、朗诵、辩论及小话剧比赛，使每个学生的语言表达能力都有所提高。

2.大二年级段主要开展板书设计能力的训练。由化学教学论课程组牵头，每年对学生进行一次板书设计讲座，要求学生从字符规范、布局美观、图形正确、内容科学等方面平时自我训练，并组织一次由班级初赛、化工学院组织班级之间复赛的板书设计竞赛，并重视归纳总结，这项活动我们开展得比较早[①]。书写规范汉字和板书设计技能的主要实训项目有结合“三笔字”选修课，强化钢笔字、粉笔字、毛笔字训练；利用第二课堂，为各班级培训书写骨干，辅导员负责实际训练的管理与安排工作，力求在短期内每个学生达到写字规范、板书规范。

3.大三年级段着重开展实验操作能力的训练。与化学教学论课程相配合，开设化学教学论实验，选择技能型实验、创新型实验[②]、探究型实验、开放型实验、改进型实验[③]、适应型实验为训练内容。开放实验室，使学生有充足的时间进行操作训练，寻找实验成败的关键和条件，从而使操作技能达到规范熟练并具有示范性。同时训练学生课堂演讲实验的能力，确定演讲与实验相结合的方案，保证课堂教学中实验的成功率和最佳效果。采取学生给学生当指导老师进行练习的方式，培养学生指导实验的能力。让学生通过方案设计训练，认识原理，理解过程与方法，掌握操作技能，达到能独立操作，并能指导他人的目的。

---

①吴茂江.论化学教学中的板书设计［J］.临忻师范学院学报，2003，25（3）.

②吴茂江.创新型实验方案的设计［J］.实验教学与仪器，2012（2）.

③吴茂江.浅议改进型实验方案的设计要点［J］.教学仪器与实验，2014（2）.

4.大四年级段主要开展课堂教学技能的训练。课堂教学综合技能实训项目除了语言表达、板书设计等技能外，还有新课导入技能、示范讲解技能、演示探究技能、提问讨论技能、反馈答疑技能、情景设计技能、结课反思技能等。培训措施主要结合化学教学论课程，组织学生进行学年教学设计、学期教学设计、单元教学设计的制定练习，同时编写课时教学设计（教案），由化学教学论课程组的老师具体指导。试教前要根据教学的要求，认真备课，写好详细教案，教师认真批改，然后要求学生准备至熟练的情况下，师生共同听其试教。指导老师将学生的试教过程全程摄录下来，课后师生共同观看，评析指导。

**（二）坚持岗前培训，提高师能素养**

每届学生在校的最后一学期，按照学校的规定，教育班的毕业生必须全面进入实习阶段，我们抓住培养学生实践能力的这一有利时机，将一学期的实习分为三个层次。第一层次为岗前培训，用时为4周；第二层次为进入实习学校实习，用时为12周；第三层次为实习生返校总结，用时为4周。岗前培训阶段就是大学生在校内进行职业能力提升的一个重要培训阶段，本时段我们把将要参加教育实习的学生，每10人编排一个小组，指定一名具有丰富实习指导经验的老师跟组，逐生进行过关指导。

在岗前培训的四周时间内，第一周注重备课培训，在跟组指导老师的指导下，研读相关课标，熟悉相关教材，按照要求进行说课设计和教学设计。说课稿（说课设计）从说教材、说教法、说学法、说教程四个方面着手，说课初稿指导老师当面指导修改，形成第二稿（正式说课稿）。教案（教学设计）从课题课型、授课学时、教学目标、重点难点、教学方法与手段、教具学具准备、板书提纲设计、教学过程、巩固练习、教学反思等多项备课要素展开撰写形成初稿（详案），初稿在老师的面对面指导下进行修改，形成第二稿（试讲稿）。第二周开始，进行每生必说的说课活动，学生利用8-10分钟的时间说课结束，师生共同进行评议，总结优点，指出缺点，修改完善，最后形成说课稿的第三稿（定型稿）。第三周和第四周，全面进入每生必讲的试教阶段，让每个学生登上讲台，在规定的时间内给小组师生讲完自己所备课程的内容，师生听完后及时从试讲者的新课导入、新知识的传授、重点的突出、难点的突破、教学情景及师生互动的设计、预计生成效果、课堂小结、作业布置等方面点评课堂教学环节的优缺点，并重视试讲者的教学语言表述、教态与肢体语言的展现、板书的结构层次、课堂组织技巧等指导。对试讲教案提出更加科学合理的修改意见，形成教学设计的第三稿（定型稿）。对试讲不过关的学生反复多次练讲，直到过关方可允许进入实习学校。通过研读相关课标和分析相关教材，使学生精通相关课程标准，吃透相关课程内容。通过写课（撰写教案）、说课、做课（试讲）、评课（点评）四课活动，使学生掌握常用的课堂教学方法与手段；学会说课稿和教案的规范设计与撰写；锻炼课堂教态的呈现、教学语言的表达、板书的设计等能力。通过试教活动，使学生学会利用师生课堂互动的情感效应；当代科技新知识、新信息及发展动向的引入；巧妙灌输所学知识对社会发展的重要作用。经过岗前培训，使每个学生在进入实习学校前就能全面掌握从教的基本功。

**（三）创建第二课堂，培养创新能力**

1.建立大学生科技创新创业工作室。“工作室”由实验中心提供场所和设备，由化工学院学生会学习科技部组织同学进行科技创新创业活动。“工作室”的工作重点是保证大学生有进行科技创新创业活动的场所，提供科技创新创业所需的设备和实验仪器，配合学校的学习科技部开展大学生创新创业活动，并提供相关理论和技术支持，搭建宁夏师范学院大学生科技创新创业网站平台，为学校营造良好的大学生创业创新氛围。

2.启动大学生科研立项活动。为了支持大学生科技创新活动，化工学院从2010年开始，每年拿出近2万元经费，作为大学生科技创新立项课题的资助经费。要求学生科技创新课题应紧紧围绕所学专业特点进行选题，具有一定的学术和应用价值，研究方式既可以由学生独立开展，也可以由学生承担教师研究课题的子课题，由化工学院学术委员会评选立项，给予经费资助。

3.开展大学生科技创新活动。活动分为个人项目和集体项目。科技创新的内容按所研究的领域分为化学、微生物学、环境科学、生物化学、医药与健康学、动物学、植物学、地球与空间科学、行为与社会科学等和化学化工专业有关的方向。科技作品要求要具有创新性、实用性、美观性和一定的科技含量，并且能与日常生活密切联系，同时大力提倡利用废旧物品作为科技制作的材料。成果主要以化学化工类科技小发明、创新小制作、实验创新改进的实物、模型、设计图及论文等形式呈现。

4.开展大学生科技创业活动。一是积极做好大学生科技创业的宣传工作，激发大学生的创业激情；二是配合学校举办的创业培训，开展多种形式的创业培训，丰富学生的创业知识，提高大学生科技创业能力与水平；三是组织化工学院科技创业项目大赛，评选优秀科技创业项目，作为示范立项；四是组织并指导填写全国大学生科技创业计划项目申报书，推荐优秀科技创业项目参加全国此类比赛；五是联系校外企业，建立大学生科技创业基地。通过大学生科技创新创业活动平台，使学生不但具有科技创新思想、创业能力、所学专业知识有用武之地，而且在全院形成了良好的科技创新创业氛围，使学生的科研水平有了一定的提高。

**（四）搭建多能平台，拓宽就业渠道**

化工学院根据应用化学专业人才培养目标和宁夏及周边地区对应用化学人才的需求，及时调整了提升大学生职业能力的举措：一是继续完善人才培养计划，坚持“以服务为宗旨，就业为导向”，密切关注行业发展动态和人才需求趋势，建立一支双师型的教师队伍；通过培训，目前我院已有10名教师获得国家高、中级化学检验、食品检验等职业培训师资格；二是以企业实践为切入点建立学生与企业、社会的联系网，积极推行与生产劳动和社会实践相结合的学习模式；三是根据国家大学生就业的有关精神，推行“双证”制度，即“毕业证+职业技能证”提升大学生就业创业能力，实现从“大学人”到“准企业人”的无缝对接，经过多年的探索和实践，2011年经国家质量技术监督局质量技术监督行业职业技能鉴定中心考察鉴定，在我校化工学院成立了国家质量技术监督局质量技术监督行业职业技能鉴定中心质量技术行业实训基地；四是利用第二课堂开展“化学检验工”“食品检验工”职业技能培训，取得了良好的效果。

## 三、取得的成果

### （一）师能培训方面

通过对师范专业的学生进行教师基本能力的训练，从2009级开始，先后有近1000名学生参加了训练，120多名学生参加了“师能”竞赛，取得了良好的效果，在2011年学校组织的首届学生实践技能大赛中有我院学生在参加的教学设计、说课、板书设计和课件制作四项大赛中有10名同学获奖，其中有3名同学分别荣获教学设计、说课、板书设计理科组一等奖；1名同学荣获教学设计二等奖；5名同学分别荣获教学设计、说课、板书设计、课件制作三等奖。

### （二）岗前实训方面

学生经过岗前培训，每届学生进入实习学校都能尽快转变角色，大胆接受实习学校分配的各项实习任务。根据我院五届本科毕业生所经历的10多所实习学校的信息反馈，我们的学生一进入实习学校就完全能胜任自己所承担的实习工作，保质保量圆满完成教育教学实习任务，历届实习生都得到实习学校的好评。经统计，我院近五年毕业的近400名实习生中，有40名被化工学院评为优秀实习生，有20名被学校评为优秀实习生，有10名被实习学校评为优秀实习生。

### （三）科技创新方面

利用开放实验室和第二课堂面向化工学院全体学生开展科技创新活动，参加的学生近百名，制作科技作品50余件，学生申报立项科研课题52项，其中区级19项，学生参加自治区团委、自治区科协、自治区教育厅、自治区学联共同主办的“挑战杯”全区大学生课外学术科技作品竞赛中荣获二等奖3项，三等奖3项，优秀奖3项，3名教师获优秀指导教师奖。在全区高校首届化学化工类教学改革研讨会暨成果展示活动中荣获三等奖1项，1名老师获优秀指导教师奖。在科技创新活动中，学生发表论文10余篇。

**（四）职业技能方面**

在第二课堂活动中，开设化学检验工、食品检验工选修课程，对化学、应用化学专业的学生进行化学检验工、食品检验工职业技能培训，有256名学生获得了“化学检验工”“食品检验工”等高级职业资格证书，2011年我院3名学生参加宁夏回族自治区首届职业技能大赛——“化学检验工”，2名学生获二等奖，1名学生获三等奖，2名教师获最佳指导教师奖。参加第一届全区大学生化学实验技能竞赛，有2名学生荣获三等奖。毕业学生中有183名应聘在宁夏宝丰等化工能源集团。

## 四、结束语

近年来，我们采用该模式对近800名学生进行了职业技能提升训练，取得了良好的效果。我们跟踪调查了近年毕业的542名学生的就业情况，其中考取特岗教师的有164名，占30.25%，考取公务员其他单位录用的有176名，占32.47%，被企业单位聘用的有183名，占33.76%，平均就业率达96.49%。经过五年的不断改进与反复实践，证明该模式在大学生职业能力提升的培训上是科学可行、行之有效的一种模式，2013年被宁夏师范学院列为校级“本科教学工程”项目（批文号：宁师院发［2014］12号），宁师模式不但适用于化工学院，也适合我校其他院系学生职业能力提升的培训，也是同类院校可参考借鉴、可推广运用的大学生职业能力提升培训的模式。

（本文刊于《化学教育》2014年第18期）

# 西部升格师范学院职前教师教育课程结构存在的问题与对策

马贵俊
（宁夏师范学院　教育科学学院）

**摘　要：**西部升格师范学院职前教师教育课程功能定位不够明确，课程结构不尽合理，从而严重阻碍了师范生的专业发展。西部升格师范学院应及时调整三类课程的结构比例，构建师范生的合理知识结构；调整必修课程和选修课程的比例，促进师范生的个性化发展；设置师范综合实践活动，提高师范生的实践创新能力。从而构建出符合教师专业化标准的课程体系，为西部地区基础教育培养合格师资。

**关键词：**职前教师教育；课程结构；师范综合实践活动

当前教师职业的专业化属性仍然没有得到社会各界的广泛认可，大多数人都认为只要具备一定的科学文化知识就可以胜任教师职业，无须经过系统的专业教育训练。在西部升格师范学院的职前教师教育课程设置中，一方面，体现教师教育专业属性的教育专业课程仍然被看做公共基础课程，办学特色不够突出，从而削弱了其独特的办学定位；另一方面，依然按照专业设置课程，主要是按照中小学学科分类标准对口设置课程，过分强调师范生对任教学科领域知识全面系统的掌握，却忽视了师范生作为未来教师必须具备合理的知识结构这一问题。

## 一、西部升格师范学院职前教师教育课程结构存在的问题

### （一）普通教育课程比例较低，且内部结构不合理

西部升格师范学院现行的普通教育课程主要包括政治理论、德育、体育与军事、外语与计算机应用等，而且政治类课程比重过大。而历史、地理、哲学、科学、艺术、文化等课程是教师综合素质不可缺少的，应该作为公共课程向所有师范生开设，实际上却并非如此。笔者对宁夏师范学院2006级数学与计算机科学学院、人文学院、物理与信息技术学院、化学与化学工程学院的部分学生进行课程设置满意度的问卷调查，共发放问卷380份，回收365份，有效率达到95.9%。调查结果显示，“不满意”者占42.6%，“很不满意”者占25%，两项合计为67.2%。可见，课程的调整迫在眉睫。

### （二）教育专业课程问题突显，教育理论脱离实际

西部升格师范学院职前教师教育课程体系仍然是“学科教育模式”和“老三门”的教育理论课程。在三类课程的结构比例上，教育专业课程比例明显偏低，不但门类少、学时少，而且彼此相互独立，理论脱离实际。笔者对宁夏师范学院实习基地固原回中、原州区五小、原州区六小的领导和教师进行问卷调查，共发放问卷250份，回收235份，有效率达到97.8%。笔者的调查结果显示，94%的教师认为教育理论对教育实践的指导作用非常大或比较大，但67%的教师认为教育专业课程不很合理或不合理。在访谈中，教师们普遍反映，教育理论课程对教育实践的指导作用不强，主要表现为：一是对教育研究前沿动态关注不够，不能及时吸收最新研究成果来充实课程内容；二是与学生发展实际需求脱节，不能针对学生在今后教育教学实践中的实际需求给予有效指导。

### （三）学科专业课程比例过大，过于强调课程的专业性

西部升格师范学院职前教师教育课程仍然是按照中小学学科分类的标准对口设置的，仍然按学科专业教学模式来培养学生，过分强调学科的专业性和对任教学科领域知识掌握的全面性和系统性，却忽视了学生作为未来教师必须全面提高综合素质。笔者的调查结果显示，100%的

教师认为学科专业知识非常重要或比较重要，但现行的教师教育课程难以建构师范生合理的学科知识结构，还有49%的教师认为学科专业课程结构不很合理或不合理。在访谈中教师普遍反映，过于分化的“专业”课程造成了师范生专业口径狭窄、知识结构单一，难以胜任综合课程教学的实际需求。

**（四）选修课程比例过小，不能满足学生多元发展的需求**

西部升格师范学院仍然以培养专才为目的，课程设置仍然以专、深为主要特点，仍然是必修课程一统天下。这种课程设置难以培养出社会需要的合格的教师，已不适于教师教育专业化发展。当前社会对教师的需求是多层次的，而不同层次的师资培养应该在课程设置、学分要求等方面有所不同，加之学生自身素质与选择不同，为此要有多元化的课程设置模式，让学生能够有所选择，发展其个性特长。

**（五）实践课程趋向弱化，师范生的实践创新能力欠缺**

在中小学工作期间，笔者曾对中师毕业生、师专毕业生和师大毕业生进行过对比研究，发现就教学基本功和教学适应性而言，确实存在着师大毕业生不如师专毕业生、师专毕业生不如中师毕业生的情况。进入高校后，从固原师范高等专科学校升格为宁夏师范学院的发展历程中，笔者的这一结论得到了进一步的验证。令笔者感触最深的是，随着学校办学层次的不断提升，教育教学的实践环节却日趋薄弱，实践课程趋向弱化，办学的师范性不断弱化，师范生的整体素质并没有随着学历层次的提升而同步提高。

西部地区的师范专科学校升格为本科院校以后，加强了教师教育的学科专业建设，在课程设置上借鉴了一些本科师范院校的做法，主要是以体现学术性的各种学科专业课程为主，实践课程并没有受到足够的重视。一方面，原来用于师范生教师职业技能训练的一些课程不再开设，导致师范生的教师职业技能有所下降；另一方面，师范生接触中小学教育教学实践的机会减少，使学校办学的师范性特色进一步弱化，师范生的教师职业专业化面临更加严峻的挑战，学校难以培养出具备合理素质结构的专业化教师。

## 二、西部升格师范学院职前教师教育课程结构改革的策略

迈克尔・富兰认为，“教学作为一种专业，在发展中的主要障碍是对教学和师范教育的知识基础没有做出合理的界定。”①西部升格师范学院现行的课程结构以专业基础课程和主干课程为主，教育专业课程、教育实践课程、教学技能课程及选修课程所占的比重很小，这样的课程结构显然不利于学生综合素质的提高。申继亮、李琼认为，要“加强教育专业课程的比重，至少要增加到25%～30%。”②同时“适当调整学科专业课的比重。”②黄威认为，“教师教育课程的基本结构大致上是由普通文化课程、学科专业课程、教育学科课程、教育技能课程和教育实践课程所构成。”③其中“一般文化课程占20%，学科专业课程占40%，教育学科课程占20%，教育技能课程占10%，教育实践课程占10%。这样，可以保证教师教育的双专业性质。”③冯建军认为不但要调整整个课程结构的比例，而且还要调整学科专业课程和教育专业课程内部的比例，使之更加符合专业化教师知识结构的要求。④所以，西部升格师范学院职前教师教育的课程结构应面向基础教育课程改革，适应教师专业化发展，适当地进行调整，以构建师范生的合理知识结构。

### （一）调整三类课程的结构比例，构建师范生的合理知识结构

问卷和访谈结果显示，大多数教师认为，一般文化基础知识、学科专业知识、教育学科知识应合理地融合，中学教师倾向于学科专业知识比重大一些，小学教师倾向于一般文化基础知识所占比重大一些；学科专业课程首先应注意与中小学教育教学实际的联系，其次应注意学科内容的基础性、综合性和前瞻性；普通教育课程应涉及政治、历史、社会、文学、自然科学、艺术等各个领域。大多数教师特别关注教育理论

---

①（加拿大）迈克尔・富兰.变革的力量：透视教育改革［M］.中央教育科学研究所，加拿大多伦多国际学院，译.北京：教育教学出版社，2004：133.

②申继亮，李琼.从中小学教师的知识结构状况看师范教育的课程改革［J］.课程・教材・教法，2001（11）.

③黄威.教师教育专业化与教师教育课程改革［J］.课程・教材・教法，2002（1）.

④冯建军.从教师的知识结构看教师教育课程的改革［J］.中小学教师培训，2004（8）.

课程对中小学教育教学实践的指导作用，在工作之后感到最欠缺的就是组织教材与教学的能力、管理班级的能力以及与学生交往的能力。因此，要拓宽普通教育课程，强化教育专业课程，调整学科专业课程。在文献分析、问卷与座谈调查的基础之上，笔者提出了西部升格师范学院职前教师教育课程的模块结构及其比例。

西部升格师范学院职前教师教育课程可以分为三个模块：一是一般文化素质课程（通识课程），课程类型为主干课程、分类选修课程和公共选修课程，占总课时的30%左右。二是学科专业方向课程，课程类型为必修课程和方向选修课程，占总课时的45%左右。三是教育学科课程（不含教育见实习），课程类型为必修课程、限定选修课程和任意选修课程，占总课时的25%左右。

**（二）调整必修课程和选修课程的比例，促进师范生的个性化发展**

选修课程是为培养和发展学生的个性而设置的，有利于提高学生的专业水平、拓展学生的文化视野、改善学生的知识结构、增强学生的适应性，更好地促进培养目标的实现。目前西部升格师范学院职前教师教育课程设置中，选修课程比例过小，不适合学生多元化发展的实际需求。因此，西部升格师范学院职前教师教育课程中应压缩必修课程的比例，增加选修课程的比重，以促进师范生的个性化发展。

要“以现代教师教育的内容构建新的课程体系，从理论和实践的结合上培养教师具有先进教育理念和适应素质教育要求的综合能力。”① 针对西部升格师范学院职前教师教育课程设置中存在的问题，结合基础教育课程改革的实际，笔者认为，西部升格师范学院职前教师教育课程应由必修课、选修课、师范综合实践活动三类课程组成，其中必修课程和选修课程属于理论性课程，师范综合实践活动课程属于实践性课程。在西部升格师范学院职前教师教育课程结构整体优化的情况下，应把理论性课程和实践性课程在课程设计和实施中有机地结合起来，既充分发挥理论性课程在传授学科知识方面的优势，又充分发挥实践性课程在形成实践性知识、培养实践能力和专业品质方面的优势，从而保证西部升

①袁贵仁.推动教师教育创新 构建教师教育新体系[J].中国高等教育，2004(12).

格师范学院职前教师教育培养目标的实现。

**（三）设置师范综合实践活动课程，提高师范生的实践创新能力**

目前西部升格师范学院在职前教师教育课程设置上存在的主要问题仍然是过于注重学科课程，缺少综合课程，实践环节薄弱。师范生的实习时间短、实习任务重，再加上指导教师的指导不到位，师范生疲于应付，从而导致教育实习流于形式。因此，有必要对职前教师教育实践课程进行合理的规划和整合。

师范综合实践活动是在教师的指导下，师范生自主进行的综合学习活动，是基于师范生的直接经验、密切联系师范生的生活实际和中小学教育教学实际的一种课程形态。师范综合实践活动与基础教育中的综合实践活动基于共同的课程理念，既具有基础教育综合实践活动的综合性、实践性、探究性等特点，又具有自身特点的师范性。在职前教师教育课程中设置师范综合实践活动，有利于教师素质的全面提高，有利于弥补传统课程设置的不足，有利于提高实践课程的实效性，为师范生的专业发展提供实践基础。

师范综合实践活动的内容涉及师范生学习的各个领域，教师职业技能训练、研究性学习、教育见习、社会实践是最主要的四大领域。其中，教师职业技能训练是最基本的内容；研究性学习是对教师职业技能水平的提升与拓展；教育见习是对教师职业技能训练和研究性学习成果的实践检验与反思，促使师范生在此基础上及时进行调整；社会实践则是对教育见实习等教育实践活动在时空上的扩展，促使师范生的教师职业技能水平、研究能力、教育实践能力等得到进一步的发展和提高。

西部升格师范学院要提高对设置师范综合实践活动的必要性和重要性的认识，加强课程的实践性；将师范综合实践活动列入职前教师教育课程计划之中，确立其课程地位；建立长期稳定的教育实践基地，为师范综合实践活动的有效进行提供条件保障；协同当地教育行政部门和中小学对师范综合实践活动的指导教师进行专门培训，并制定相应的政策，确保指导教师队伍的稳定。

（本文刊于《教育与职业》2011 年第 11 期）

# 发达国家和地区职前教师教育课程设置的特点及启示

马贵俊
（宁夏师范学院　教育科学学院）

**摘　要：**文章分析了发达国家和地区职前教师课程设置的现状和特点，总结了目前我国职前教师教育课程设置存在的主要问题，并揭示了发达国家和地区职前教师教育课程设置特点对我国职前教师教育课程改革的启示。

**关键词：**发达国家；职前教师教育；课程设置

教育的发展取决于师资水平的高低。培养合格的师资是职前教师教育的基本任务与目标。20世纪80年代以来，随着世界各国对师资培养工作的重视，职前教师教育课程改革也引起了社会各界的广泛关注。因此，要分析发达国家和地区职前教师教育课程设置的现状及特点，对比我国职前教师教育课程设置现状及存在的主要问题，从而对我国职前教师教育课程改革提供借鉴。

## 一、发达国家和地区职前教师教育课程设置现状及特点

普通教育课程是所有师范生都必须学习的课程。国外普通教育课程主要安排在前两年学习，主要目的是提高师范生的人文素养和科学素

养。课程设置呈现以下特点：第一，课程内容的涵盖面广，涉及自然科学、社会科学、人文科学和艺术等领域，课程内容丰富，人文科学比重大。第二，课程的综合性程度较高、突出文理渗透，基本上是自然科学、社会科学和人文科学交叉设置。第三，在整个课程结构中所占总课时比重较大，见表1。



**表1　部分国家职前教师教育课程设置中普通教育课程所占比重一览表**

| 国家 | 美国 | 日本 | 韩国 | 俄罗斯 | 印度 | 中国 |
|---|---|---|---|---|---|---|
| 课程名称 | 通识课程 | 基础课程 | 教养课程 | 一般教育课程 | 基础学科 | 公共基础课程 |
| 课时比重 | 33% | 37% | 30%~31% | 25%~30% | 34% | 20%~25% |

学科专业课程是反映教师教育“学术性”的课程，主要提供未来教师所教学科的专门知识和技能，帮助师范生解决“教什么”的问题。受教育体制差异的影响，学科专业课程在各国职前教师教育课程设置中的差异较大，但与我国职前教师教育课程设置相比，表现出以下特点：第一，实行学分制，有大量的选修课程可供学生选择，有利于满足各类学生的需求；第二，课程内容涉及范围广，注重相关学科的交叉设置，有利于扩大学生的知识面；第三，课程内容具有基础性和前沿性，教材多样化，有利于培养学生较强的适应能力。

教育专业课程是集中体现教师教育“师范性”的课程，主要培养未来教师的专业素养和技能，帮助师范生解决“怎么教”的问题。随着教师专业化运动的发展，各国都加大了教育专业课程的力度，提高了课时比例，增加了授课门类，丰富了课程内容，加强了教育实践，延长了教育见习和教育实习的时间。国外教育专业课程的主要特点：第一，课程学分比重大、开设的时间早、时间跨度较长。第二，课程的门类多、选修课程多，充分体现了教师的专业性质。第三，课程内容丰富，重视学生的职业意识、心理品质和实践能力的全面培养，充分体现了现代教育思想。第四，教育实习的时间普遍延长，形式多样化，基本实现了管理的制度化与合作化。第五，课程形式灵活多样，多种课程形式并存，见表2。



表2 部分国家和地区职前教师教育课程设置中教育专业课程所占比重一览表

| 国家 | 德国 | 英国 | 法国 | 美国 | 日本 | 韩国 | 俄罗斯 | 印度 | 新加坡 | 中国台湾 |
|---|---|---|---|---|---|---|---|---|---|---|
| 比例 | 33% | 25%~40% | 20% | 20%~30% | 16.5% | 14.3% | 15% | 18.6% | 39.2% | 18%~20% |

## 二、我国职前教师教育课程设置现状及其存在的主要问题

总体而言，我国职前教师教育课程体系由三部分组成：一是普通教育课程，包括两课、外语、计算机、体育等必修课程；二是学科专业课程，一般按照中小学开设的课程系列对口设置，所占总课时比重大；三是教育专业课程，主体课程是“老三门+教育实习”。

具体而言，我国职前教师教育课程设置存在的主要问题如下：第一，课程设置重“学术”轻“师范”，难以促进师范生的教师专业发展。这与我国职前教师教育课程设置历来受政治、经济因素的影响有较大关系，师范院校独立设置职前教师教育课程的独立性较小。长期以来，我国职前教师教育存在重视政治思想教育、轻视个人道德修养，重视共性发展、轻视个性培养，重视知识传授、轻视能力培养的倾向，师范生专业知识、专业能力、专业情意发展不足。第二，教育专业课程比重偏低，难以体现师范院校的办学特色。我国职前教师教育课程设置，教育专业课程的学时比重不足10%，教育理论课程的学分和教育实践课程的学分之和不足10%，远远低于其他国家和地区的平均水平，使得师范院校自身的办学特色不明显，难以体现教师教育的专业特性。第三，教育专业课程类型单一，难以对师范生以后的教育实践发挥理论指导作用。我国现行的职前教师教育课程设置中的教育专业课程仍以心理学、教育学、学科教学法和教育实习为主体，只是增加了现代教育技术、教师口语、书法等少量选修课程。课程内容繁杂陈旧，脱离了师范生和中

小学教育教学的实际，不能反映学科的最新信息和发展前沿，很难对师范生从教以后的教育教学工作发挥理论指导作用。第四，教育实践环节薄弱，难以形成师范生的实践性知识。实践性知识只能在实践中形成，而我国的教师教育习惯上重理论讲授、轻实践操作与技能训练，教育实践仅有教育见实习，时间短且流于形式，各种见习和实习时间加起来不超过9周，要完成教育教学、班级管理、教研活动等任务实属不易，导致师范生临床经验不足，缺少反思教育教学实践及进行补救的机会，实践性知识不足。



## 三、对我国职前教师教育课程改革的启示

1.课程设置体现师范性，促进师范生的教师专业发展。调整普通教育课程、学科专业课程和教育专业课程三大部分的结构比例，使其分别为30%、45%和25%。拓宽普通教育课程，涵盖社会科学、语言与文学、自然科学、艺术四大领域；强化教育专业课程，增加教育基本理论课程、加强教学法课程、拓展教育技能课程；调整学科专业课程，精简课程内容、增加相关学科的知识，构建师范生合理的知识结构，有效促进师范生的教师专业发展。

2.提高教育专业课程比重，突出师范院校的办学特色。针对我国职前教师教育课程设置中教育专业课程比重过低、学科门类少、学科间衔接性差、无法形成学科体系、缺乏操作性和实践性强的技能训练课程等弊端，笔者认为应大幅度增加教育专业课程的学时比例，使其达到发达国家教育专业课程所占职前教师教育课程总量的平均水平，即25%。教育专业课程可分为必修课程和选修课程两种形式，其中基础理论性、技能性和方法论方面的课程是教育专业课程的核心课程，可定为必修课，其他列为选修课，突出师范院校的办学特色。

3.丰富教育专业课程类型，发挥理论对实践的指导作用。设置开放性课程，开阔师范生的视野；开设活动性课程，使师范生获得活动课程的直接经验，能够有效指导中小学生的活动；开发自助性课程，使师范

生能够在教师的指导下自主开发、设计和实施课程；加强工具性课程，增强师范生的教学技能；开发潜在课程，使师范生向专业化发展的方向努力，更好地发挥教育理论对教育实践的指导作用。

4.加强教育实践环节，促进师范生实践性知识的形成。在职前教师教育课程中设置综合实践活动，是推动教师教育改革、培养新型师资的新的切入口。要在综合教师职业技能训练、研究性学习、教育见实习、社会实践四大领域，设置师范综合实践活动，并将其列入课程计划，使教育实践有序列地贯穿于师范生四年的学习中。将社会实践和教师职业技能训练、研究性学习、教育见实习等活动有机地结合起来，使师范生参与社会实践的过程转化成应用知识、形成技能、发展能力的过程。通过师范生在实践中的研究和反思，形成他们专业领域中有效发挥作用的实践性知识。

（本文刊于《教育与职业》2013 年第 1 期）

# 提高新升格师范学院学前教育专业本科生培养质量的有效策略



马贵俊
（宁夏师范学院　教育科学学院）

**摘　要：**目前新升格师范学院学前教育专业本科生普遍存在艺术技能技巧较差，实际操作能力不强，职业适应难、适应期长等问题。为满足社会需求，各高校根据实际情况，先后对学前教育本科专业的培养目标做了调整。新升格师范学院要顺应学前教育发展的趋势、满足地方经济社会发展的需求，准确定位培养目标，合理设置课程体系，从而提高学前教育专业本科生的培养质量。

**关键词：**新升格院校；学前教育专业；培养目标；课程体系；策略

《国家中长期教育改革和发展规划纲要（2010-2020年）》（以下简称《纲要》）提出基本普及学前教育的战略目标，“到2020年，普及学前一年教育，基本普及学前两年教育，有条件的地区普及学前三年教育。”[①]在这一背景下，不同层次的学校都抢抓机遇，申办学前教育本

---

①王保树，王振民.略论复合型法律人才的培养[J].清华大学教育研究，2000（1）.

科专业，培养本科层次的幼儿教师。由于新升格师范学院主要从普通高中毕业生中招生，学生普遍艺术技能技巧较差，实际操作能力不强，加之学前教育本科专业重理论、重观念、轻实践、轻能力的传统，使得培养的人才不能满足高质量幼儿园对学前教育人才基本技能的要求。为此，新升格师范学院要顺应学前教育发展趋势，满足地方经济社会发展需求，准确定位培养目标、合理设置课程体系，提高学前教育专业本科生的培养质量。

## 一、准确定位培养目标

新升格师范学院要摒弃学前教育的专业意识，加强与社会（幼教机构）的联系，根据社会需求和学校实际，准确定位培养目标。在国家政策导向下，社会不仅对幼儿教师的需求量大大增加，而且对幼儿教师的素质也提出了更高的要求。笔者在幼儿园调研了解到，大多数幼儿园园长和教师认为，优秀的幼儿教师应有爱心、专业技能全面、性格开朗；合格的幼儿教师应具有扎实的专业知识和先进的教育理念、一定的艺术素养和科研能力。幼儿教师作为一种专业化的职业，要求具备一定的专业知识和专业技能，即优良的道德素质（热爱幼教事业）、扎实的专业知识和能力，以及实践智慧、健康的心理和良好的个性。在我国，专业知识技能主要是在职前培养中获取的。因此，新升格师范学院在定位学前教育本科专业的培养目标时，要充分考虑本地区经济发展水平和文化差异，根据本地区及周边地区对学前教育人才的实际需求与学校实际条件和资源，制定富有特色的学前教育本科专业培养目标。

为顺应时代发展、满足社会对高质量学前教育专业人才的需求，各高校先后对学前教育专业的培养目标进行了调整，如华中师范大学学前教育本科专业的培养目标调整为“本专业培养德、智、体、美等方面全面发展，具有创新精神和实践能力的从事学前教育工作的高级专门人才，包括培养高素质的幼儿教师、幼儿教育师资培训和儿童传媒工作者、儿童早期社会服务、管理和研究人员等，并为研究生教育输送优质的生源。”[①]蚌埠学院学前教育本科专业的培养目标调整为“本专业培养德、智、体、美全面发展，掌握学前教育专业必备的基础理论知识和基本技能，具备学前教育活动的设计、组织、指导及管理能力，能在学前教育机构从事保教、研究和管理工作的应用型高级专门人才。”[②]可见，学前教育本科专业已将培养幼师、中师的专业课教师转变为主要培养幼儿园专业化教师和幼教机构的管理和科研人员。

随着《纲要》的颁布实施，从中央到地方都加大了对学前教育的支持力度，加快了学前教育的发展速度，社会对学前教育专业人才的需求量明显增大。为顺应学前教育发展趋势、满足地方经济社会发展的需求，新升格院校增设了学前教育本科专业，期望培养出高素质的学前教育师资。必须准确定位学前教育本科专业的培养目标，突出应用型人才培养。培养目标可确定为“培养适应社会经济发展需要，德、智、体全面发展，掌握学前教育教学及保育的基本理论和基本知识，具备学前教育教学及保育的基本能力，能够在学前教育机构及相关部门从事学前教育教学及管理、在社区从事学前教育及社会服务工作的高素质应用型人才。”

## 二、合理设置课程体系

### （一）新升格师范学院学前教育本科专业课程的基本结构及存在的问题

当前，新升格师范学院学前教育本科专业课程的构成主要包括公共课程（通识课程）、专业基础课程、专业核心课程和教育实践。公共课程的目的在于培养学生具备良好的道德素养和广泛的文化素养；专业基础课程的目的在于培养学生专业基础知识和基本的教育理论素养；专

①新华网.国家中长期教育改革和发展规划纲要（2010−2020年）[EB/OL].http：//news.xinhuanet.com/edu/2010−07/29/c_12389320_2.htm，2010−07−29.

②华中师范大学百科.学前教育专业本科人才培养方案[EB/OL].http：//ccnu.baike.com/article−115194.html，2011−12−09.

业核心课程的目的在于培养学生具备先进的教育理念，掌握教学和组织活动的科学方法，形成专业能力；教育实践的目的在于培养学生具备理论联系实际，运用所学知识分析问题、解决问题的能力。这样的课程设置看似合理，实际上却存在着各类课程比例失调、分布不均，教育资源浪费，学生的实践智慧缺乏等问题。一是各类课程比例失调。分析新升格师范学院学前教育本科专业的课程设置会发现，通识课程的比例大且内部结构不尽合理；专业课程中理论课程学时过多且内容上有交叉、重复；选修课程过少，不利于学生多方面发展；技能课程比例偏低，不利于学生职业技能的培养；实践教学环节薄弱，不利于学生形成实践智慧。二是技能课程比例偏低。新升格师范学院学前教育本科专业主要是为学前教育机构培养高素质的应用型人才。要求学生有先进的教育理念、扎实的理论知识，较强的实践操作能力。但在对学前教育机构的调研中发现，与原幼儿师范学校的毕业生相比，新升格师范学院学前教育本科专业毕业生的实践操作能力和艺术技能技巧普遍较差。究其原因，与艺术课程开设不足和学生技能训练的质量有很大关系。三是实践教学环节薄弱。在新升格师范学院学前教育本科专业课程设置中，实践环节学时少、学分比例低，缺少对第二课堂技能训练的安排，使理论与实践相脱节、课内与课外相脱节，学生难以提高实践操作能力和艺术技能技巧，实践智慧很难形成。

**（二）新升格师范学院学前教育本科专业课程设置的依据**

新升格师范学院学前教育本科专业人才培养方案制订（修订）要全面贯彻落实《教育部关于大力推进教师教育课程改革的意见》和《教育部关于全面提高高等教育质量的若干意见》文件精神，以提高学生的专业素质和综合素质为根本目的，整体规划课程，将理论课程与实践课程有机整合，夯实专业基础知识，强化实践环节，突出专业特色，着力为地方经济和社会发展培养高素质应用型人才。第一，要以学生的可持续性发展为出发点。学生的专业发展是课程设置的着眼点，在学前教育本科专业的课程设置上，要顺应时代发展，体现终身教育的思想，为学生提供宽厚而坚实的专业基础教育，使他们具有后继发展的专业知识和技能。第二，要体现学前教育专业的特色。根据笔者对各高校学前教育本科专业课程设置情况的调研发现，各高校学前本科专业课程设置或与教育专业近似，或与心理学专业近似，或与艺术专业近似，难以体现学前教育专业的特色。学前教育专业要注重能力、突出实践，课程设置要体现教育性、艺术性、综合性、广泛性，具有鲜明的特色，这是由学前教育的特定对象和方法决定的。第三，要体现理论与实践相结合的原则，把教育实践贯穿于学生培养期和教育的全过程。



### （三）在新升格师范学院学前教育本科专业课程改革的建议

新升格师范学院学前教育本科专业新的课程体系应立足发展性，体现教育性、艺术性、综合性、广泛性，重视实践教学、重视艺术技能训练。第一，优化课程结构比例，加强专业课程综合化，灵活选课制度。针对课程设置中存在的问题，可以对通识课程和部分专业课程进行整合，使课程既覆盖全面又精简，从而减少课时，给学生更多自由活动的时间。新升格师范学院学前教育本科专业的课程设置可以实行“平台+模块”的模式，即通识教育平台（由“思想政治理论课程模块”“体育与健康课程模块”“大学外语课程模块”“计算机应用课程模块”“军事理论与军事训练课程模块”“专业认知及职业素养与发展课程模块”“综合教育课程模块”七个领域的课程模块构成）、学科基础平台（由心理学、教育学、艺术学三个学科的基础课程构成）、专业教育平台（包括专业基础课程、专业核心课程与专业方向课程三个模块）、教师教育平台（包括基本的教育理论课程和五大领域课程）、实践教育平台（包括课内实践和课外实践）。这样的课程设置可以降低通识课程比例，优化内部结构；可以整合内容上交叉、重复的专业课程，给学生更多的自由时间；加大了选修课比例，使学生根据不同定位进行选择；增加了技能课程比例，加强对学生的职业技能培养；加强了实践环节教学，增强了学生的实践智慧。

第二，加大技能课程比例，优化课堂教学过程，加强课外训练。目前，新升格师范学院学前教育本科专业毕业生艺术技能技巧较差是普遍现象，这与艺术课程开设不足和学生技能训练的质量有很大关系。因此，人才培养方案首先要加强学生的职业技能训练。通过有计划、有组织地对师范生进行专门的教师职业技能训练，努力做到教师基本技能训练的常态化，课堂教学技能训练的主题化，使用现代教学媒体技能训练的任务化。其次要加大艺术技能课程的学习与训练。在音乐、美术、舞蹈等艺术课程教学中，要强化艺术技能训练；要开设音乐、美术、舞蹈等艺术技能强化班，使课内学习与课外训练有机结合，将艺术技能训练贯穿于学生整个学习阶段，保证训练时间，巩固课堂教学效果。同时，要提出相应的要求，使学生毕业前音乐、美术、舞蹈等艺术技能达到一定的标准。

第三，加强实践环节教学，理论与实践相结合，注重教育效果。学前教育工作者要有较强的实践操作能力，这种能力要在具体的教育教学实践中才能得以发展与完善。只有加强实践环节教学，理论与实践相结合，才能促进学生实践智慧的形成。在新升格师范学院学前教育本科专业人才培养方案中，实践教育平台应主要由“通识教育实践”“教师教育实践”“学科专业实践”“学生实践创新与素质拓展”构成。“通识教育实践”主要培养学生在政治思想、军事、体育、外语、计算机、普通话等方面的实践能力；“教师教育实践”主要促使学生将所学习的教育教学理论知识与实践相结合；“学科专业实践”主要培养学生从事学前教育教学的专业实践技能；“学生实践创新与素质拓展”旨在鼓励学生大胆创新、拓展素质，激励学生进行科学研究和设计创作。要努力做到教育见习在时间上的常态化和内容上的序列化，教育实习的系统化。要加强对教育实践活动的设计，增加教育实践环节的学分，提高教育实践的学分比例，搭建学前教育相关理论与实践的桥梁。把实践性教学环节贯穿于应用型人才培养的全过程，强调实践能力和素质的养成，加大技能课程和实践训练的比例。

新升格师范学院要顺应学前教育发展的趋势，加强与社会的联系，准确定位培养目标、合理设置课程体系，提高学前教育专业本科生的培养质量，以满足地方经济社会发展的需求。

（本文刊于《教育与职业》2014 年第 7 期）

# 试论模块化教师教育课程内容的选择

## ——基于《教师教育课程标准（试行）》的地方高师院校教师教育课程改革

邱芳婷

（宁夏师范学院　教育科学学院）

**摘　要：**2011 年 10 月，教育部颁布了《教师教育课程标准（试行）》，地方性师范院校教师教育课程改革在其引领下全面展开。学科化教师教育课程的困境、新《标准》的要求、中小学、幼儿园教师专业标准的要求促使模块化教师教育课程的产生。模块化的教师教育课程内容的选择坚持模块化为形式的整体发展观、以学生为本的育人观、实践取向的教师专业发展观，基本依据为学习者身心发展特点和需要、社会需要和科学文化知识。

**关键词：**模块化教师教育课程；课程内容；选择

2011年10月，教育部颁布了《教师教育课程标准（试行）》（以下简称《标准》），标志着教师教育改革真正进入课程层面。“教师教育课程标准体现国家对教师教育机构设置教师教育课程的基本要求，是制定教师教育课程方案、开发教材与课程资源、开展教学与评价，以及认定教师资格的重要依据”，[①]地方性师范院校教师教育课程改革也在新《标准》的引领下全面展开。如何建立适应地方基础教育的教师教育课程？是地方性师范院校一直在探究的问题。

## 一、模块化教师教育课程的来源

### （一）学科化教师教育课程的困境

教师教育课程设置是师范院校有别于其他院校课程设置的重要标志，也是提高师范教育专业水平和教师职业专业化程度的重要保证。然而，我国的教师教育课程自新中国成立以来一直沿用苏联模式，教师教育课程只有教育学、心理学、学科教学法“老三门”加上实习课程。“近二十年来教育界对‘老三门’的批评从未停止过，特别是近年来，指向培养教师的教师教育课程体系却远远落后于基础教育课程改革的需求已成为不争的事实。以‘老三门’为主体的传统的教师教育课程体系存在一系列的问题”。[②]首先，从教育理论课与实践课的比重来看，重理论而轻实践。作为教育理论课程的教育学、心理学，重在基本概念、原理的传授；实习课程时间少、走形式。其次，从教材选择来看，内容多而空泛，脱离实际。“老三门”的教材内容主要侧重教育学、心理学和课程与教学论的基本理论和基本原理，包罗的内容多、体系庞大。教学实践表明，这样多的教学内容对于一学期54课时的教学时间，教师很难讲完所有内容，即使讲完也只能是条条框框，一些重点内容难以深入。最后，从教学方法来看，以教师讲授为主。特别是在很多地方性师范院校，教育学和心理学课程都是以合班大课的形式来教授的，这使教学既缺乏实效性又不利于多样化教学方法的开展，更没有学生的主动参与。学生们把教育学和心理学认为是和自己专业没多大关系的“公共课”，觉得学了也“没用”，只是为了拿到学分，考试的时候一突

①教育部.教师教育课程标准（试行）[Z].教师[2011]6号，2011.

②钟启泉，胡惠闵.我国教师教育课程标准的建构[J].全球教育展望，2005（1）.

击，考完即忘。

这种教师教育课程无论是对教师教育理论知识的掌握、教育教学技能的培养，还是对教师实践能力的提升来说，都显得过于单薄，也不能为师范生从事教师职业提供必备的专业基础。因此，“教师教育课程体系应当是灵活、多样化、可供选择的，课程呈现的方式可以是专题性、情景性、探究性。基于这样的思想，教师教育课程的结构可由几个相对独立的学习领域构成，每个学习领域又可由若干个并列的、主题性的、可供选择的学习模块组成，模块与模块之间可以有多种多样的组合方式，形成一个个或独立或相互联系的课程形式”①。

**（二）新《标准》对教师教育课程的新要求**

新《标准》以构建符合素质教育要求的新教师教育课程体系为目标，基于“育人为本”“实践取向”“终身学习”三个基本理念，从课程目标和课程设置两个方面，对幼儿园、中小学的职前教师教育课程进行了规范，并提出了实施建议。从教育信念与责任、教育知识与能力和教育实践与体验三个目标领域和九个目标出发，确立各阶段的职前教师教育课程目标；并根据学习领域、建议模块以及学分要求，确立了相应的课程结构。基于这样的思想，教师教育课程的结构可由几个相对独立的模块构成，每个模块又可由若干个并列的、主题性的、可供选择的课程组成，模块与模块之间紧密联系，形成一个模块化的教师教育课程。

**（三）中小学、幼儿园教师的专业标准对教师教育课程的必然要求**

地方性师范院校的主要职责是为当地培养合格的中小学、幼儿教师。师范生既是教师教育课程的学习者，更是未来的教师。2012年12月，教育部根据《中华人民共和国教师法》和《中华人民共和国义务教育法》，制定《中学教师专业标准（试行）》《小学教师专业标准（试行）》和《幼儿教师专业标准（试行）》（以下简称《专业标准》）并在全国范围内征求意见。《专业标准》坚持“学生为本”“师德为先”“能力为重”和“终身学习”的基本理念，分别从专业理念与师

①钟启泉，胡惠闵.我国教师教育课程标准的建构[J].全球教育展望，2005(1).

德、专业知识和专业能力三个维度，十几个领域提出对幼儿园、中小学教师专业标准的基本内容。三个标准是“国家对幼儿园、小学和中学合格教师专业素质的基本要求，是教师实施教育教学行为的基本规范，是引领教师专业发展的基本准则，是教师培养、准入、培训、考核等工作的重要依据”。[①]而教师教育课程设置必然要体现幼儿园和中小学教师的专业标准，因此模块化教师教育课程也是师范生未来发展的必然要求。

## 二、模块化教师教育课程内容的选择

课程内容是构成课程的基本要素，无论是什么课程都要通过课程内容来落实。课程内容的选择是确定课程内容的关键环节。“理想地说，人类的教育有一种把人类所有的科学知识、生活经验和社会技能都教给学生的愿望。但鉴于有限的受教育时间以及科学知识更新速度的加剧，这一良好的愿望永远也不可能实现”。[②]因此，课程内容的选择就显得非常必要。

### （一）选择模块化教师教育课程内容的基本理念

1. 以模块化为形式的整体发展观。此观念一方面强调的是师范生的发展是一个整体，作为一名面向中小学、幼儿园的准教师，具体包括教育信念与责任、教育理论知识、教育教学能力、实践经验等方面的发展，割裂了其中任何一方面，都不利于师范生的完善和发展。所以，选择课程内容必须保证发展的全面性。在知识方面要涉猎丰富的教育理论知识；在经验方面要注重教育教学能力的培养，也要加强师范生的实践环节，使其具有观摩、参与和研究教育实践的经历与体验，从根本上扭转课程内容陈旧、重理论轻实践的局面。此观念另一方面强调的是以模块化为

---

①教育部.中小学、幼儿教师专业标准（试行）.

②全国十二所重点师范大学联合编写.课程论［M］.北京：教育科学出版社，2007：154.146.

形式的整体发展。以上每一素养的发展都不能靠某一门单一的学科去完成，而各素养之间相对独立又紧密联系，因此，以模块化的形式去组合教师教育课程既有利于各方面素养的完善，又有利于师范生的整体发展。

2.以学生为本的育人观。“育人为本”是新《标准》的一个基本理念，教师作为幼儿、中小学学生发展的促进者，要尊重学生权益，以学生为主体，充分调动和发挥学生的主动性；遵循学生身心发展特点和教育教学规律，提供适合的教育，促进学生健康快乐地成长。“教师教育课程应引导未来教师树立正确的儿童观、学生观、教师观与教育观，掌握必备的教育知识与能力，参与教育实践，丰富专业体验；引导未来教师因材施教，关心和帮助每个幼儿、中小学学生逐步树立正确的世界观、人生观、价值观，培养社会责任感、创新精神和实践能力”。[①]因此，模块化教师教育课程内容的选择，一定要坚持以学生为本的育人观，选择有利于培养未来教师具有正确的儿童观、学生观、教师观与教育观的内容，改革以往将学生作为“容器”来灌输的“去人化”的课程内容。

3.实践取向的教师专业发展观。首先，这一观念强调“实践取向”。“实践取向”是新《标准》的核心理念。新《标准》提出“教师是反思性实践者，在研究自身经验和改进教育教学行为的过程中实现专业发展。教师教育课程应强化实践意识，关注现实问题，体现教育改革与发展对教师的新要求”。[②]作为模块化的教师教育课程，必须加强教育实践课程，提供机会让未来教师在参与和研究基础教育改革过程中，发现和解决实际问题，发展他们的实践能力，形成个人的教学风格和实践智慧。扭转传统教师教育课程实践环节薄弱的现状，实现教师教育课程的实践转向。

其次，新《标准》是以教师专业发展为基础制订的，也就确定了教师教育课程目标和内容标准的基本框架。根据教师专业发展的思想，教师教育课程标准可分为教育理念、教育知识、教育能力和教育实践四大

---

①②教育部.教师教育课程标准（试行）[Z].教师[2011]6号，2011.

领域，课程内容的选择也在此基础上以模块化方式呈现，通过这几大模块课程目标的实现，促进各阶段教师的专业发展。

**（二）选择模块化教师教育课程内容的依据**

课程内容是课程目标的具体化，也可以说，制约课程内容选择的直接依据是课程目标。因为课程目标的主要来源为社会因素、学生因素和学科因素，因此，在进行模块化教师教育课程内容选择时，必须以对学生的研究、对社会的研究和对学科的研究为基本依据。

1.学习者身心发展的特点和需要。课程内容都是以特定阶段的学生为对象而选择的。我们必须看到，选择出来的课程内容最终要被学生学习，如果不能被学生接受并同化，那课程内容永远只是外在于学生的，也不利于他们的成长和发展。“如果选择课程内容时能够注意到学生的需要、兴趣和能力，并尽可能与之相适应，这不仅有利于学生更好地掌握科学文化知识，而且有助于他们对学校学习形成良好的态度”。①

教师教育课程内容的选择是以师范生为对象的，师范生的身份具有双重性。一方面，对于作为师范院校学生的师范生来说，课程内容的选择要考虑到他们自身现有的发展水平及其规律和他们的需要。另一方面，对于作为未来中小学、幼儿教师的师范生来说，课程内容的选择还必须要让他们了解和掌握未来教育对象的身心发展特点和需要。

2.社会需要。学校课程内容长期以来重视各门学科的基础知识和基本技能，而每门学科的知识又以其自身的逻辑结构呈现，不可能一一对应于社会实际问题，这正是教育改革者们所抨击的，传统的教师教育课程也不例外，只是重“老三门”课程的系统知识。当然，并不是说，我们要完全以社会问题为中心来选择课程内容，其不利于学生掌握系统的科学文化知识已被事实证明。但我们应该看到，师范生不仅是社会的一员，而且在毕业后会进入教学一线，因此，模块化教师教育课程内容要考虑到让师范生了解社会、接触社会，掌握一些解决社会问题的基本技

---

①施良芳著.课程理论——课程的基础、原理与问题［M］.北京：教育科学出版社，1996：114.115.117.

能，而这一内容在教育实践课程模块中有所体现。

我国新一轮基础教育课程改革的深入发展和新课程标准的逐步实施；教师专业化和教师专业发展逐步推进，都对中小学、幼儿教师的专业素质提出了严峻挑战。“尽管教师教育已呈现出综合化、多样化的趋势，但基础教育教师供给的主体在较长时间内仍然是高师院校”。[①]特别是地方高师院校作为主要的教师教育机构，其存在和发展的主要目的是为了满足基础教育师资的需求。应对这一挑战是模块化教师教育课程内容选择要考虑的核心因素。

模块化教师教育课程内容选择不仅要注意与现实社会的相关，更要注意与未来社会的相关。不仅要能促进师范生适应社会，还要考虑到其作为未来教师肩负起为社会培养改造和建设社会的人才的重担。

3.科学文化知识。课程内容的基本要素是知识，课程内容的选择必须考虑科学文化知识的特点及其发展趋势。模块化教师教育课程内容在选择知识的时候要注意以下几方面。

首先，注意课程内容的基础性。模块化教师教育课程内容应该选择能使师范生成为一名合格教师所必备的基础知识和基本技能，同时还要有师范生以后继续学习所必需的技能和能力。因为科学文化知识日益更新，要让师范生吸收所有信息显然不可能，这就需要使师范生具备丰富自己知识的能力，而对一些学科的“双基”的掌握也是培养这些能力的基本途径。因此，不能为了适应知识的不断更新而去频繁地改变自己的学科和课程内容。当然强调课程内容的基础性，也不是不让学生接触一些科学技术的新发展，可以开设一些体现社会科技发展和学科前沿的课程，但重点要放在基础性课程内容的掌握上。

其次，注意知识观的转向。第一，从本体论的知识观转向主体论的知识观。“所谓本体论的知识观，就是从知识的生产过程和生产结果来讨论知识，把‘知识’作为研究对象，就知识论知识；主体论知识观，

①田广增.教师教育制度新变化与高师教育改革[J].教育理论与实践，2012(18).

是从学生的发展过程与发展结果来理解知识”。[①]模块化教师教育课程内容选择坚持以学生为本的育人观，注重知识对师范生成长的意义。第二，从客观主义的知识观转向建构的知识观。客观主义的知识观视知识为普遍的、外在于人的、供人掌握的真理。传统的教师教育课程就是这种知识的载体，成为一堆教育事实、理论和方法的综合。建构的知识观走向对知识的理解和建构，关注过程的价值，注重学生对“情景”中的体验和意义生成。这也正是新课程对教师教育课程内容选择的要求。第三，从学术理性的知识论转向实践的知识观。学术理性的知识观“强调从学术理性的逻辑出发，以抽象的理论和概念为核心，按照具体的学科来架构教师教育课程，很少或者几乎不考虑教育实践的需求与逻辑”。[②]由于师范生会进入教学一线，这种学术理性的知识论已越来越显出对教师专业水平和能力要求的不适宜性，因此，实践的知识观就成为教师教育课程内容选择的必然取向。

（本文刊于《语文教学通讯》2014 年第 12 期）

---

①全国十二所重点师范大学联合编写.课程论［M］.北京：教育科学出版社，2007：154.146.

②彭寿清等.实践取向的职前教师教育课程建构［J］.课程·教材·教法，2012（7）.

# 数学教学情境设计的几种方式

白　龙

（宁夏师范学院　数学与计算机科学学院）

**摘　要：**创设数学教学情境，体现了数学学习的本质，改善了学生学习数学的方式，培养了学生的数学能力。创设教学情境对优化数学教学设计、激发学生学习兴趣、提高数学教学效果具有重要意义。

**关键词：**情境　数学　教学

数学教学情境是指教师依据教学目标和教学内容，运用多种手段精心创设的含有数学知识、数学思想、数学方法的问题情境。创设数学教学情境，能有效地激发学生的数学学习兴趣和学生积极参与数学学习活动的动机，树立良好的学习信念，培养学生的数学能力和生活能力。因此，创设有利于学生自主学习、探究学习、创新思维学习的教学情境，是数学课堂教学中具有实践意义和理论意义的研究课题。在教学中，教师要根据学生不同的年龄特点和知识结构，创设不同的教学情境，也可以多种情境并用。数学教学情境多种多样，本文只是列举几种情境设计的方法，谈一点自己的看法，与同行交流。

## 一、类比情境

类比情境就是充分调动学生已有的数学知识和生活经验，把未知与已知进行比较，由已知推及未知的教学活动。创设类比情境时，要求类比的对象在知识的呈现方式和结构方面要有明显的可比性，比较的过程要有启发性。在学习数学新概念时，通过比较概念间相同和相异特征，能帮助学生发现新概念的特性以及概念之间的关系，提出新概念。例如在梯形概念的教学中，教师首先引导学生观察实物图，形成对梯形的直观认识，然后与已学过的几种四边形（平行四边形、矩形、菱形等）相类比，探索发现它们之间的区别与联系，归纳出梯形的定义，再与三角形类比，提出等腰梯形、直角梯形的概念以及等腰梯形的性质。再比如指数函数与对数函数、数列与函数、级数与无穷积分等，它们之间都有许多可比之处，在数学教学中，教师要充分利用类比情境进行教学，让学生在比较中鉴别、比较中发现。

## 二、探究情境

常常听到学生这样说："课堂上老师讲的都听懂了，课下就是不会做题。"教师反过来埋怨学生："这道题我讲过几遍了，这次考试基本上出了原题，学生还是没做上。"许多学生、教师以及家长为此感到很苦恼。分析这种现象背后的原因有两个方面：一方面是因为学生把听懂和学会混为一谈，听懂了不等于学会了，要真正地学会，学生不但要听懂，还要把教师讲的内容再思考、再探究、再总结一遍，较难的问题还需要反复思考、反复探究、反复总结，直到彻底搞清楚为止，也就是要学会还必须会学；另一方面，这种现象的普遍存在，暴露了在数学课堂教学中以讲授为主的教学方式的弊端，造成这种现象的根本原因是课堂教学缺乏学生的自主探究、缺乏学生的实践活动。实践出真知。弗莱登塔尔说："知识与能力的获得主要不是依靠教师的讲解，而是在教师的指导下由学生主动探索、主动思考、亲身体验出来的，让学生经历数学知识的再创造过程。"因此，在数学课堂教学中，教师要创设一切条件让学生参与探究活动，在教师适时适当的启发引导下，学生通过观察、联想、尝试、归纳猜想、合情推理等数学方法，独立思考，主动发现数学规律、寻求解题途径，培养学生的解题能力和创新思维。另外，教师设计的情境既要符合学生的认知水平，又要富有挑战性，要保证大部分学生经过努力能够探究出问题的结论。



## 三、应用情境

应用情境是指运用数学知识、数学方法和数学思想解决现实生活中实际问题的教学情境。开展数学应用的教学活动，有利于培养学生的数学学习兴趣以及应用数学知识解决实际问题的能力。如在学生学习了圆的切线、割线等有关知识后，创设如下的应用情境：展示预先准备好的多媒体课件——在地球上建了一所楼宇，上面有王之涣的诗《登鹳雀楼》：“欲穷千里目，更上一层楼。”并提出启发性的问题：“其实这只是诗人的浪漫和夸张。事实上，要看到千里之外的景色，再上一层楼是根本办不到的！那么要登多少层楼，才能看到千里之景呢？”学生怀着好奇心，迫切地希望能找到解决问题的方法。在这时教师抓住时机，因势利导，让学生进一步观察多媒体课件上的实物图，用自己学过的知识画出几何图形。学生根据自己的生活经验和已有的自然常识，能画地球为圆，楼房所在的直线过地心，目光所在的直线与圆相切，利用勾股定理或切割线定理，算出约需登上19.5km高的楼，才能看到千里之外，比珠穆朗玛峰的两倍还多呢！深感诗人想象之大胆，手法之浪漫。创设这样的应用情境，不但能让学生认识到数学有用，数学就在身边，培养了学生的数学学习兴趣，调动了学习热情，为学生热爱数学奠定了良好的基础，而且，在整个解决问题的过程中，体现了教师引导、学生自主探究的教学思想，学生也学会了一种解决应用问题的重要方法——模拟。在此时教师可以告诉学生，大数学家欧拉正是用这种方法解决了哥尼斯堡“七桥问题”，学生听了会备受鼓舞，在成功的喜悦中建立了学好几何、敢于实践的自信心。

## 四、实验情境

实验情境，就是利用计算机技术，或对实物的操作、制作活动，为学生创设一种能亲自动手实验、探索、理解数学概念、提出数学问题、验证数学结论的学习情境。数学实验是学生学习数学的重要方式之一，数学实验已成为目前数学教学中不可缺少的方法。数学实验包括两方面，一方面是指用计算机技术，根据实验的内容，为实验者提供一个模拟的数学环境，在这个环境中，实验者在教师的指导下，可以充分按照自己的意图，去改变模拟环境中的各种数学条件，观察不同条件产生的结果，从中去发现问题、总结规律、验证自己的各种猜想的数学教学活动；例如，在函数图像的平移、伸缩、旋转等变换中，利用《几何画板》等教学软件，能起到动态、直观的演示效果，利用《几何画板》的追踪功能，能让学生动态地看到圆、圆柱、圆锥等几何体的形成过程，并归纳他们的有关概念。另一方面是指为了解决数学问题学生对具体实物的操作、制作活动。例如，在数学归纳法的教学中，让学生在课外实验多米诺骨牌效应，有助于在课堂理解数学归纳法的两个步骤之间的关系；在立体几何教学中让学生亲手制作几何模型，观察几何模型真实的结构，总结几何图形的特性，能培养学生的空间想象能力。因此，在教学中，教师要尽可能设计与教学内容有关的数学实验，引导学生从实验中领悟数学知识的形成过程。让学生的思维在各种有效的动手操作、观察情境中得到激活，唤起他们的好奇心、求知欲和创造力，在“做数学”的过程中增强其提出问题、分析问题、解决问题的能力。让学生的思维能够经历一个从模糊到清晰、从具体到抽象、从感性认识到理性认识的过程。

在数学教学实践中，这种知识性、趣味性的情境比比皆是，教师要留心观察，不断积累，还要发挥自己的创造性，进行加工、提炼，才能变为好的教学素材。

（本文刊于《科技信息》2008 年第 27 期）

# 多元智能理论在高校学生管理工作的应用

张建国
（宁夏师范学院　教师技能实训中心）

**摘　要：**多元智能理论为高校学生管理提供了理论支持，本文对该理论的含义进行了阐述，对其对于高校教育的重要性以及与现行管理体制的冲突进行了分析，最后对高校学生管理工作中多元智能理论的运用进行了探讨，希求在多元智能理论支撑下的高校学生管理工作能够取得良好的效果。

**关键词：**多元智能理论；高校学生管理工作

在传统的教育理论中，语言能力和数学逻辑能力是主要的智力理论，也是高校教育所强调的核心。美国心理学家霍华德·加德纳则提出新的观点，他认为人的学习能力存在差异，并提出多元智能理论。“尊重差异，因材施教”的教育理念逐渐被引入高校教育，在新的教学理念下，提高高校管理的实效性，成为高校学生管理中一个亟待解决的问题。

## 一、多元智能理论的含义概述

加德纳认为智能就是“在某种社会和文化环境的价值标准下，个体用以解决自己遇到的真正难题或产生及创造出某种产品所需要的能力”。他认为该智能不只是包括了传统的语言和数学逻辑两种，每个个体的智能还包括多个方面，即多元化，目前已知智能除上述两种外还有六种：空间、肢体运作、运作、音乐、人际交往和自然认知①。在智能结构中，这八种智能并无主次之分，只是对于不同的个体来说所表现的侧重点有所不同。对于不同的个体来说，差异是存在的，但并不是说谁的智商更优秀，而是在不同的领域各有擅长。对于学生也是如此。多元智能理论的核心就是提出了不同个体之间存在潜能的差异性和多样性。这是一个全新的观点。加德纳认为对一个学生的评价要从多元的角度出发，通过差异化教学，挖掘学生的潜能，强化学生的长处并促进其整体智能的发展，最终达到全面提高学生素质的目的。

## 二、多元智能理论进入高校教育的重要性

在高校教育中引入多元智能理论，使面向全体学生的存差异化教学有了理论支持。在该理论的指导下，学校改变了传统的教学模式，为学生创造差异共享的学习环境，使每个学生的才华都有了发挥和施展的空间，其重要性和必要性主要表现在以下几方面。

### （一）是全面推进素质教育的需要

我国一直提倡素质教育，追求人的全面发展，多元智能理论的引入，为高校教育提供了理论支撑。作为一种新的教育理念，它对全面推进素质教育起到了积极的作用。第一，使传统的以继承为中心的教育思想发生改变，注重对学生创新能力的培养。我国传统的高校教育是以传授知识为主，这种思想在我国沿袭了多年，这就造成我国在学生管理体制上也沿用了继承性的教育制度，“大一统”的学生管理模式，不利于学生个性特征的发挥，多元智能理论的引入对继承的传统教育思想形成

①［美］霍华德·加德纳，著.多元智能［M］.沈致隆，译.北京：新华出版社，1999.

冲击，有利于以培养学生创新精神的教育理念的形成。第二，使教育的重心不再是以学科为中心，而是以其为基础，有利于整体化知识结构教育理念的形成。一直以来我国高校遵循的是学科教育为核心的教学理念，多元智能理论的引入可以改变这种现状，在以学科教育的基础上将教育的重心放在培养学生的综合能力上。第三，智力不再是教育思想的关键，教育理念的重点朝智力与非智力协调发展的方向转变。也就是说教育思想由原来的单一培养学生的思维能力、观察能力等智力因素转向与动机、兴趣等非智力因素的协调发展。



### （二）是进一步推进教学改革的需要

近年来，我国不断在推进教学改革，对高校教育改革也提出了更高的要求，对学生管理也要跟上时代的步伐，而多元智能理论就为学校学生管理改革提供了新的理论支撑，逐步渗透和改变老师的教育理念，形成以学生为主体教育管理体系。要以发挥学生的个性特长培养学生的综合能力作为教育管理的前提，为学生创建一个积极、健康的学习氛围。

### （三）是对学生思想行为评价体系改革的需要

目前的应试教育已经不能适应新的社会形势，对学生的评价标准也应该随之改变。在现实中就有很多成功人士学习成绩并不是非常突出，或者只倾向于某一单科成绩优秀，传统的统一评价标准无疑扼杀这部分人的发展机会。多元智能理论提出了学生的差异性存在，所以要对学生正确引导，形成激励，就要建立全面的衡量标准，而不仅仅以学科成绩来确定。

## 三、现行高校管理机制与多元智能理论的冲突

在现行的高校管理机制中，很多地方都与多元智能理论存在冲突，要实现学生的差异化管理，使学生多元智能得到挖掘和发展，还存在很大的难度，主要表现在以下几个方面。

### （一）缺乏多元智能发展的理念

在高校中，很大一部分管理者并没有多元智能发展的意识，很多人

的管理理念还是停留在传统的教育模式。在很多推行素质教育改革的高校，改革流于形式，对学生的管理没有实质性的改变。

### （二）学生自主权利消失，缺少个性发展空间

在我国的传统高校管理体制中，管理者与学生的地位只是管理与被管理，是一种自上而下的从属关系，命令与执行是管理者和被管理者之间最常用的运作方式；规章制度的制定也多是体现管理者的意志，语言和数学逻辑两种智能成为评价学生优劣的最主要指标，没有从发展的角度去考虑学生的发展，学生的差异性和独特性被忽视，根本就没有发挥的空间，不利于学生身心的健康发展。

### （三）激励制度不科学，评价机制单一片面

在激励制度方面，惩罚成为主要的手段，学生由于外来压力而被动接受教育管理，效率低下。对学生的评价也只是限于成绩的高低，成绩通常来决定学生的优劣，而忽视了学生综合素质的发展，没有全面的评价机制，起不到良好的激励功能。

## 四、高校学生管理工作中多元智能理论的运用

在高校学生管理工作中引入多元智能理论，不但有利于提高学生管理工作的质量，还可以推动管理的民主化、科学化，除此之外，也让学生有参与管理的机会，满足其获得尊重、实现自我价值的需求。

### （一）改变传统教育理念，注重学生的差异化发展

教育思想和理念主导着教育行为，所以要做好高校学生的管理工作，首要的就是要树立正确的教育理念[①]。传统的教学就是忽视了学生的多元智能发展，只将教育的重心放在语言和数学逻辑智能上，多元智能理论则提出要协调发展学生的各项智能，尤其重视培养学生优势智能。学生之间存在差异，这是客观存在的事实，在学生管理中要尊重这种差异，才能使学生的个性特长得到发挥。学生受教育的目的是为了丰

①崔金英.国内外教育技术研究对象探讨[J].软件导刊（教育技术），2008，(4).

富知识，开阔视野，不要为学习套上某种功利的目标。只有正确认识学习性质，学生才能以愉悦的心情去学习，从而体会到学习的快乐，自主学习。过去那种同化教育理念需要改变，学生之间没有优差，要注重学习过程的管理，积极发现学生的优势，并创造有利于其发展的环境，从整体上提升学生智能水平。



**（二）激励机制要引入多元智能理论，为学生多元化发展服务** ①

有效的激励机制可以促进管理职能的发挥，让教育成果更加有效，而且能够引导学生的多元化发展方向，激发学生的潜能和学习能动性，使学生的个性优势得到良好发挥。在学生管理中要建立有效的激励机制，运用时要注意以下几点。

第一，对激励机制要有正确的认识，良好的激励措施是引导和促进学生多元化发展的有效途径。

第二，激励机制要注重对学生的挫折激励，要鼓励学生正确面对困难，形成胜不骄败不馁的学习精神，增强学生在困难面前的自我抵御能力，并能从失败中总结经验，为以后的学习做好铺垫。

第三，有奖有惩，激励只是手段，不是目的。激励是为了让学生产生多元发展的动力，制度要合理，松紧要掌握适度，才能够取得良好的效果。要让学生学会自我欣赏，一个人之所以会产生足够的自信，就是自己的价值得到肯定，产生自我发展的动力。外界的动力是暂时的，只有发自内心的需求才可以长久，而自我的肯定是产生内在动力的重要因素，所以适度的激励会有利于学生多元智能的发展，提高学生管理的总质量。

**（三）在学生管理中引入“角色主动性”管理理念，让学生参与自主管理**

“角色主动性”是加德纳多元智能理论中提出的观点之一，强调要发挥学生在管理中的主体作用，学生参与自主管理可以使这一理论得到很好的实施。自主管理就是指在老师等管理者的帮助、指导下，在独

---

①孟晓旭.关于多元智能理论的思考.中国科教创新导刊，2009，（12）：69.

立、民主的环境下由学生参与自我管理的教育管理模式，这是一种科学的管理理念，一方面体现了对学生的平等和尊重，另一方面锻炼了学生的自我服务、自我管理、自我教育和自我发展的能力。高校学生基本上已经是有独立行为能力的个体，拥有自我管理的能力，他们所缺乏的就是实现自我的锻炼机会。学生参与自主管理可以增强学生的主人翁意识，在高校团体中发挥主体作用，增强学生的自信心，养成自我约束的能力。可以将自我管理制度化，使学生从初步的尝试管理到逐渐掌握，最终能够很好地进行自我管理，全面参与到学生管理中来。自主化管理可以增强学生参与学校活动的主动性，有利于学生智能自由性、创造性的发挥，促进学生的全面发展。

**（四）树立科学平等的师生观，给学生创造一个展示才华的多元智能平台**

多元智能理论的核心就是提出了个体之间智能的差异性和多样，提倡学生个性化发展①。而要做到这一点，就必须树立师生平等的师生观。一直以来我国的教育管理中学生和管理者之间的关系都是自上而下的从属关系，命令与执行是管理者和被管理者之间最常用的运作方式，在这种传统的指令性管理关系下，学生的差异性和独特性被忽视，根本就没有发挥的空间。多元智能理论的引入，无疑为改变这种师生关系提供支持。管理学生最终是为了学生得到更好的发展，要让学生的个性潜能得到最好的展现和发挥，首要的就是要为学生提供一个发挥的环境和舞台。老师要改变传统的观念，用平等的理念去和学生沟通，让学生感受到自己被尊重和理解，在自由、和谐的宽松氛围中，尽可能释放自己的能量，个性潜能得到充分发挥。

总之，在高校学生管理中融入多元智能理论，是社会教育的进步。它改变了人们对教育的认知，体现了以人为本、全面发展的教育观，为差异化和多样化教学提供了理论支持。“尊重差异，因材施教”，针对

---

①特古斯多元智力理论的内涵及其教育内涵[J].内蒙古师范大学学报：教育科学版，2004，(9).

高校学生的个性特点进行管理，使学生的优势和潜能得到发挥，对于提高管理教育的实效性，实现学生的全面发展具有重要意义。

（本文刊于《中国成人教育》2013 年第 13 期）

# 基于LR理论的高校学生社团建设研究

景浩荣
（宁夏师范学院　人文学院）

**摘　要：**高校学生社团作为学生自发组建的组织，在创新人才培养模式、提高人才培养质量方面发挥着其他组织不可替代的教育作用。本文基于 LR 理论及其对学生社团的启示意义，通过对高校学生社团建设中问题的剖析，认为高校学生社团建设应体现“解放与自由”的发展理念、加强“柔性管理”制度的建设、建构“学生体验”为主的社团文化、运用“调控与引导”的方式提升社团活动品质、形成“行动与反思”的实践模式，这对于促进学生的学习与发展、提高人才培养质量有重要作用。

**关键词：**LR 理论；学生社团；建设路径

高校学生社团是由学生依据个人的兴趣爱好、价值追求、专业取向和发展需求自愿组成，经相关部门审核登记、备案注册，按照章程自主开展活动，在活动过程中实施自我教育、自我管理、自我服务的学生组织。改革开放以来，随着社会的整体性和深层次变革以及我国高校收费制度、就业制度、后勤社会化、学分制等方面的深入改革和发展，高校学生管理更为关注学生的主体性和差异性。学生社团正是在此背景下、基于主体多元化的需求不断发展繁荣的。学生社团作为高校内学生组织的主力军，在校园文化建设和人才培养过程中发挥着重要的作用，是校园文化建设的重要手段，是创新人才培养模式的重要基地，是提高人才培养质量的重要平台。本文以LR理论为基础，以关注学生的学习体验为中心，对学生社团目前存在的实然状态进行深度剖析，在此基础上提出建设路径，以期达到促进学生社团健康发展的目的。



## 一、LR理论对高校学生社团发展的启示

2004年，美国大学人事协会（American College Personnel Asociation，简称ACPA）和美国国家学生人事管理者协会（National Association of Student Personnel Administrators，简称NASPA）联合发表报告《重新思考的学习：全校园关注学生的体验》（Learning Reconsidered：A Campus-wide Focus on the Student Experience），简称LR。

### （一）LR理论提出的背景

LR是美国高校学生事务管理发展的新理念，是在英国传统的替代父母制、学生人事服务、学生服务、学生发展理论等基础上发展而来的。为其奠定重要基础的是以下三个关于学生学习的报告。

第一，《学生的学习是当务之急——学生事务的含义》（Student Learning Imperative：Implication for Student Affairs），该报告1996年由美国大学人事协会发表，指出学生的学习是当务之急，学习是高等教育领域里每一个人的主要目标，校园里所有的资源都应充分利用以鼓励学生的学习与发展。

第二，《强有力的合作伙伴：为学习共同负责》（Powerful Partnerships：A Shared Responsibility for Learning），该报告1998年由美国高等教育协会（AAHE）、美国大学人事协会和美国学生人事管理协会共同发表，针对学生的学习提出了10条指导性原则，如认为学习是主动地建构知识，学习是以个人的兴趣为出发点，又超越个人的兴趣，学习是一种意义探究的活动等等。

第三，《强烈的期待——一种定位于国家民族大学学习的新理念》（Greater Expectations：A New Vision for Learning as a Nation Goes to College），该报告2002年由美国高等教育协会发表，对学生的学习作了进一步的阐释，提出了终身学习的目标和成果。

### （二）LR理论的主要观点

LR理论是在上述三个关于学生学习的报告基础上提出的，其主要观点包括：

第一，认为学习是理论学习与学生发展相结合的整体的、动态的活动，教育的重点应该从传递信息到促进学生的自我发展，教育的目标是培养学习者能够适应新的环境，整合知识，并进行终身学习；

第二，认为学生的学习和发展是相互统一的，学习过程本身体现着学生的发展，应该将学生放在学习体验的中心位置，促使学生各种能力的提高；

第三，关注学生的整体性，认为每个学生都是独一无二的，应该被同等地对待，学生周围的环境对学生的全面发展具有帮助和促进作用；认为大学生发展包括认知、情感、行为以及意义建构等过程，发展的最终结果应该是完成知识的建构、意义的建构和社会自我的建构。①

### （三）LR理论对社团发展的启示

LR理论认为学生的学习是一种意义探究的活动，是在经验基础上不断体验和建构的过程。这是对杜威实用主义教育思想的延续，“核心价值观是每个个体都应该被尊重，知识最好通过经验获得，认知、情感和道德是相互影响的，他们都是知识的重要组成部分，每个个体都有发展的潜力。”②体验被放置在学生学习的首要位置。

英国高等教育理论权威罗纳德·巴尼特教授认为：“高等教育应该是一个开启学生心智，并使之体察无限可能性的充满挑战与不确定性

①牛慧娟.21世纪美国高校学生事务管理新理念及其启示[J].高等教育工程研究，2007(4).

②Evans，Nancy J.Guiding Principles：A Review and Analysis of Student Affairs Philosophical. Journal of college student development，2001，42：259-377.

的历程。”[①]作为高等教育领域中由学生自愿组建、自我教育、自我管理、自我服务的学生组织，学生社团关注学生主动性与能动性、个性化与差异化的建构，本质属性是“对个性和天赋自由发展的责任。所谓个性和天赋，从一般的和根本的角度来说，就是将每个人和其他人区别开来的独特性，这些特质使他不再只是来到世界上的一个陌生人，而是成为世界上从未有过的那么一个人。”[②]学生社团就是塑造学生独特性的场域，是学生进行探究活动和体验学习的重要组织形式。

体验的历程即行动与反思的过程。阿伦特认为：“行动是唯一无需事或物的中介而直接在人与人之间展开的活动。”[③]“行动是有目的的人与人之间的沟通和交流活动，行动的内容可以是多方面和多样化的，但其方式却是人与人的交流和相互影响。”[④]学生社团为个体之间直面相对、发现自我、影响他人、反思交流提供了要素，使学生通过自己的行动学到知识，增长见识，得到发展。“只有当学生能够从乐趣的状态中摆脱出来，并反思自己的所思所行，这时学生对高等教育的期望才有可能实现。”[⑤]因此，体验与行动是学生社团的独特属性。LR理论关于学生体验的学习理念，为学生社团的发展提供了价值层面的支持，从理论上拓宽了社团存在的价值领域，对于学生社团的建设和发展具有重要的指导意义。

## 二、高校学生社团发展的现实困境

新世纪以来，随着社会经济的迅猛发展和高等教育由“精英化”向“大众化”的转变，高校学生社团的发展也进入了繁荣期，尤其是2004

①［英］罗纳德·巴尼特著.高等教育理念［M］.蓝劲松主译，北京：北京大学出版社，2012：172、205、3.

②汉娜·阿伦特.过去与未来之间［M］.王寅丽译，南京：译林出版社，2011：176.

③王寅丽.在哲学与政治之间：汉娜·阿伦特政治哲学研究［D］.上海：复旦大学，2006：59.

④刘旭东.行动：教育理论创新的基点［J］.教育研究，2014：5.

⑤［英］罗纳德·巴尼特著.高等教育理念［M］.蓝劲松主译，北京：北京大学出版社，2012：172、205、3.

年以来，国家相关政策的实施，为高校学生社团的发展营造了良好的氛围，校园内出现了“百团大战”“千社争鸣”的繁荣景象，学生社团成为高校一道亮丽的风景线。但是，从总体上来看，高校学生社团的建设发展还存在着应然与实然之间的落差，其生存状态令人担忧，主要表现如下。

### （一）外部维度：学生社团管理问题剖析

1.学生社团的指导思想模糊。学生社团的指导思想是其发展的灵魂，核心要解决“如何引导学生社团发展”的问题。目前，高校学生社团的指导思想普遍存在宏观空洞、模糊不清的问题。大部分高校把“邓小平理论和科学发展观”作为学生社团的指导思想，这本无可厚非，但由于学生社团存在“多方管理”现象，学校团委、挂靠单位、学生社团联合会和指导老师等都对学生社团有监管权利，如果这些部门或个人对“指导思想”的认识与理解不统一，会令学生社团无所适从，盲目发展。

2.学生社团的理论研究不足。学生社团作为学生自发成立的组织，与学生会、班集体等其他组织有着本质的区别，学生社团的组建、发展、成熟、衰亡都有其规律性。目前，高校缺乏对学生社团的发展规律进行理论上的深入研究，致使学生社团的发展缺乏理论的支持和引导。

3.学生社团的资源保障欠缺。由于学生社团组织属性的自主性和民间性，使学生社团在开展日常工作时资源得不到有效的保障，存在经费不足、办公场所变动不居、活动场地没有保障、指导力量薄弱等问题，从而使社团的发展存在自我挣扎、自生自灭的倾向，严重影响到社团的持续发展。

### （二）内部维度：学生社团问题剖析

1.自身建设亟待完善。目前，高校学生社团的发展类型多样、数量众多，但高校对社团的引导和管理难以做到精细化的服务，导致学生社团在自身建设方面问题很多：制度不健全，尤其是激励评价机制不完善；规章制度缺乏可操作性，制度功能得不到有效发挥；学生社团自身定位不明确，盲目发展；学生社团经费管理得不到有效监督，学生社团自我管理的能力和水平不高等。

2.活动品质亟待提高。高校学生社团依据活动内容可分为理论学习型、学术科技型、兴趣爱好型和社会公益型四大类。[①]就不同类型的学生社团而言，在活动中普遍存在活动目标不明确，为活动而活动的倾向；存在活动质量、水平、层次不高，活动的影响力不大等问题；就同类型学生社团而言，存在活动内容单一、活动形式陈旧、活动同质化倾向严重等问题。

3.社团传承亟待规范。由于学生社团人员的流动性，在学生社团传承方面，存在社团传承主观性强、换届不规范的问题。社团干部换届往往由社长个人说了算，在换届工作的衔接上，往往是社团资料、档案等会随着老社长的退出“不翼而飞”，新社长上任后又是“白手起家”，使学生社团的发展缺乏工作上的传承与衔接。

4.社团发展亟待均衡。在学生社团发展方面，高校内普遍情况是理论型与学术科技型社团较少，兴趣型、娱乐型、体育型社团较多，社团类型发展不均衡；在社团发展水平上，是强者愈强、弱者更弱，良莠不齐。

**（三）主体维度：学生社团人问题剖析**

1.社团指导老师亟须回归本位。指导老师在学生社团的发展中肩负着重要的责任，对学生社团的内涵建设起着不可或缺的导向作用。目前，高校对社团指导老师的职责没有进行制度上的规约，指导老师对社团工作的投入和付出也没有进行工作量的计算，待遇薪酬问题没有保障。因此，指导老师在学生社团的发展中处于“缺位”状态，存在不指导或指导不力的问题。

2.社团负责人领导能力亟须提高。学生社团能否持续发展，负责人是关键因素。社团作为学生自组织，负责人的领导能力、责任意识和使命感是一个社团传承与发展的核心因素。总体而言，社团负责人存在自身能力不高、视野不开阔、责任心不强等问题。同时，社团负责人缺乏人力资源管理的经验和意识，组织能力、协调能力、调动人积极

---

①共青团中央、教育部文件.关于加强和改进大学生社团工作的意见.2005-1.

性的能力不强，不注重将社团改造成学习型组织来提高社团整体的运作效率。[①]

3.社团会员主人翁意识亟须加强。社团会员是学生社团的核心，是学生社团赖以发展的人力保障。目前，由于学生个性化发展和多元化需求及受社会功利主义思潮的影响，高校学生社团的组织也会带有功利色彩。[②]会员在社团中如果得不到相应的好处，例如评优加分、推荐入党等，可能就会退出学生社团。总体而言，学生社团会员的主要问题是其加入学生社团的目的单一、活动参与度不高、集体意识不强、功利思想严重等。

## 三、基于LR理论的高校学生社团建设

经常出现的问题要从制度上去解决，普遍存在的问题要从体制上去突破，反复出现的问题要从规律上去探究，[③]如何解决学生社团发展中存在的问题，引导学生社团健康发展？笔者认为，应该厘清学生社团发展的外部环境、内部建设和社团主体的实然状态，以学生为本，关注学生的体验，激发学生社团的潜在能量，探索学生社团建设的有效路径，让学生以不同的形式成长成才，为人才培养提供良好的环境，这是高校及社团管理部门责无旁贷的任务。

### （一）树立“解放与自由”的社团发展理念

巴尼特认为“高等教育本质上体现为一种自由观，抑或按我们今天的说法，就是体现为一种解放的教育观”。[④]进而言之，高等教育就是自由教育，而自由教育就是解放教育。作为高等教育领域中一种特殊的教育形式，学生社团的本质就在于促使学生个体的心智发展，使学生

①周斌，费坚，林刚.高校学生社团人力资源管理探析［J］.江苏高教，2008（1）.

②匡艳丽.高校学生社团的规范管理与科学引导［J］.学生工作，2002（5）.

③陈治亚.推进高校人才培养质量提升的路径分析［J］.中国高等教育，2014（11）.

④［英］罗纳德·巴尼特著.高等教育理念［M］.蓝劲松主译，北京：北京大学出版社，2012：172、205、3.

对自己所学习的东西持有自己的看法，对自身的经验进行理性层面的反思，自由地行使自己的意志与判断力，成为自身命运的主人。因此，解放和自由是学生社团发展的核心理念。

学生社团的发展应该在解放和自由的基础之上，以学生体验为永恒追求，让学生从现实出发，体验生活，在社团活动中实践，在社团活动中学习，在社团活动中成长，发挥学生的自主性和能动性，避免教育与生活割裂，理论与实际分离的倾向；以“发展兴趣爱好，提高素质能力”为活动目标，让学生回归主体、回归生活，促进学生个性化发展，让每个学生的才能在学生社团中得到发挥，潜力得到挖掘，充分体现出学生社团培养人才的个性化、人本化特点。



高校应该站在战略高度去审视和规划学生社团的发展，把学生社团的发展有效融合在学校的办学理念、发展目标之中，把学生社团作为学校贯彻党的教育方针、创新人才培养模式、提高人才培养质量的重要组成部分，纳入学校整个工作体系之中，对学生社团在人才培养中的价值给予准确的定位，引导学生社团沿着积极健康的主流方向发展。

### （二）加强社团“柔性管理”制度的建设

高校学生社团的健康发展离不开一套科学有效的管理制度。学生社团成立的自发性和人员的流动性决定了学生社团制度建设应该富有弹性和张力。因此，学生社团制度的建设应该处理好人性化管理和制度管理的关系，制度建设要体现“制度管理不可缺，人性管理‘价’更高”的“柔性”管理理念。

学生社团制度建设具体包括社团管理条例、社团章程、成立审批制度、组织活动制度、激励制度、考核评价制度、财务管理制度、退出取缔制度等。学生社团制度的建设应从学校实际出发，制定切实可行、便于操作的规章制度，避免千篇一律、宏观空洞的言辞。同时，制度的建设应考虑到不同类型学生社团的特点与功能，体现以社团为本，以学生为本的理念，制度要发挥促使学生社团内部建设完善、内部结构优化、工作目标明确、健康持续发展的功能。

### （三）建构“学生体验”为主的社团文化

文化是指组织特有的信念、情感、行为以及象征。对学生而言，学生社团是一种文化体验，意味着要不断推进学生心智的发展。在学生成长的过程中，文化的体验是多方面的，文化作为内容，是维系社团生命的决定因素，是社团内部长期形成的规范和意识，它能使社团组织的信念和行为永恒化，使社团成员明确社团的宗旨、目标、行为和价值观。学生价值观的形成和行为方式的选择，更大程度上在于自身的生活实践和人生体验。因此，文化体验是学生基于成长需求对社团发展的愿景。如何在社团内部形成有价值的文化？“组织文化的建构过程是复杂的，组织杰出人物、礼仪与仪式、沟通网络在其过程中起着关键性作用。”[①]基于此，笔者认为，社团文化的建构，可以从以下三方面努力。

首先，学生社团在最初成立时，有一个“杰出人物”，他建构了社团存在的使命和价值，并将社团的宗旨永久化，为他人效仿提供了角色模型，是社团发展的目标和对外的象征，为社团的文化和传承制定了标准。其次，学生社团的日常活动、行为与仪式，是社团被认识和接纳的主要因素，也是社团文化的象征。第三，社团内部成员对于社团文化的建构也起着重要作用。社长或社团核心人物在社团内传达着核心价值观，社团其他成员在其言语与行动中加强与传达了这些价值观。成熟和谐的社团文化可以从社团的章程、徽标、会旗、活动内容与形式、成员的精神面貌、人际关系、环境氛围等反映出来。[②]

### （四）实施“调控和引导”策略提升活动品质

活动是学生社团存在的基本要素，是学生社团展现自我的基本形式，是主体面对面交流和成长的平台。要提高学生社团活动的质量和水平，必须通过宏观调控和科学引导，从学生社团活动的实施过程出发，

---

①（美）伦恩伯格，（美）奥恩斯坦著，朱志勇，郑磊译.教育管理学：概念与实践[M]（第5版）.北京：中国轻工业出版社，2013：84

②殷子惠，赵明月.新时期高校学生社团的管理与完善[J].华中师范大学学报（人文社会科学版），2010（1）.

有针对性地分阶段管理。

社团活动的实施过程，主要包括活动计划、活动实施和活动评估三个环节。其中活动实施是指活动进度的控制、经费的使用、活动中问题解决、信息的沟通和应急预案的制定等。活动评估在活动结束后进行，评估的指标至少应该包括活动计划的实施度、会员的参与度和满意度、活动组织的秩序度、活动目标的达成度、活动成果的影响度等。

社团活动过程的调控，应从活动全局出发，对计划、过程和评估三个环节进行把关，对每一个细节实行有效的指导和监管，把好审核关、引导关和服务关，提高学生社团活动的质量和层次。在审核活动计划时，对同类型学生社团开展的同质性活动可进行整合，避免低层次、重复性的活动；对不同类型社团的活动计划，可进行有效指导和引导，使其朝着更高层次和水平进行。对活动过程的管理，体现了社团组织的凝聚力，重点要发挥社团干部的组织、协调和凝聚能力。对活动进行评估，总结经验，取长补短，为后续活动的开展奠定基础。

**（五）形成"行动与反思"的实践模式**

"工欲善其事，必先利其器"，人是管理领域里决定性的力量。这里的"实践者"是指社团活动中的主体，包括社团干部队伍和社团会员两个群体。社团干部队伍由教师队伍和学生队伍组成。其中，教师队伍包括社团管理部门的教师和指导教师；学生队伍包括学生社团联合会（简称社团）的干部和社团内部的学生干部。

唐德纳·舍恩围绕"专业工作者如何在行动中思考"的问题，提出了"反思性实践者"概念。如何让社团人作为或者成为一名"反思性实践者"，是发挥其主观能动性的关键因素。只有成为坚持不懈的"反思性实践者"，社团人才能在一定程度上为社团的发展提供创新的可能。因此，行动与反思是建构社团人主体性和能动性的决定因素。实践中如何引导社团人在行动中认识，在行动中反思，是高校及社团管理部门应该长期思考并着力实践的问题。

教师队伍主观能动性的建构。首先，积极引导和鼓励教师参与学生社团活动，鼓励教师用自己的专业知识和人生阅历指导社团。学校要从政策层面把教师指导学生社团的工作计入教师的工作量。其次，社团管理部门的教师应该把理论学习和工作实践有效地结合起来，让理论指导实践，同时，从工作实践中总结经验，提升理论。第三，要建立管理部门教师和指导教师联系的长效机制，让他们在思想上高度统一、工作中时时联系，推动学生社团健康有序地发展。

学生队伍主观能动性的建构。第一，社联的学生干部应该通过选拔、培训、引导、考核四个程序进行培养。[①]应该选择能力强、素质高、有责任心的同学加入社联的队伍；[②]加大培训学习的力度，引导他们牢固树立社团发展的理念，以引导和服务学生社团作为管理的有效手段，促使社团各项工作开展和落实。[③]通过科学的考核评价机制，引导社联的学生干部积极学习、认真工作。第二，学生社团内部的干部必须严格按社团章程通过民主换届产生，要通过社团管理部门引导他们树立保障社团会员权益的意识，鼓励他们开展促进会员个性发展、提高会员能力、满足会员需求的各类社团活动，提高会员的参与度与满意度。

---

①牛慧娟.21世纪美国高校学生事务管理新理念及其启示[J].高等教育工程研究，2007(4).

②Evans，Nancy J.Guiding Principles：A Review and Analysis of Student Affairs Philosophical. Journal of college student development，2001，42：259-377.

③[英]罗纳德·巴尼特著.高等教育理念[M].蓝劲松主译，北京：北京大学出版社，2012：172、205、3.

# U-S合作模式对地方高师院校与中小学合作的启示

薛正斌
（宁夏师范学院　师范教育研究中心）

**摘　要：**U-S 合作是对传统以大学为本的教师教育体制的超越，打破了大学与中小学之间的分隔，使二者之间建立起了合作伙伴关系，使教师教育重心由理论培养转向理论与实践相结合的培养模式，有效地促进了职前和职后教师的专业发展。因此，它对加强我国地方高师院校与中小学合作有一定的启示：地方高师院校要树立为地方基础教育服务的理念；创新和完善职前教师教学实践能力培养模式；促进中小学在职教师的专业发展；加强地方高师院校与中小学教师之间的科研合作。

**关键词：**U-S 合作模式；地方高师院校；职前培养；职后培训；启示

## 一、U-S合作

U-S合作（University-school Cooperation）首先产生于美国和英国，是对传统以大学为本的教师教育体制的一种改革和超越，使大学与中小学之间建立了合作伙伴关系，打破了大学与中小学之间的两极分隔，整合了大学与中小学之间两种文化功能，有效地促进了职前和在职教师的专业发展。

## （一）U–S合作产生的背景

从20世纪80年代以来，世界经济与科技竞争日益加剧，对学校的教育质量提出了新的更高要求，促使各国开始注重提高教师的专业水平。1986年，美国卡内基教育与霍姆斯小组先后发表了《准备就绪的国家：21世纪的教师》和《明天的教师》两个主要报告，认为教师是提高教育质量的核心和关键。教师要成为像医生、律师等“专门职业”人员，并提出以教师专业发展作为教师教育改革的发展目标。从此以后，教师专业化开始由追求教师职业的专业地位和权利转向了教师的专业发展，强调通过教师和他人的教育教学实践，实现教师专业的自我主动发展。

随着教师专业化的不断发展，英国和美国率先改革传统的教师培养模式，逐渐开始注重大学与中小学之间的合作和交流，突出教师教育的实践性特征，有效地提高了教师专业化的发展，形成了U–S有效合作模式，创新了教师教育职前与职后一体化模式。之后，在法国、荷兰、加拿大、日本等国家，都开始加强了大学与中小学之间的合作，以适应社会发展对教师专业发展的要求。

## （二）U–S合作与教师专业发展

教师专业实践能力主要是在其教育教学实践过程中逐步形成和完善的，教师专业发展是一个连续、终身的过程。但长期以来，我国教师专业发展形成的格局是：大学教师只负责培养教师，而中小学教师只关注教学实践，大学与中小学之间缺乏有效的合作与交流，导致教师教育理论与教学实践之间相互隔离，严重影响了教师专业的发展。

U–S合作使大学教师和中小学教师进行合作，为教师职前教育创造了理想的教育临床实践平台。U–S合作使教育理论深入中小学教学实践之中，并与教学实践结合起来。通过师范生与中小学教师之间的相互交流和教学经验的分享、对话和反思，使其获得丰富的实践性知识，并进一步系统和加深了大学所学理论知识，有效地促进了教师专业的发展。同时，师范生通过独立的主体性教育教学实践，将实践经验与已有的知识经验结合起来，从中获得了大量的实践性知识。由此可见，U–S合作是教师专业发展的重要基地，是对大学原来主体性地位的消解，充分发挥了大学与中小学各自独特、不可替代的功能，有效地整合了各自难以发挥的某些功能，促进了教师专业的快速发展。

### （三）U–S合作模式

在教师专业化发展的不断推动下，英国和美国改革传统的教师培养模式，打破了大学和中小学在教师教育上的隔阂，形成了U–S有效合作模式：英国教师伙伴学校与美国专业发展学校。

1.英国教师伙伴学校。

在20世纪90年代，随着英国职前教育体系的改革和发展，产生了英国教师伙伴学校。它是在大学与中小学之间建立的一种伙伴合作关系。教师伙伴学校（Teacher Partnership Schools）也称“以学校为本”“以学校为基地”的教师教育模式。而且大多数教师培训院校建立了相对稳定的中小学实习基地，如伦敦大学教育学院与伦敦区200多所中小学建立了合作伙伴关系。这些中小学不但要参与制订大学师范生的教学实践活动计划，而且还要选拔部分教学经验丰富的中小学教师与大学教师合作，共同负责师范生的教学实践活动，以保证师范生教学实践活动的质量和效果，切实提高师范生的教学技能。如师范生在教学实习期间，要与教学经验丰富的教师一起共同备课、讨论教学中出现的问题等。同时，对在职教师也提供各种形式的培训。[①]在英国，目前有74所高等教育机构与上千所中小学建立了伙伴关系，每年培训教师数量达27000名。[②]

另外，英国中小学在职教师培训强调，教师培训机构应与中小学建立伙伴合作关系，在培训内容上注重加强与中小学教学之间的联系，如培训课程必须要包括学校工作和教学实践，帮助解决中小学教师在教育教学实践中遇到的各种问题。

①王泽农，曹慧英.中外教师教育课程设置比较研究[M].北京：高等教育出版社，2003：50.

②徐娟.教师专业发展理念下两种“U–S合作模式”比较研究[D].南京师范大学硕士学位论文，2007：9.

2.专业发展学校。

专业发展学校（Professional Development Schools，简称PDS）是"U-S合作模式"在美国教师教育中的一种具体实践模式。专业发展学校是指大学教育系或教育学院与所在学区的一所或多所中小学建立合作伙伴关系，使学校改革与教师教育同步进行。专业发展学校独特的办学形式以及取得显著教育效果，引起了美国教育界的关注，获得了广泛支持。其中受到了美国两个全国性组织的支持：其一，全美教师教育国家认证协会（NCATE）组织公布了《教师发展学校的标准（草案）》，并得到了150万美元的资助，对教师发展学校的实践进行研究；其二，教学与美国未来国家委员会组织提出，进入教师行业的所有教师都应该在教师发展学校完成为期一年的实习。美国国会通过的《1997年美国优秀教师挑战法案》规定："对大学与中小学的合作伙伴关系提供竞争性资助，建立专业发展学校以改善教师培养、选用和专业发展"，为专业发展学校的发展提供了法律依据。很多州把专业发展学校的建立与发展作为教育改革的一部分，并为其提供了资金支持。因此，美国的专业发展学校发展的速度很快，目前已有1000多所，几乎遍布美国各州。[①]

师范生在实习期间，将其分成小组，由大学和中小学教师共同负责。大学教师与每一所专业发展学校保持密切联系，并亲临现场给予指导，观察实习生的工作、组织实习生进行讨论等，他们在大学和中小学所占时间各占一半。同时，从中小学专业发展学校中选拔经验丰富的教师，指导师范生的教学，并对其专业发展负责。

## 二、地方高师院校与地方基础教育

大学有三大功能：教学、科研和社会服务。地方高师院校服务地方基础教育就是大学社会服务功能的具体体现。地方高师院校与地方基础教育共生共长，是一种"共生"的关系。二者相辅相成，相互影响。

---

①屈书杰.美国的教师职业发展学校[J].比较教育研究，2000（4）：54-55.

地方高师院校为地方基础教育提供新的教育教学理念、师资，引领、服务、支持基础教育的发展；同时，基础教育又是地方高师院校教学、科研的土壤，为师范院校提供必要的实习场所和实践基地，包括实习、见习、实验基地等，消化地方高师院校培养的教师。

地方高师院校大都有几十年的办学实践，积累了丰富的办学经验和成功做法，具有一定的办学优势。地方高师院校一般位于地级市中小城镇，具有地缘优势，生源的相对固定；与各级地方政府、中小学有着长期、密切的联系；能够深入调查本地区的基础教育发展状况，尤其是农村基础教育的发展现状、教师需求信息、亟待需要研究的问题等。因此，地方高师院校应重视对地方基础教育的研究和服务，发挥自身优势，与地方基础教育建立“合作伙伴”关系，增强教育教学的实效性、针对性，实现双方的共赢，实现地方高师院校可持续发展。

由于我国教师培养体制的改革，“三级”师范转向“二级”师范教育，县级师范、县教师进修学校、市级教育学院等中等师范教育被淘汰，这样为地方高师院校的发展拓展了较大空间。因此，地方高师院校要立足于教师教育，充分发掘本校教育资源，特别是利用学校师资和本校科研，结合区域特点和实际，与中小学合作进行基础教育新课程改革，更好地服务地方基础教育，这样才能办出地方师范教育的特色。

随着师范教育向教师教育的转型，传统的一次性、终结式的师范教育被发展性、终身式的教师教育代替。传统师范教育模式是将学科专业、教育理论和教师职业技能培养融合在一起，通过一次性学习，终身从教。而教师教育培养模式则是将教师职前培养与在职培训一体化，要求教师必须终身学习，以避免专业知识结构和教学方法的老化。它是一种与学习型社会、知识经济时代相适应的教师培养模式。①

---

①马晓雄.关于师范教育向教师教育转型的几点思考[J].高等师范教育研究，2003(4)：9-10.

## 三、U-S合作模式对地方高师院校与中小学合作的启示

### （一）地方高师院校要树立为地方基础教育服务的理念

地方高师院校要立足地方基础教育师资的需求，做大做强教师教育；同时，要进一步做好地方基础教育服务，走服务地方基础教育发展之路。为此，地方高师院校不仅要准确定位学校的发展方向，坚持为地方基础教育服务，特别是要根据地方基础教育发展规划学科建设、调整学科设置、研发课程等，突出和强化教师教育的传统特色，充分发挥师范院校为地方社会服务的功能。

通过思想宣传、政策引导，加强对地方基础教育的服务意识。学校科研基金项目、教材的资助等应倾向于教师教育和基础教育研究，在相关制度建设、设备和经费投入上给予充分保障，凸显教师教育特色。

地方高师院校应突破传统教师职前培养与在职培训割裂的教育模式，建立教师职前培养与在职培训一体化的教育模式，不仅为地方基础教育培养高质量的师资队伍，而且还为地方基础教育的师资提供职后培训的场所和平台。通过函授、面授、短期培训、专题讲座等多种形式，对地方在职中小学教师进行师资培训，提高地方基础教育的师资力量，提高校长的教育理论和管理水平，进一步推动地方基础教育的改革和又好又快的发展。

地方高师院校在对地方基础教育服务过程中，与中小学会有广泛的合作，双方教师都是参与者和合作者。因此，双方教师要树立一种平等的“伙伴关系”，彼此承认对方的专长，以同事相待。尤其是地方高师院校的教师，深入到中小学校学习和分享基础教育教学的实践经验，不仅是指导和研究，更为重要的是学习和有所获取。①

### （二）创新和完善职前教师教学实践能力培养模式

从英国和美国U-S合作培养教师模式中可以看出，教育见习和实习是大学与中小学合作培养教师的一个关键环节。实习时间长度、指导、

①桑镛炳.“重心后移”：师范教育改革的必然选择［J］.教育发展研究，2003（1）.

科学管理等都是决定教育实习质量高低的主要因素。目前，我国地方高师院校师范生教育见习和实习时间短，而且管理、指导等方面也存在很多问题。因此，可借鉴和参考英国和美国U–S合作模式，创新和完善职前教师教学实践能力培养，提高人才培养质量。



1.加强实习基地建设。在U–S合作模式中，中小学实习基地不仅为师范生的见习和实习提供了很好的实践平台，对师范生的教学技能训练、教材教法研究、模拟教学等方面提供了环境和机会；也为地方高师院校的教师深入研究中小学教育问题提供了平台，有效地促进了教育理论与教育实践的结合。同时，实习基地也为中小学教师获得新的教育信息、更新教育观念、培训师资、促进教学改革提供了一个很好的平台。因此，要高度重视教育见习和实习。

目前，我国许多地方高师院校没有建立稳定的实习基地，也没有与中小学建立长期、稳定的关系，尽管有很多地方高师院校设有附属中小学。实际上，这些附属学校失去了原初创建的目的，没有承担起师范生实习的重任，即使愿意接受实习生，由于师范生数量较大，也难以满足师范生的实习需求。这样就给高校联系教育实习地点造成了很大困难，很多师范院校为了回避联系实习学校困难问题，索性就让学生自己联系实习学校，自主进行实习。实践证明，这种“放羊式”的教育实习难以提高师范实习生的教育教学能力。因为受应试教育的影响，各个中小学之间相互竞争激烈，而高师实习生不仅会影响中小学正常的教育教学秩序，还会因实习教师教育教学能力的欠缺，导致中小学教学质量下降，使中小学教师对自己的教学质量担忧。因此，许多中小学拒绝接受师范实习生，特别是师资充足、教师素质较高的学校。①

因此，高师院校应加强与中小学合作，坚持“平等互利”的原则，建立长期稳定的中小学实习基地，以充分发挥地方高校的师资、实验设备、教学信息等优势资源，积极主动地为实习基地学校提供各种服务，参与实习基地学校的教学改革和学校建设，以提高教育见习和实习的

①赵彦俊.“实习支教生”实践性知识生成研究[D].西南大学硕士学位论文，2009：51.

质量以及实习基地学校的教学质量，调动实习基地学校参与实习的积极性，乐意接受师范生的教育实习，使师范院校与中小学建立长期、互惠互利的合作关系。

2.延长师范生的教育实习时间。延长教育实习的绝对时间，师范生才能够拥有更多的实习机会，通过教育教学实践体验、反思和感悟，不断积累教育教学的“临床经验”，获取更多的实践性知识。与此同时，师范生能够将大学里所学理论知识与教育教学实践有机地结合起来，才能真正转化为教师专业知识和实践能力，以促进师范生实践性知识的生成。另外，在教育教学实践中，师范生还可向中小学优秀教师学习，促进自己的专业水平不断提高。

**（三）促进中小学在职教师的专业发展**

1.更新中小学教师的教育教学理念。教师职后培训是促进教师专业发展的重要途径之一。但受传统教师培训观念的影响，中小学师资主管部门以及教师都把职后培训视为一种学历补偿教育，没有树立终身教育理念。大多数教师都是通过自身的经历、教学实践的摸索，形成自己的教学方法和风格，缺乏有效的职后培训。因此，地方师范院校在地方中小学教师培训中扮演着重要的角色，应该为基础教育提供免费或较少费用的咨询和诊断，通过学历教育、业务提高性教育等多种办学形式，对在职教师采取脱产培训、半脱产培训、专题讲座等方式进行培训，通过教师的专业素养，推动基础教育的发展。

大多数中小学教师对新课改的理念还停留在表面感性认识上，缺乏对新课改的教育理念、教学方法的深层理解。而地方师范院校的教师对新课程教学理论思想的理解比较全面、深刻，他们能够联系本地区中小学教育教学的实际情况，讲座内容具有地域性和针对性，能将抽象的理论与教学实践结合起来，容易被理解和接受，能帮助中小学教师转变新课程教育教学观念、教学设计、教学方法等。因此，充分利用地方高师院校的教育资源，邀请地方高等师范院校的教师结合新课程改革的理念，做相关方面的专题讲座，帮助他们理解、内化这些新的教育理念或教学方法，使教师树立以学生为本，“为了一切学生”“一切为了学生”，把知识学习、能力发展与人格完善结合起来，改变传统课堂教学以教师为中心、教师是知识权威的理念，教师应成为学生学习的促进者、引导者和反思者。

2.提升中小学教师的反思能力。教师的反思能力对于促进教师专业化的成长、教育教学能力的提高以及新形势下角色的转变具有重要的作用。因此，培养教师的反思能力已成为促进教师专业成长的重要策略之一。“反思型教师”已经成为教师教育改革的一个重要方向。[①]将教学实践置于系统的理论知识和实践研究的基础上，也有助于发展教师的批判性、创造性和自我反思，更有利于拓展教师的自主成长能力。[②]

新课程在教学设计、教学实施、课堂调控、教学评价等方面都没有固定模式。要求教师学会独立思考，针对具体内容和学生的实际情况，创造性地进行教学，探索新的教育教学方法，巧妙灵活地组织教学，提高教育教学效果。所以，地方师范院校应以中小学新课程改革为平台，走进中小学课堂教学，通过听课、评课等活动，针对课程改革中出现的新问题，特别是教学实践中急需解决的问题，开展教学研讨。地方高师院校在帮助中小学教师解决和研究教育教学实践问题的过程中，使中小学教师更好地理解、应用本体性知识和条件性知识，体验、掌握实践性知识，有机地将理论与实践结合起来，增强中小学教师的反思意识，更新教育教学理念，丰富反思内容，获得实践性知识。在研究中不断反思，在反思中不断提升自己的专业水平，促进教师从经验型向研究型、学者型转变，逐渐成长为反思型、学者型、专家型教师，以提高解决教育教学实践问题的能力。

### （四）加强地方高师院校与中小学教师之间的科研合作

地方高师院校与中小学在课程改革、在职教师培训、教育教学科研等方面有着广泛的合作空间和合作需要。地方师范院校是地方唯一高等学府，具有一定的理论水平和研究能力，而且能够紧跟学术研究的最前

---

①高玲.教师反思能力发展特点的研究[J].教育理论与实践，2007(5).

②刘恩允，韩延明.大学教师专业化的内涵、问题与对策[J].教育发展研究，2007(6A).

沿动态。尽管中小学教师有丰富的教育教学经验，但缺乏进行科研的能力。因此，地方师范院校与中小学的合作能够有效促进教育理论与教育实践的结合，达到双方互惠双赢的效果。

教育对象是有思想、有感情的人，因而教育是一种复杂的教学活动，针对不同的学生和教学内容，应采用不同的方法。中小学教育教学本身需要教师不断地进行研究。但由于缺乏必要的教育理论素养和研究能力，中小学教师了解、熟知自己的教学实践，具备丰富、鲜活的教学实践经验，仅局限于教学经验层面的积累，难以有创造性的突破，严重制约着中小学教师专业水平的发展。因此，地方中小学应充分利用地方师范院校的教育资源，加强与地方师范院校的合作，从而使双方优势互补、资源共享，真正实现理论与实践的结合。一方面，通过这种合作，中小学教师在地方师范院校的帮助下，解决自己教学中存在的问题，有利于推动中小学课程改革。在此过程中，提高了他们进行科学研究的能力，以促进其专业发展；另一方面，可以充分发挥地方师范院校的师资力量，地方师范院校的教师可以定期深入中小学，了解和掌握中小学课堂教学的第一手资料和案例，将自己的课题研究与中小学教学结合起来，使自己的教学和科研更具有实践性和针对性。在地方师范院校的引领下，使中小学教师自觉地把教育教学工作实践变成自己的研究对象，以研究的态度和方式对待日常的教育教学工作，而不是只停留在教育教学经验的积累和总结层面上，通过实证研究解决自己教学中的问题。

（本文刊于《宁夏师范学院学报》2012 年第 4 期）

# 基础教育研究

# 西部地区农村高中规模化发展趋势的反思

薛正斌

（宁夏师范学院　教师教育研究中心）

**摘　要：**随着西部地区农村人口出生率下降、“择校热”、城镇化迅速发展等因素影响，农村高中学校生源越来越少，办学水平低下。为了提高办学效益，满足农民及其子女对高中优质教育资源的需求，政府对农村高中学校进行了布局调整。但因过于追求办学规模效益化，造成了西部地区农村高中规模化县城化发展趋势，偏离了教育的本体价值，影响了高中入学机会和教育过程公平以及高中教育的普及。因此，借鉴国际上对中小学校办学规模的相关研究成果，科学制定区域教育发展规划，加强农村高中标准化建设。

**关键词：**西部地区；布局调整；高中规模化；合理性

## 一、中小学校办学规模研究述评

19世纪末20世纪初，美国为了解决城乡教育差距问题，对农村小规模学校进行了合并。当时主要有两种理论指导，一是贝茨（George Betts）等教育改革家对农村学校模仿城市学校发展的理论。另一个是20世纪50年代末，科南特（J.B.Conant）从学校规模与学生学业成绩关系的角度提出“规模效益”理论假设。他认为，最有效率的中学要足够大，具备一定的规模，能够提供广泛、各种各样的设备及便利条件的学校。他的这一理论对美国农村“学校合并”运动起到了推波助澜的作用，兴起了“效仿”城市学校、追求学校“规模效益”和效率的农村“学校合并”运动。1919—1929年期间，美国南部农村地区“一师校”数量减少了37%，西部地区减少了32%，东部地区减少了23%。自20世纪60年代以后，人们开始对“学校合并”运动进行质疑和历史性反思，逐渐认识到农村学校“规模效益”理论被“绝对化”了。①

关于学校规模对教育质量（学生成绩、学生发展）的影响以及中学的适度规模问题，美国学者进行了大量研究。1999年Howley（豪利）和Bickel（布里克尔）在美国四个州进行了关于贫困地区学校规模与学业成绩关系的研究，其研究结论表明：学校规模的大小在贫困地区对学业成绩的好坏有显著的负面作用。在政策决策方面，佛罗里达立法机构要求对学校的规模实行限制规定，一些基金会也出资资助贫困地区创办小型学校。②奥本斯认为，高中学校适度规模为2244人；而柯恩的结论却是1500—2244人，平均值为1850人。③有学者就不同地区高中规模存在区域差异性进行了研究，发现农村地区的学校规模应小于城市地区的规模。大规模学校理论遭到普遍质疑，美国现有一批在校生规模达2000人甚至更多的中学。多年的学校实践证明，学生人数过多，教师难以为每个学生提供足够的帮助，学校管理也存在很大困难，教育质量难以提高。20世纪80年代以来，美国中等学校出现了学校规模缩小趋势，部分地区还兴起了中等学校“小学校化”运动，许多大规模的高中都试着拆分为小学校。Walberg（瓦尔贝格）认为，美国关于学校规模的研究表明：“小的就是好的”的理论已成主流。虽然关于中等学校适度规模的研究没有达成共识，变化幅度为300—900人，但美国卡耐基基金会和国

①王强.20世纪美国农村学校合并运动述评［J］.外国中小学教育，2007，（8）.

②转引自徐小平.贫困山区普通高中规模效益研究——以湖北恩施州某高中为个案［D］.重庆：西南大学，2008：4.

③转引自马晓强.关于我国普通高中教育办学规模的几个问题［J］.教育与经济，2003，（3）.

家中学校长联合会发表的联合声明认为，高中在校生规模不要超过600人。[①]从美国对高中教育规模的研究来看，理论界普遍认同中学教育适度规模存在的合理性，而且在很大程度上更趋向于学校小型化。

学校规模研究主要是借用经济学中的规模经济知识，来分析研究教育规模的经济问题。通过对教育机构中单位成本和教育效率的考察反映教育资源的利用效率。从资源使用效率上来看，由于教育资源具有整体性和不可分性，不论学校规模大小，都会因为教育功能的需求而投入大量的资源。即使只有一位学生入学，也必须配置全套资源，从土地、校舍、教学设备等物质资源到教师、管理人员等人力资源，都应予以保证。在这种情况下，已投入的资源无法充分利用，造成生均成本较高。如果扩大办学规模，增加学生人数，资源利用率自然就会提高，生均成本也将随之降低。与此相反，如果只追求降低生均成本，不断增加学生人数，又会造成对资源的过度使用。因此，学校规模的扩大应在不影响教育功能的前提下，实现教育资源的最有效利用。既要达到一定的规模，又要实现教育资源最有效的使用，但又不影响教育功能的实现，因而学校规模一定要适度为好。即在教育其他条件不变的情况下，学校拥有恰好可以使所有资源得以充分和恰当利用，并在不违背教育规律的前提下，保证培养规格、教育质量不受影响的合理限额的班级数和学生人数。[②]

## 二、西部地区农村高中规模化发展趋势

长期以来，我国西部地区优质教育短缺，而且教育资源的供给政策明显向县城学校倾斜，造成了农村高中普遍存在低水平办学现状，农村高中办学条件差，难以保证正常的教学需要，如教学仪器设备陈旧、课

---

①转引自马晓强.关于我国普通高中教育办学规模的几个问题［J］.教育与经济，2003，(3).

②范先佐.教育经济学［M］.北京：人民教育出版社，1999：277.

程设置不健全、某些学科教师缺乏等，教学手段落后，教学质量差，难以满足广大农民及其子女对优质教育资源的需求。

随着我国计划生育政策的实施，西部地区农村人口出生率开始下降，加之“择校热”、西部地区城镇化迅速发展等因素影响。近年来，农村高中生源不断减少，学校和班级规模普遍较小，办学效益低下，很多农村高中难以可持续发展。而且学生家长的教育观念也发生了很大变化，为了能让孩子享受到优质教育资源，经济条件较好的家庭都把孩子转到县城学校就读。因此，西部地区广大农民及其子女对高中优质教育资源的需求日益迫切。

为了解决农村高中教育发展水平偏低、城乡高中教育发展不均衡问题，政府对农村高中学校进行了布局结构调整，集中优化有限的教育资源，提高教育教学质量，最大限度满足农民及其子女对高中优质教育资源的需求。通过对西部地区农村高中的布局调整，实行集中办学，节省人力、财力和物力；有利于扩大办学规模，实现教育资源的合理配置与优化组合，扩充优质教育资源；有利于教师队伍的优化组合，如教师在学科、年龄等方面的整合，便于教师之间的交流和教研活动的开展，提高了教师的整体素质；教育投资相对集中，有利于学校设备、仪器的完善和更新；提高了资金、设备及校舍的使用效益，提高了整体办学水准，产生规模效益。但一些地方政府将农村高中布局调整视为“政绩工程”，追求撤并的数量与规模，致使农村高中布局调整出现了矫枉过正的现象。

西部地区高中在布局调整过程中有规模化县城化发展趋势，出现了一批由地方政府主导建设、规模远远超出国家拟定标准的“巨型学校”。如在宁夏回族自治区南部山区撤并农村学校，在县城建成了几所学生近万人的中学，山区学生都集中到这些学校就读。甘肃省陇东、河西等地区出现了学生人数在5千以上的中学，以及很多西部地区正在建设中的“巨型学校”。这些“巨型学校”一般都是在原有县城中学的基础上扩建的，基础设施、教学条件、师资队伍都难以满足迅速增加的学生需求，普遍存在大班额教学现象。[①]以宁夏回族自治区固原市原州区、隆德县和青海海东地区的乐都县为例，近年来，农村高中规模化县城化趋势非常明显。2005年固原市原州区农村有高中7所，县城4所，到2009年，农村高中全部撤并到县城4所高中学校之中。隆德县的农村高中也全部撤并到隆德县城高中。2005—2009年，青海海东地区的乐都县农村高中由原来的5所减少到1所。（见表1）随着县城高中学生数量的剧增，政府只好改扩建原来的学校或新建学校，以扩大县城高中学校办学规模。



表1　2005—2009年宁夏固原市和青海海东地区农村高中布局调整变化情况表

| 年度 | 原州区 | | 隆德县 | | 乐都县 | |
|---|---|---|---|---|---|---|
| | 县城高中 | 农村高中 | 县城高中 | 农村高中 | 县城高中 | 农村高中 |
| 2005 | 4 | 7 | 2 | 4 | 4 | 5 |
| 2009 | 4 | 0 | 3 | 0 | 5 | 1 |

## 三、西部地区农村高中规模化发展趋势对高中教育的影响

### （一）西部地区农村高中规模化办学效益与教育本体价值

虽然西部地区高中县城化规模化提高了教育资源的利用效率，但却导致了高中学校、班级规模的急剧扩大，城镇学校的教育资源相对于每个学生来讲，并没有变得更加优质，也没有达到真正提高教育资源利用效率的目的。提高教育效益不仅仅要降低生均成本和提高各项资源的使用效率，而且还要看是否有利于学生的全面发展。只有将这二者有机地结合起来，才是真正地提高办学效益。

从行政管理来看，学校规模的大小会直接影响学校管理的成本和效

①万明钢，白亮.“规模效益”抑或“公平正义”——农村学校布局调整中“巨型学校”现象思考[J].教育研究，2010，(4).

果。如果学校规模较小，管理层次就少，虽然管理跨度较大，但管理成本就越小。如果学校规模不断地扩大，管理跨度就会减少，但管理层次却增多了，可能会造成管理机构臃肿、效率低下；各个组织层次之间的沟通和协调难度就增大，可能会产生较多的管理误差等，从而增加了管理成本。我国著名经济学家厉以宁教授将教育规模过大而衍生的缺陷概括为六个方面：规模过大，使得管理不方便，降低了管理效率；规模过大，使得内部通讯联系费用增加，从而增加了成本支出；规模过大，需要增设若干中间机构，增添若干工作人员，这也增大了成本支出；规模过大并因此增设若干中间机构之后，机构与机构之间的摩擦可能增加，这不仅会降低效率，而且还有可能产生工作中相互推诿、扯皮现象；规模过大，人员过多，可能增加人事方面的纠纷，而且人员之间的凝聚力也可能降低；规模过大，为适应客观形势变化而需要的灵活性也会减弱，难以随客观形势变化而作出调整，适应新的形势。①

从教学效果来看，如果学校规模过小，教师数量较少，难以形成一个优化的教师队伍整体结构，充分发挥教师群体的整体效能，影响教育质量和教育经济效益的提高。相反，如果学校规模过大，学生人数过多，也会影响教育教学的质量。如果只增加学生人数，不增加新的教育资源投入，将会导致生师比偏大，不利于师生之间的情感交流和教学信息的及时反馈，难以因材施教。另外，各种教学设施也会变得相对短缺，学生使用仪器设备、参加课外活动的比率下降等。因此，学校在确定发展规模时，应当充分考虑教学效果的保证。

教育是一种培养人的活动，因而学校组织与其他生产组织不同，理解教育效益不能仅仅从经济视角去看。其他组织活动可以追求利益最大化，但学校作为培养人的组织，不能以最小化成本追求利益最大化。因此，要反思高中教育的目的和价值——促进国家与社会的发展，促进个体的生存与发展。脱离教育的价值诉求去思考教育效益是没有任何意义的。高中教育作为一项公共事业，不能以强调经济效益为目的。一味地

①厉以宁.论教育外部不经济的补偿[J].教育研究，1992，(2).

追求规模与效益，就会丧失对高中教育本体功能的关注，只注重追求效益价值取向，而失去育人和促进社会发展的价值取向，会走上“学校工厂化”“教育流水线化”“产品标准化”的办学歧路。①

**（二）西部地区农村高中规模化办学效益与教育公平**

在西部农村高中布局调整过程中，农村高中规模化县城化是教育行政部门面对教育公平与教育资源有限两难问题做出的抉择，其目的是在公平与效率之间寻找一个平衡点，既能够实现教育公平，让农村学生和城市学生都能享受到相同的优质教育资源，以促进教育均衡发展。同时，又能够提高办学效益，充分利用教育资源，实现规模效益。然而对于办学规模效益的过度追求，导致了在规模效益与教育公平之间更多地偏向了规模效益，西部农村高中规模化县城化致使县城（市）出现了很多“巨型”高中学校，学校学生人数都在5千人至1万人，造成了目前农村高中学校数量减少和城区高中学校规模不断扩大的趋势。农村学生的家长认为，虽然农村高中县城化给孩子上学带来了不便，加重了家庭的经济负担，但自己的孩子能够去县城学校读书，他们就和城市的孩子一样，能够享受到相同的优质教育资源。那么，这种教育公平政策是否真正起到了有效促进教育公平发展的作用呢?

教育平等是指“……人们不受政治、经济、文化、民族、信仰、性别、地域等的限制，在法律上享有同等的受教育权利、在事实上具有同等的受教育机会。”②教育公平具体表现为：机会公平，即人人有学上；过程公平，即学校提供的教学内容、教育经费、教育设备、师资水平等方面基本相当；结果公平，依据每一个人的能力和条件，通过一段时间教育之后，每个人都能得到相应地发展，给学生以最好的出路。教育公平的这三层含义是密切联系的。其中受教育权利和义务的平等是最基本的要求，是受教育机会均等、条件均衡、教育成功机会和效果相对



①万明钢，白亮.“规模效益”抑或“公平正义”——农村学校布局调整中“巨型学校”现象思考[J].教育研究，2010，(4).

②袁振国.当代教育学[J].教育科学出版社，2004：342.

均衡的前提；接受教育的机会均等和条件均衡是进一步的要求，又是效果相对均衡的前提和条件；而教育效果的相对均衡是最高的要求。“可能平等地受教育，这只是求得公平的必要条件，而不是它的充分条件。人们有可能同样受到教育，但并不是说，他们都有同等的机会。平等的机会必须包括同样成功的机会。”[①]如果单独使学校教育的方法平等而不考虑其他方面，事实上会造成不平等的过程和结果。[②]

由此可见，教育公平理论认为，不仅要使学生受教育的机会均等，还要追求学生受教育的过程、结果的均等。其目标是促进学生的全面和谐发展。追求教育资源配置和教学过程中的平等，主张基础教育阶段平等地让每一个孩子都能进入学校，同时缩小学校之间的质量差别，平等地对待每一个学生，让他们能够享受相同的教育资源。因此，西部地区农村高中规模化县城化办学实质上是一种“形式平等论”，力图消除差异，实现整齐划一，但没有真正实现教育公平的内涵。单一性、统一性和标准化的同质性教育是不能适应学生个体发展的独特性和综合性。教育公平的目的是实现人的全面发展。所以，必须站在人的发展和国家发展的高度审视教育公平政策。“教育公平包含教育资源配置的三种合理原则，即平等原则、差异原则和补偿原则。”[③]消除差异，实现整齐划一仅仅实现了教育公平中的平等原则，只有实行对不同学生情况的不同对待时，才是更高层次的教育公平。要实现有差异的公平就必须视不同地区的具体情况，实行多样化的办学形式，而不是简单地将农村高中教育全部积聚到县城集中办学，用城市教育代替农村教育。[④]因此，西部地区农村高中规模化县城化发展趋势不仅造成了农村学生接受高中教育入学机会的不平等；同时，也造成了农村学生接受高中教育过程与结果的不平等。

---

①②联合国教科文组织.学会生存——教育世界的今天和明天[M].北京：教育科学出版社，1996：101.

③褚宏启，杨海燕.教育公平的原则及其政策含义[J].教育研究，2008，(1).

④万明钢，白亮.“规模效益”抑或“公平正义”——农村学校布局调整中“巨型学校”现象思考[J].教育研究，2010，(4).

### （三）西部地区农村高中规模化办学与普及高中教育

《国家中长期教育改革和发展规划纲要》第五章关于高中阶段教育第11条规定："加快普及高中阶段教育。到2020年，普及高中阶段教育，满足初中毕业生接受高中阶段教育需求。"普及高中教育是我国基础教育发展的必然趋势，因此，与义务教育相同，普及高中教育也是国家赋予公民的一项法律权利，表明国家在保障学生接受高中教育方面负有一定的责任。在高中教育阶段，政府必须确保每个初中生都有条件接受一定程度和质量的高中教育。但目前西部地区农村高中规模化县城化使农村偏远地区学生的上学成本增加，而且县城高中学校招收名额有限制，初中升高中比考大学还难，导致部分学生难以完成高中学业，这与普及高中教育是相背离的。

要实现城乡高中教育的均衡发展，首先应该保证教育资源的均衡配置，即保证教育资源公平地分配给学校和学生，面向全体学生，办好每一所学校。高中教育也是一种公共产品，作为公共服务者，政府首先应该提供充足的教育资源，以确保教育事业的优先发展。同时，政府应确保每个初中生享有公平接受高中教育的权利和机会，均衡教育资源的配置，而且还应更多地向农村高中学校倾斜，使农村高中教育得到充足的经费保障，使农村孩子公平地接受教育，并对教育改革和发展中利益受损的群体给予补偿。

## 四、对西部地区农村高中合理布局调整的思考

西部地区农村高中布局调整要结合本地实际情况，应采取多样化的教育公平实现策略。我国农村高中布局调整关键问题不仅仅是学校规模的无限扩大，而是要借鉴国内外对学校规模研究的普遍性结论，兼顾普及高中教育，慎重确定学校的办学规模。同时，要在规模效益与教育公平之间保持平衡，以解决好公平与效益之间的矛盾。

### （一）科学制定区域教育发展规划

西部地区高中布局调整一定要科学地进行区域教育发展规划，要

坚持因地制宜原则，树立超前性、合理性和效益性；要坚持面向未来，又要从实际出发；既要有近期目标，又有远期目标；处理好需求与可能、当前与长远的关系。为此，要深入调研当地社会、经济、教育等实际情况，充分考量本地区人口变动的情况、学生上学的距离、学校规模大小等因素，根据人口、地理、经济等因素，着眼长远，统筹规划，科学制定布局调整的总体规划和目标。处理好办学效益与教育公平之间的关系，坚持把扩大办学规模与兼顾学生就近入学结合起来；坚持把广大农民及其子女的根本利益与受教育权利放在第一位；坚持全局、发展、效益和质量的观点；坚持因地制宜、实事求是的原则，科学、合理、积极、稳妥地做好布局调整工作，以提高农村高中教育教学质量，有效促进城乡高中教育均衡发展，为以后普及高中教育打好基础。

在重视整体效益和资源优化的前提下，要兼顾农村偏远山区人口分散的特点，结合现有高中学校的条件和容量、城市建设规划、未来人口分布变迁的趋势等因素，制定未来高中校点分布规划，确定保留学校和新建学校规模及其改建、扩建、新建学校的分步建设实施方案。

### （二）加强农村高中标准化建设

高中标准化建设是普及高中教育的关键。因此，教育行政部门应把推进高中教育学校标准化建设放在首要位置，实行城乡统一的标准，以改变过去根据城乡的不同发展水平实行不同标准、分等级操作的办法，使同一地区的不同学校办学条件基本相等。农村高中布局调整最重要目的就是优化教育资源配置，提高办学效益和质量。要实现这一目标，首先要大力加强农村高中学校标准化建设。

农村高中布局调整不能仅仅采取简单地撤并、减缩农村高中学校，还应加强农村薄弱高中学校的建设。凡是被确定为定点学校但不符合办学条件标准的高中学校，政府应主导投资建设，达到标准要求。如进行师资配置、危房改造，使学校拥有整洁的校园、操场、图书室、体音美和实验器材、电脑和桌凳齐全的教室。除具备上述条件外，还应建设好卫生食堂、水冲厕所、学生宿舍、多媒体教室、远程教育系统等。因此，要将农村高中布局调整与薄弱学校建设结合起来。西部地区将农村薄弱高中全部撤并集中到县城，形成了巨型高中学校，其实质是一种将农村高中教育全部积聚到县城集中办学的策略，是一种以城市教育替代农村教育的做法。一般来说，薄弱高中学校基础设施、师资水平、教育质量等明显低于国家办学条件标准的最低要求，而且都是农村高中，因而薄弱高中影响了部分农民子女受教育的平等权，违背了基础教育的公平性、公共性和平等性的要求。如果要普及高中教育，首先必须改造和消除薄弱学校，促进城乡高中教育的均衡发展。目前，西部地区高中教育资源配置向县城示范性高中倾斜的情况比较严重，一些地方甚至把建设“巨型高中”作为地方政府的政绩工程。因此，政府应对城乡高中学校实行公平的财政政策，从根本上改变教育资源配置向名校、强校倾斜的不公平做法。

（本文刊于《教育科学研究》2011 年第 1 期）

# 探究性学习在义务教育阶段化学教学中的作用

马文霞
（宁夏师范学院 化学与化学工程学院）

**摘 要：**初中化学教学处于义务教育教学范畴，也是中学生的化学启蒙阶段。中学化学教学改革提出了开展探究性学习，这是提高中学生学习化学兴趣的有效方法，也是培养创新型人才的需要。本文就如何在义务教育阶段开展化学探究性学习以及如何平衡探究性学习与传统教学展开讨论。

**关键词：**义务教育；中学化学；探究性学习；传统教学

初中化学在义务教育阶段九年级才开始开课。义务教育背景下的九年级化学具有其独特的特点。首先，义务教育迫使许多老师采取保守的教学方式，仅满足于完成学校布置的工作任务。其次，化学涉及大量的物质的性质、实验现象等等，有“理科中的文科”之称。九年级面临着升学压力，许多教师向学生灌输“化学是理科中的文科”，让学生通过死记硬背的方式获取较高的成绩。再次，传统化学教学“填鸭式”的课堂教学，严重限制了学生创新性思维的培养，让九年级化学教学显得枯燥无味，严重打击学生学习化学的积极性。为了解决上述问题，新课程对化学教学提出了探究性学习这一要求。

## 一、探究性学习简介

探究性学习是学生在老师的诱导下，以学科中存在的某一问题为出发点，通过产生怀疑、提出问题——研究调查、提出解决问题方案——设计实验、验证方案的可行性——交流、讨论、总结等一系列探究学习的过程。传统化学教学是由教师讲授，学生听课为主，而探究性学习让这种学习方式发生彻底改变。化学探究性学习的核心是对化学学科中的某一问题提出质疑，并对问题提出种种猜测，通过学生主动思想的过程找出问题的答案。九年级化学是一个学生的化学启蒙教育，在探究性学习的过程中，有利于发挥学生的主动性，激发学生学习化学的积极性，培养学生的创新性思维。

## 二、如何开展化学探究性学习

首先，能否调动学生学习化学的自主性是开展化学探究性学习的关键，其中激发学生学习化学的浓厚兴趣无疑是调动其学习自主性的最有效途径。教师在教学过程中应该将学生的主动性放在第一位，注重培养学生学习相关课程的兴趣[①]。兴趣是最好的老师，它能化被动学习为主动学习，使枯燥无味变得生动有趣。九年级学生首次接触化学，对化学保持较高的新鲜感。如果教师能够合理地把握时机，将学生学习化学的新鲜感升华为兴趣，将成为学生学习化学的不竭动力。在学习化学知识点的过程中，利用生活中相关的实例来激发学生学习化学的兴趣。如在讲到醋酸这个知识点时，可以给学生布置如下家庭思考题：为什么煮排骨、炖骨头或烧鱼时最好要加点醋？原来，加点醋，可以将骨头里的钙、磷、铁等溶解在汤里面被人体吸收。通过生活中的实例，很容易激发学生自主思考的兴趣，开展探究性学习。其次，结合多媒体技术，有

①张大均.教学心理学[M].重庆：西南师范大学出版社，1997.

效开展化学探究性学习[①]。多媒体技术是开展化学探究性学习最有效的工具。与传统教学相比，多媒体教学具有无可比拟的直观性、趣味性，通过结合视频、图像、声音和文字等充分调动学生学习兴趣，从而提高学生自主学习的积极性。化学是一门实验性学科，许多知识点涉及了大量的实验。但是，实验演示过程繁琐费时，在教学过程中，许多教师往往因为课堂时间的限制，无法向学生一一演示实验；同时，有些实验较危险，不适合在课堂演示。教师可以通过网络资源下载大量相关知识点的视频，可通过多媒体技术在课堂上高效演示实验；同时，通过多媒体技术，对各个知识点进行设疑，设定探究性学习情境。

如在讲到初中化学燃烧与灭火时，可利用多媒体技术展开探究性学习。如可利用多媒体技术对燃烧和灭火这个知识点开展如下教学：

幻灯片1——燃烧的条件？让学生用自己的观点描述满足哪些条件时物质会燃烧。

幻灯片2——逐一给出燃烧的条件。通过总结学生对燃烧条件的描述，给出物质燃烧必须同时满足的三个条件。

幻灯片3——灭火的原理？让学生结合生活中的常识，讲述灭火的方法以及这些方法涉及的原理。

幻灯片4——逐一给出灭火的方法。通过对学生给出的灭火方法的肯定与修正，给出正确的灭火的方法。同时，在给出每个灭火方法的同时，向学生展示该方法对应的灭火过程的视频或动画，加深学生对燃烧与灭火这一知识点的印象。

通过上述激烈的讨论以及多媒体技术的辅助教学，使学生深刻理解并掌握燃烧和灭火这个知识点。

## 三、如何平衡探究性学习与传统教学

如前所述，探究性学习具有许多优点。但是，在目前中国教育的

---

①王俊义.中学化学探究性学习与现代信息技术整合策略研究[J].中国现代教学装备，2010，18：111-114.

背景下，在所有的化学课堂均开展探究性学习并不现实。探究性学习的主体是学生，因此需要在课堂上预留大量的时间供学生主动思想，对课堂教学进度提出了严峻的挑战。同时，九年级还面临着升学的压力，学校、教师以及家长三方都希望学生能够在升学考试中获得好成绩。探究性学习虽然能够培养学生良好的化学思维，但是在短时间内提高成绩方面不如传统教学方式。因此，探究性学习与传统教学方式之间存在着矛盾。如何平衡探究性学习与传统教学是义务教育阶段化学教学的难点之一。



笔者认为，在九年级化学教学中，要坚持传统教学与探究性学习两种教学方式并行，其中以传统教学为主，探究性学习为辅。在传统教学的过程中，教师要在适当的时候开展探究性学习。探究性学习适合于在九年级化学教学初始阶段以及具有较多难点和疑点的章节时开展。在九年级化学教学初始阶段开展探究性学习，目的是为了培养学生学习化学的兴趣，激发他们学习化学的自主性；而在难点和疑点较多的章节开展探究性学习，能够对难点和疑点进行深入的剖析，使学生牢固掌握难点、吃透难点，培养学生活跃的化学思维。可见，通过传统教学方式与探究性学习的有机结合，能够在保证教学效率的基础上，提高学生理解化学难点和疑点的能力，培养具有创新思维的学生。

## 四、如何在农村开展化学探究性学习

与城市中学相比，农村中学在实验设备以及教学硬件设施等方面存在着许多不足。许多农村学校甚至没有任何实验设备，更不用提各种多媒体教学设备。因此，如何在农村开展探究性学习困惑着许多农村教师。虽然农村中学的化学教学条件相对简陋，但笔者始终认为化学无处不在，只要肯花心思，可以因地制宜地开展许多简单、趣味的探究性学习，同样可以达到激发学生学习化学兴趣、提高化学教学质量的目的。

笔者以“蛋壳刻画”为例，展示一个简单的探究性学习的例子。

将鸡蛋洗净，擦干。将蜡烛加热熔化，用毛笔蘸取蜡液，在蛋壳上写字或绘画。蜡冷却凝固后，将鸡蛋浸入醋中，待其跟醋接触半小时以上，蛋壳表面出现较多气泡时，将鸡蛋取出，用清水洗净并晾干。在鸡蛋的两端各开一个小孔，将蛋清和蛋黄吹出。将鸡蛋壳上的蜡用小刀小心地刮除，并将鸡蛋壳在热水中浸一下，就能看到明显的字迹或花纹。蛋壳表面被腐蚀的部分很容易上色，而被蜡保护起来的部分较难着色，因此就实现了“鸡蛋刻画”。

总而言之，探究性学习具有传统教学无法比拟的优越性，但是目前还不能完全替代传统教学应用于初中化学教学。初中化学教师要因地制宜、适时地开展探究性学习，将探究性学习与传统教学有机地结合起来。

（本文刊于《中国科教导刊》2012 年第 29 期）

# 宁南地区幼儿园课程整合回族游艺的思考

张阿赛
（宁夏师范学院　教育科学学院）

**摘　要：**回族游艺作为回族文化的重要载体，具有重要的理论和实践价值，回族游艺与幼儿园课程的整合可以降低幼儿园课程资源开发的成本，丰富幼儿园课程资源，提升回族幼儿的民族归属感，增强不同民族幼儿对多元文化的认同感。但是宁南地区幼儿园存在课程内容的选择以汉文化为主，课程组织与实施方式单一，注重校内显性课程资源的开发与利用等诸多问题。因此，幼儿园课程应通过领域课程、单元主题课程、隐性课程和游戏活动等多种路径与回族游艺相整合，充分利用回族文化资源促进本地区幼儿的全面和谐发展，同时通过幼儿园课程继承并弘扬民族文化。

**关键词：**幼儿园课程；回族游艺；宁南地区

## 一、回族游艺及其价值

回族游艺具有强烈的艺术魅力和浓郁的回族特色，是中华民族的文化瑰宝，主要包括回族民间口头文学活动（如民间故事、民间歌谣“花儿”、说唱等）、民间歌舞活动（如回族民乐、歌舞等）和民间游戏活动（如：“木球”“打老牛”“小小掼牛手”“拔腰”“黑白棋”“踏脚”“狼吃娃”等）三方面。回族游艺是美的、生活的艺术，是回族人民综合智慧的体现，是需要挖掘、继承和弘扬的优秀文化。作为宁南少数民族地区的学前教育工作者，深入研究回族游艺的教育价值，挖掘其精髓，对其加工改造并与当地幼儿园课程整合，这将对宁南地区学前教育发展产生深远意义。

从理论向度来看：首先，有助于开启宁南地区学前教育发展特色化路径。宁南地区作为回族人民的主要分布区，被列为国家首批非物质文化遗产的宁夏回族“山花儿”、宁夏非物质文化遗产“方棋”和回族民间器乐等，主要流行于宁南一带，将回族游艺作为学前教育发展的特色化新路径，有利于提升宁南地区学前教育质量。第二，有利于推动多元化的幼儿园课程资源开发模式的建构，回族游艺应该成为宁南地区幼儿园课程资源的重要组成部分。

从实践向度来看：首先，有利于节约幼儿园课程资源开发成本，提升宁南地区学前教育的质量。我区学前教育三年行动计划已全面完成，入园率得到了提升，幼儿园教学质量的提升是我们面临的下个艰巨任务。因教育经费有限，宁南地区许多幼儿园无力购买大型娱乐玩教具，本土课程资源的开发是宁南地区学前教育课程资源开发的重要切入点。第二，有利于丰富幼儿园课程资源。回族游艺走进幼儿园课程有利于改变传统枯燥乏味的课程模式，保证幼儿园课程内容的趣味性、多样性、灵活性丰富幼儿学习的素材内容。第三，有利于促进幼儿的身心健康发展。回族游艺作为回族民俗文化的有机组成部分，具有与其整体文化相适应的自主、和谐、自然的特征，以其独特魅力吸引着广大幼儿。第四，有利于回族游艺在幼儿园教育中的传承与创新，增强回族幼儿的民族认同感和自豪感，促进不同民族间的理解与尊重。第五，有利于整合家长资源，改善亲子关系。回族游艺传承了几千年，幼儿熟悉回族游艺，可以唤起父母对童年的回忆，利于家庭成员一起参与到各项活动中。

## 二、宁南地区幼儿园课程存在的问题

### （一）课程内容的选择以汉文化为主，回族文化渐行渐远

“生活教育”“教育回归生活”“教育生活化”等口号相继提出，幼儿园课程应该是幼儿正在经历的现实生活，因此必须选择真实性的内容。长期以来，宁南地区幼儿园课程重视对普适性内容的选择，脱离了回族的现实生活。例如：从幼儿园环境到班级环境创设，没有任何回族特色；教学活动内容的设计以书本内容为主，而且教材选择单一化，多数幼儿园没有园本教材；课程内容的选择忽视幼儿的真实生活，缺乏现实感等。

### （二）课程组织与实施方式单一，幼儿园课程缺乏独特性

从幼儿园课程组织与实施方式看，一个基本的原则就是整体性，根据此原则我们不能把幼儿园课程组织和实施看做是集体教学活动的设计与实施，应该是集体活动、小组活动、个别活动、生活活动、游戏等有机整合。我们最终的目的是促进幼儿身心全面健康和谐发展，课程内容的选择、组织和实施应该把握住整体性。宁南地区很多幼儿园仍然沿袭着集体教学活动为主、教师是权威角色的传统，尤其是组织实施中很少融合回族游戏，区角材料的投放回族艺术材料更是凤毛麟角。幼儿园课程缺乏独特性，课程未反映本地区幼儿、教师、物质资源、文化等要素。

### （三）注重校内显性课程资源的开发与利用，忽视园外课程资源和园内隐性课程资源的开发与利用

构建幼儿园课程资源开发与利用的多元化模式是重要发展趋势。校内课程资源和校外课程资源，自然课程资源和社会课程资源，显性课程资源和隐性课程资源，文字、实物、活动和信息化等资源的开发都不能忽视。而宁南地区幼儿园在课程资源开发方面更注重园内物质资源（如大型玩教具、多媒体设备、建筑等）的开发，忽视园外课程资源尤其是回族游艺的开发；幼儿园文化资源开发侧重于物质文化资源（如书籍、光盘、网络资源等），忽视民族文化资源（如“花儿”“方棋”等）的

开发；幼儿园人力资源开发侧重于园内幼儿教师的职后培训、继续教育等，忽视园外人力资源（如家长、社区人员、阿訇等）的开发，忽视园内回族幼儿教师回族游艺资源开发能力的挖掘。

## 三、幼儿园课程与回族游艺的整合路径

我国各地区的幼儿教育实践表明，对幼儿进行民族文化艺术的熏陶是必要的也是可行的①。但回族游艺进入幼儿园课程不是片面的照搬，作为学前教育工作者应该以一种全新的视角，对回族游艺进行再设计，探寻两者整合的实践路径，使其成为幼儿园课程的有机组成部分。幼儿园教育必须从知识与技能、过程与方法、情感态度与价值观等多方面对幼儿进行综合教育，因此回族游艺必须与幼儿园课程教育活动全面地有机融合。

### （一）领域课程：整合幼儿园课程与回族游艺的基本路径

五大领域课程设计既要具有时代性，又要体现民族性和个性化，实现传统与现代的整合。回族游艺是回族文化的重要载体，它承载着先人的智慧，具有浓郁的生活气息。幼儿园课程的特性与回族游艺的趣味性、生活性和综合性是一致的。

首先，语言领域课程设计可以将回族民间故事（如神话、传说、故事、笑话等）加以改编。通过世代相传的方式，回族人民尤其是回族老人在农闲时将回族历史、政治、宗教和日常生活中的人和事，艺术地表达出来。幼儿教师可以将回族民间故事筛选和改编，作为幼儿园语言活动的内容，如“回汉自古是亲戚”的故事，在促进幼儿语言能力发展的同时，还有利于促进不同民族幼儿之间的相互尊重和理解。其次，艺术领域课程设计可以将回族民间歌谣（如“花儿”又名“少年”）、回族民间说唱（如回族的宴席曲）加以改编，并将回族民乐乐器（如口弦、牛头埙俗称“哇呜”或“泥萧”等）作为重要艺术素材进行开发与

---

①虞永平.文化、民间艺术与幼儿园课程[J].幼儿园教改，2004，(1)：32.

应用。第三，回族游艺中一些传统的民间体育游戏（“木球”“打老牛”“小小掼牛手”“掰手腕”“拔腰”“黑白棋”“踏脚”“狼吃娃”等）对幼儿的健康发展有重要意义。第四，科学领域活动设计可以因地制宜，就地取材，在回族人民的日常生活中挖掘资源。第五，社会领域活动设计，引导幼儿感受回族民间艺术和伟大人物精神事迹，萌发爱家乡爱民族的情感。



**（二）单元主题课程：整合幼儿园课程与回族游艺的核心路径**

单元主题课程围绕一个主题打破学科界限将各领域学习内容有机整合，引导幼儿围绕中心主题学习，进而获得较完整的经验。单元主题课程作为当代幼儿园整合课程的主要形态，其重要性不言而喻。我们把回族游艺与幼儿园课程，采用主题形式，以回族游艺某一种类的内容为切入点，幼儿教师在考虑幼儿兴趣、需要和已有经验的基础上，依据目标导向，精心设计主题活动网供幼儿选择，并在实施过程中生成新的分主题，促进幼儿全面发展。

单元主题活动不仅能集中展现回族游艺的价值魅力，而且还能将各领域内容有机整合，促进幼儿全面和谐发展。例如有回族游艺生成系列主题活动“花儿”。“花儿”是回族人民所喜爱的民歌，具有浓郁的回族特色和强烈的艺术魅力，可以生成分主题“我唱花儿”。回民是“花儿”的主要唱家，汉族人民也喜爱这种山歌，在此基础上生成分主题“回汉一家乐”。回族“花儿”的题材包括天文、地理、山川、草木、人物、民俗等等，内容极为丰富，主要有爱情“花儿”、农事“花儿”、时政“花儿”、生活“花儿”、仪式“花儿”、劳动“花儿”等，真实地反映回族人民生活，可以生成系列分主题活动。

**（三）隐性课程：整合幼儿园课程与回族游艺的隐性路径**

《纲要》中明确指出“环境是重要的教育资源，应通过环境的创设和利用，有效促进幼儿发展”。利用回族文化资源创设幼儿园物质和精神环境，构建多元文化教育环境，以达到“润物细无声”的教育效果。幼儿园要营造好回族风格的大环境，班级创设好班级小环境，在反映主流的现代化文化的同时，还要融入回族文化元素。引导孩子形成多元文化视野，给予每位孩子文化选择的机会，促进不同民族幼儿对文化多元化的认同。

《纲要》中强调幼儿园一日生活都是课程，回族游艺应该作为一种隐性课程融入到幼儿一日生活中，而不是一种孤立的课程活动。一方面，可以将回族游艺渗透于幼儿园一日活动之中。如入园时、盥洗时、饭前饭后、课间、离园前等都是渗透回族游艺的好时机。幼儿教师可以选择朗朗上口的回族童谣或不受时间场地限制的民间游戏贯穿于幼儿园一日生活中。另一方面，我们应树立“大教育”的观念，发挥幼儿园、家庭和社会生活的合力，保证回族文化教育的连续性和一致性。

**（四）游戏活动：整合幼儿园课程与回族游艺的必备路径**

《纲要》中明确规定：“幼儿园以游戏为基本活动”，游戏也是幼儿最喜欢的活动，游戏是幼儿的重要生活。采用游戏活动的方式将幼儿园课程与回族游艺整合，把回族游艺转化为幼儿可操作的内容，能收到事半功倍的效果。

拓展回族游艺有多种游戏活动平台。首先，可以将回族游艺的游戏材料投放到区角中，供幼儿自由选择。如在益智区设置“方棋”，音乐表演区投放口弦、牛头埙等民乐乐器等。其次，在早操活动中增加回族体育游戏，回族体育游戏有走、爬、跳、跑等各种动作练习，有利于训练幼儿的运动技能技巧。第三，亲子游戏是幼儿园宝贵的教育资源，亲子游戏中融合回族民间游戏活动，可以唤起父母儿时的回忆，大大提高家长参与的积极性。

回族文化是中华民族文化中的瑰宝，回族游艺作为回族文化的重要载体，将其与幼儿园课程相整合，培养民族地区幼儿对民族文化的归属感，培养不同民族幼儿对多元文化的认同感是我们每一位学前教育工作者义不容辞的责任。

# 师资队伍建设研究

# 印度义务教育师资队伍建设对中国的启示

薛正斌

（宁夏师范学院　师范教育研究中心）

**摘　要：**中国和印度国情有很多相似之处，都曾经是古代文明古国，都是人口大国，属于发展中国家。中印在农村基础教育方面也存在着很多相似的问题，义务教育区域和结构的不平衡发展，特别是地区、城市与农村学校之间的师资配置差距较大。为此，印度政府采取了一系列教师队伍建设政策和措施，有效地促进了义务教育的均衡发展，对解决我国义务教育地区、城乡学校师资的不均衡发展有一定的借鉴和参考价值。

**关键词：**印度；义务教育；师资建设；启示

## 一、印度义务教育师资建设存在的问题

首先，印度幅员辽阔，人口众多，各地区经济、社会、自然地理、文化发展水平、宗教传统、生活方式、语言习惯以及人口分布状况都存在很大差异，对实施义务教育的影响很大。其次，印度义务教育的行政和财政基本上由各邦负责，90%以上的经费来自各邦政府，但各邦的经济发展水平、对义务教育的重视程度、教育经费的内部分配比例以及财政支出的能力都有一定的差距，因而对各邦各地区义务教育的发展

有一定的影响。再次，印度农村地区的经济发展程度、文化传统以及人们对教育的认识程度远远落后于城市，导致了义务教育城乡的不均衡发展。[①]因此，印度义务教育的普及程度在各地区之间极不平衡，特别是城乡学校之间的师资配置。一般来说，印度农村地区环境恶劣、教师待遇低、基础设施和社会服务设施落后，很难吸引到优秀教师。尽管印度各地中小学教师工资收入较高，约为全国人均收入的一倍。但因农村地区工作和生活条件远比城市艰苦，加之调任工作中裙带关系等不正之风的干扰，因而教师难以派往农村，派去的教师也难以留住，致使农村地区教师严重短缺，极大地影响了义务教育的普及。

在印度义务教育教师队伍中，女教师的比例较小，很多学校全是男教师，女教师严重匮乏。因而平衡男女教师的比例是印度义务教育的一个重要问题。在印度初等教育计划中，招募女教师作为一项重要策略。印度原本在性别上就存在很大的不平等，因此，对女教师也存在传统偏见。在偏远农村地区，女教师的改善对于提高女童的教育质量非常重要。由于印度社会传统文化的影响，很多社区的家长也不愿意将女孩送到没有女教师的学校就读。

## 二、印度义务教育师资队伍建设的政策与措施

针对义务教育阶段教师队伍建设存在的问题，为了较好地解决教师的社会地位问题，充分调动其工作积极性，1983年2月，印度政府任命了两个全国教师委员会，即中小学教师委员会和高等教育教师委员会。1985年，全国教师委员会对提高教师社会地位、经济待遇提出了更进一步的要求。尤其针对边远地区义务教育师资短缺问题，出台了一系列优惠政策和鼓励措施。同年，印度全国教师委员会的报告十分重视边远地区的师资问题，并为这些地区普及义务教育的顺利进行提供了师资保障。1986年国家教育政策规定：“教师的地位反映了一个社会的文化精

①刘志博.印度义务教育存在的问题及其对我国的启示[J].黑龙江教育学院学报，2007，(5).

神，可以说没有谁能凌驾于教师之上。”[①]该文件充分肯定了教师的社会地位，要求加强边远地区师资的建设。

**（一）从当地选拔教师以稳定教师队伍**

由于农村地区生活条件艰苦、交通不便、报酬较低等原因，许多教师不愿意到农村学校教书。因此，印度全国教师委员会报告中对中小学阶段的教师队伍建设第26条规定：“在农村和部落地区招聘教师，应尽量选择本地人，并在必要时，放宽合格教师的要求。”[②]近年来，印度农村开始招聘离学校较近的当地教师，取消了教师认证的一些苛刻标准，使更多的教师到偏远农村学校任教，并能留住他们。

**（二）努力发展女教师队伍数量**

为了解决边远地区义务教育师资短缺问题，尤其学校缺少女教师的问题，印度全国教师委员会报告中对中小学阶段的教师队伍建设第12条规定：“为了克服农村地区教师尤其是女教师短缺的问题，有必要在这些地区兴建各种住宅区，并提供各种特殊津贴、奖学金或其他鼓励措施。”[③]1986年，印度《国家教育政策》又发布了一些建议，这些建议给予女教师一些优先权，并力图消除男女教师之间的不平衡现象。实现这些目标需要克服一些实际的困难，如女教师很难去偏远学校工作，她们更愿意在城市或附近的社区学校任教，这样也便于她们在学校之间进行交换。

**（三）提高教师工资待遇**

印度全国教师委员会报告中对中小学教师队伍建设提议第8、9条强调：职业津贴、家庭福利措施、医疗卫生设施、退休津贴等都应便利于教师，最终目标实现全国统一的教师工资级别。目前，印度中小学教师的报酬达到了同等学力公务员的水平。印度也属于发展中国家，国民生产总值较低，但印度中小学教师的工资待遇却比较高。根据世界银行统

---

①顾明，远梁忠.义世界教育大系 印度教育[M].长春：吉林教育出版社，2000，12：262.

②③瞿葆奎.教育学文集：印度、埃及、巴西教育[M].北京：人民教育出版社，1991：388、387、386.

计，中国目前的国民生产总值是印度的两倍，但印度中小学教师的收入却是中国中小学教师的两倍。[①]

印度中小学教师月基本工资情况是：新教师月基本工资为4500卢比，以后每年月薪自动增加125卢比，最高月薪到7000卢比为止。老教师月基本工资为5000卢比，以后每年月薪自动增加150卢比，最高月薪到8000卢比为止。印度国立中小学教师津贴主要有以下几项：①每年多发一个月的工资作为奖金。②物价补贴为基本工资的22%。③城市补贴和房租补贴：根据城市的大小，基本工资的高低，城市补贴每月25—300卢比不等；房租补贴每月发基本工资的5%—30%。④交通补贴，根据城市大小、基本工资的高低，每月发75—800卢比。⑤小孩教育补贴：每个小孩每月可获得100卢比教育补贴，300卢比的学校公寓补贴。另外，每月还可给读不同年级的学生报销40—100卢比的学费。⑥恶劣气候补贴、恶劣环境补贴、表列部落地区补贴等根据工资的高低，每月补助40—200卢比。⑦偏远地区补贴每月40—1300卢比。[②]

中小学教师可以享受如下福利待遇：带薪休假退休前累计300天；产假母亲135天，父亲15天；每四年三次探亲假；休假旅游乘飞机、乘船、乘火车和乘长途公共汽车有优惠；根据工资的高低，每月缴纳15—150卢比，生病住院时免费用餐和治疗；50个月基本工资总额的低息建房贷款25—75万卢比；18个月基本工资总额的购车贷款18万卢比；其他还有摩托车贷款、计算机贷款、节假日贷款、自然灾害贷款等。退休年龄延长到62岁。[③]由此可见，印度政府为发展义务教育阶段的师资队伍，通过提高教师的社会地位，尤其在教师工资待遇方面的力度很大，值得我们借鉴和学习。

另外，印度从当地就近选拔教师政策和措施起到了稳定教师队伍的作用，但由此也引发了一些问题。如从地方就近选用教师，没有按照国家教育政策规定进行严格的选拔考试或是职前与在职培训，不少农村教

---

①瞿葆奎.教育学文集：印度、埃及、巴西教育［M］.北京：人民教育出版社，1991：388、387、386.

②③杨洪.印度教师的地位［J］.贵州教育学院学报（社会科学），2002，（5）.

师都是从受过中等或稍高于中等教育的男女青年中选拔，因而教师自身素质较低，难以保证教学质量。[①]

## 三、印度义务教育师资政策措施对中国的启示



改革开放以来，我国义务教育师资建设取得了很大成就，但在农村，特别是偏远贫困农村地区，教师队伍教师建设还存在很多问题，如教师短缺、教师年龄偏大、教师结构不合理、地区和城乡师资配置不均衡等，严重影响着义务教育的实施。王嘉毅和梁永平教授对西北地区6个国家级贫困县农村基础教育发展现状的调研发现：6个贫困县中只有天祝的师生比为1：12.71，其他5个县的师生比都远远高于全国师生比的平均水平1：21.04，如秦安师生比为1：30.69，通渭是1：27.41，东乡为1：26.32，会宁是1：25.67，静宁为1：24.12。而且不同类型学校的情况也不相同，乡中心小学为1：24，村小为1：27，教学点是1：23，都高于国家规定的农村小学师生比1：23的比例。完全初中1：20，不完全初中是1：23，高于国家规定的1：18的师生比例。同时，这些教师的学历达标也很低，其中还有0.1%（8名）的教师只有小学学历，初中学历 3.0%（295名），高中学历2311%（2236名），中师4315%（2671名），大专学历2716%（170名），本科学历118%（9686名）。目前，仍有15.50%为代课教师，其中东乡县的代课教师达到31.90%，会宁达到33.50%。[②]因此，我国偏远贫困地区义务教育阶段师资存在的问题还很多。根据统计资料，我国目前约有1000万中小学教师，其中80%在农村地区任教。如何解决农村教师流动问题直接关系到我国基础教育的质量和水平。因而教师资源的均衡发展是教育均衡发展的基础与前提，没有城乡师资的均衡发展，就不可能有城乡基础教育的均衡发展。所以，国家应采取强有力的教师政策和措施进行干预，以普及和提高义务教育的

①谷峪，印度农村基础教育述评［J］.外国教育研究，2004，（3）.

②王嘉毅，梁永平.西北贫困地区农村基础教育发展现状调查与政策建议［J］.北京大学教育评论，2007，（2）：147-156.

质量，从而提高公民的整体素质。为此，应做好如下几方面的工作。

**（一）从当地选拔优秀教师以稳定教师队伍**

在我国偏远山区的农村小学，特别是教学点，几乎没有正式编制教师，一般都是聘用本村的农民或刚毕业的师范生，虽然教学点的学生数量不多，但学生的年龄却不等，需要分班教学，而聘用的代课教师只有1—2名，因而工作量很大，但工资却很低，平均在300元左右。一些年轻的师范生教上一段时间，觉得没有转正的可能和机会，对教师前途渺茫，就外出打工了。因此，教师队伍很不稳定，严重影响了山村小学的教学质量。在一些偏远山区的民族地区，如果能够给当地教学点比较优秀的年轻教师有转为正式编制教师的机会，保障他们的工资待遇，比起从外面派遣教师更切合实际。首先，他们了解当地的民族风俗习惯，容易和当地的农民、孩子打成一片，而且他们都是年轻人，接受过正规的师范教育，能够胜任小学低年级段的教学工作。

**（二）进一步加大和完善我国免费师范生教育**

为了解决我国中西部地区，尤其是西部偏远地区义务教育阶段教师数量不足、教师专业结构不合理、教师年龄结构失衡等问题。在温家宝总理的倡导下，2007年的"两会"提出在6所教育部直属师范大学建立免费的师范生制度。5月14日，国务院办公厅正式发布《教育部直属师范大学师范生免费教育实施办法（试行）》。这一政策有利于西部农村贫困家庭的优秀学生有机会进入大学学习。如果这些免费师范生毕业之后能进入并长期从事西部农村的义务教育工作，这样将会提高西部基层教师素质，从而提高义务教育的质量，为社会培养更多的有用人才，以推动西部地区社会经济的全面发展。

免费师范生是以政府购买教师教育服务的方式来调控教师资源的配置，即政府为师范生提供培养费用及其他待遇，要求其毕业后在指定地区规定时间内从事教育服务，以解决偏远农村学校师资短缺、教师队伍流失等问题。因此，应进一步加大对免费师范生的培养。

**（三）加快农村教师入职与退出制度改革**

在我国中西部地区的农村中小学，特别是偏远农村教学点，学校教师严重不足、知识结构老化等问题，而本地毕业的师范生却找不到工作。大多数50岁以上的老教师缺乏教书的热情，他们的教法、知识结构都已陈旧，跟不上新课改的要求。而一些农村考出去的师范毕业生毕业后想回家乡教书，因为没有教师编制而拒之门外，造成了教师人力资源的浪费。因而现行的农村教师人事制度严重地制约了农村基础教育质量的提升，而且越是贫困地区，这一现象表现得越突出。因此，地方政府部门应放宽教育行政部门的权限，实行教师用人制度、校长任期制，引入竞争机制，使农村教师队伍的进入与流出渠道畅通，让那些不愿教书的教师离开教师岗位，让那些有志从事教育事业的师范毕业生补充到教师队伍中来，以提高教师队伍的整体素质。



**（四）提高农村教师工资待遇**

虽然我国部分地区中小学教师的收入很高，但就全国而言，教师的收入总体水平是偏低的，特别是农村教师。如果教师的经济收入不足以维持较体面的生活，很难确保优秀毕业生到农村地区学校任教。因此，提高教师职业吸引力和教师质量的关键是改善教师的工资待遇。国家和地方政府要制定教师优惠政策，提高农村地区、边远和贫困地区中小学教师的津贴、补贴；建立农村中小学教师医疗保险制度和住房补贴制度；改变农村中小学的办学条件，特别是农村教师住房问题，“安居”才能“乐业”，以解除农村教师的后顾之忧，教师才能安心在农村学校工作，防止教师流失，对于稳定农村教师队伍具有十分重要的意义。

**（五）延长“支教”年限**

为了缓解农村中小学教师短缺问题，近年来，国家实行“支教”政策。目前，偏远农村中小学都有支教老师，他们大都是学校的骨干力量。但支教时间只有2年，很多支教的教师对自己的现有工作很担心和不安，随时准备参加特岗或其他就业方面的招聘考试，想有一个稳定的工作。根据对支教教师的访谈，很多师范毕业生愿意在农村中小学教书。因此，可根据支教教师的业绩、工作表现、意愿等因素，延长其支教时间，改变支教两年的短期行为，以保证偏远农村地区教师队伍的稳定，解决贫困地区教师队伍年龄老化和断层问题，使农村孩子有一个相对稳定的学习环境。

（本文刊于《外国中小学教育》2011 年第 1 期）

# 少数民族地区幼儿教师专业发展现状调查与分析

## ——以宁夏回族自治区南部山区14所幼儿园为例

邱芳婷
（宁夏师范学院　教育科学学院）

**摘　要：**本研究采用问卷、访谈相结合的方法，选取宁夏回族自治区南部山区的 14 所幼儿园，对少数民族地区幼儿教师专业发展问题进行了调查。结果显示，幼儿教师专业发展起点偏低、专业意识不强、教育理念缺乏、教师反思缺乏深度和广度、专业发展需求强烈教师培训却不能满足其需求。针对这些问题，本研究提出了相应的建议和对策。

**关键词：**少数民族地区；幼儿教师专业发展；对策

## 一、问题的提出

正如从事过多年学前教育管理和科研工作者白爱宝所说：“幼儿教育是一个系统工程，既要有足够的幼儿园，又要有高质量的师资”。幼儿教师专业发展不仅影响到幼儿教师队伍的建设，也直接影响到幼儿教育质量的高低。为确保幼儿教育的质量与水平，必须重视幼儿教师的专业发展。然而，目前我国中西部地区的幼儿教师专业发展进程相当迟缓和艰巨。本文以宁夏回族自治区的南部山区为例，通过对部分幼儿教师进行调查和访谈，试图揭示少数民族地区幼儿教师专业发展现状，发现问题并提出建议性对策。



## 二、研究方法与过程

### （一）研究对象

本研究采用目的性抽样法，样本选择覆盖宁夏回族自治区南部山区，根据幼儿园的性质，分为公办幼儿园、民建公办幼儿园和民办幼儿园；从办园层次上分自治区级示范园、市级幼儿园、县级幼儿园、乡级幼儿园、镇中心幼儿园和村级幼儿园；从地域分城市和农村等，根据以上样本选择的原则，最终选取14所幼儿园为研究对象。

### （二）研究工具

本研究的工具包括研究者自编问卷和访谈提纲。自编问卷从幼儿教师的专业发展起点、专业意识、教学反思、专业发展需要和教师培训五个维度对少数民族地区幼儿教师的专业发展现状进行全面的调查了解。本研究共发放问卷276份，回收有效问卷271份，回收率为98.2%。访谈提纲围绕问卷的五个维度，共设计6道题，主要深入了解少数民族地区幼儿教师的专业发展现状。①

### （三）研究方法

主要采用问卷调查法和访谈法，根据问卷调查结果进行统计分析，同时选择部分教师进行深度访谈，旨在进一步了解教师专业发展现状，对问卷收集到的资料进行补充，以便研究者做出更贴近现实的描述和分析。

①谢秀莲.西北地区农村民办幼儿园教师队伍现状调查与分析［J］.学前教育研究，2007（11）：44—47.

## 三、结果分析

### （一）幼儿教师专业发展起点偏低

幼儿教师共有271名（女性 267名），从学历状况来看：初中2名，高中18名，中师23名，专科122名，本科106名，84.1%的教师学历都在专科以上，但是大部分教师学历都是二次学历。从专业对口程度来看，入职前是学前教育专业的133名，不是学前教育专业的138名，专业对口率仅为 49%。而且统计发现年龄在30岁以上的达到了46.5%，特别是40岁以上的有14.8%，这表明这一群体的教师有明显的老龄化现象。在随后的访谈中发现，有相当一部分教师是小学转岗教师。任课教师专业对口率偏低、老龄化现象严重和小学转岗教师的不适应问题都会影响到幼儿教师的专业发展，也会直接影响幼儿教育质量。

### （二）幼儿教师专业意识不强，教育理念缺乏

"幼儿园教师专业成长的首要条件是教师对幼儿教育及自身专业发展有着深入理解。但实际上很多幼儿园教师认识不到自身职业的专业性。"[①]如表1，幼师们一天中最关注的问题："幼儿都能平安回家"高达87%，而"发展幼儿的情感、态度和能力"只占到71.2%，在"顺利完成教学任务"和"帮助幼儿纠正出现的问题"之后，甚至有31.4%的幼师关注"园长、同事和家长的评价"。

**表1　幼师专业意识调查表**

| 问题选项（多选） | 所占比例 |
| --- | --- |
| 您一天中最关注的问题： | |
| A.　顺利完成教学任务 | 72.3% |
| B.　幼儿都能平安到家 | 87% |
| C.　帮助幼儿纠正出现的问题 | 77.5% |
| D.　用新的教学方法、教具与活动材料 | 73.1% |
| E.　发展幼儿的情感、态度和能力 | 71.2 |
| F.　园长、同事和家长的评价 | 31.4% |

①胡金姣.对幼儿教师专业化发展的思考[J].学前教育研究，2009（8）：60—62.

进一步调查发现，幼师们教育理念缺乏，如在教育方法上，从教师们对待体罚的态度看，虽然“坚决反对，从不体罚”的占62.4%，但“反对体罚，偶尔采用”的幼师有26.9%，“是有效方法，有时采用”的有8.9%，甚至认为是“最有效的方法，经常采用”的也有1.8%。这反映出他们缺乏科学有效的幼儿教育与管理方法的知识。从访谈中发现，在教学内容的选择上，所有幼儿园用的教材都是统一版本，大部分教师表示教学都是以教材为中心的，很少考虑幼儿的兴趣和身心发展水平等因素。

**（三）幼儿教师反思缺乏深度和广度**

反思是促进幼师个体成长和专业成长的动力。从对幼师反思情况的调查来看，对教育教学活动“经常反思”的占所有人数的65.7%，“有时反思”的占28.4%，“偶尔反思”的占4.8%，“从不反思”的占1.1%。可以看出绝大多数幼师会进行教学反思。但进一步调查发现，大部分幼师反思的方式是“写反思日记”（64.2%）和“期末写总结”（13.6%），还有20.7%的幼师只是想想，不写下来，而写成论文的仅占1.5%，所以幼师们只是通过“自我反思”这一单一的方式进行反思，没有与同伴及专家研讨的“同伴反思”，反思也缺乏理论深度。在访谈中发现，幼师们反思视角的狭窄、工作任务的繁重使得他们反思的时间非常有限，同伴之间也缺少合作。

**（四）幼儿教师专业发展需求强烈**

从幼儿教师专业发展需求这个维度调查发现，对于“您认为自己职前所学的内容能否帮助您做好幼儿教学工作”问题，有75.3%的教师认为“能，但还需要继续学习，才能更好地适应”，20.3%的教师认为“不能，职前所学内容与实际教学所需关系不大”。而从表2可以看出，幼师们认为目前自己专业发展在很多方面需要提高，特别是有73.4%和66.8%的幼师认为最需要提高的是“管理儿童的知识、策略”和“新的教育理念”。在进一步的调查中发现，在教学之余，有62.4%的幼师会阅读有关幼儿教育的研究资料，从这些数据可以看出，不管是幼师们对职前所学知识的不满足，还是渴望从专业理念、专业知识、专业技能等多方面提升自己，抑或是会通过自己学习相关的理论知识。都显示出幼师们强烈的专业发展需求。

表2　幼师专业发展需求调查表

| 问题选项（多选） | 所占比例 |
| --- | --- |
| 您认为目前自己专业发展最需要提高的是： | |
| A.基本教学技能 | 56.1% |
| B.专业、文化知识 | 66.1% |
| C.现代教育技术手段 | 65.3% |
| D.管理儿童的知识、策略 | 73.4% |
| E.科研能力 | 39.9% |
| F.新的教育理念 | 66.8% |

### （五）幼儿教师培训不能满足其需求

笔者针对“幼师接受过的培训方式”进行调查，结果如表3所示，选择“参与式培训”“听课、评课活动”和“集体教研”的教师在所有被调查教师们占比较高，分别是66.1%、61.6%和56.5%，选择“师傅帮带徒弟”和“外出参观学习”的教师比例只有31%和19.9%。这一结果说明，绝大部分教师接受的培训方式都是在园内完成的，缺乏课改专家的专业引领和同伴互助。

表3　幼师参加培训形式的调查表

| 问题选项（多选） | 所占比例 |
| --- | --- |
| 您接受过下面哪些形式的培训： | |
| A.集体教研 | 56.5% |
| B.参与式培训 | 66.1% |
| C.外出参观学习 | 19.9% |
| D.师傅帮带徒弟 | 31% |
| E.听课、评课活动 | 61.6% |

通过进一步访谈了解到，幼师们普遍认为所参加的培训效果不理

想，主要原因体现在培训缺乏专家指导、培训形式简单、培训次数少等方面，即使一些参加外面专业培训的教师们，也反映虽然培训时认为很有道理，但回来后还是按部就班，也不知道怎么去运用学习到的新理念和新技能。特别是在一些乡镇级幼儿园和村级幼儿园的教师们，由于园内经费有限、幼师短缺，一方面没有机会外出培训，另一方面由于自身的非专业性限制她们没有办法进行园内培训，因此在这一类幼儿园教师的专业发展几乎止步不前。



## 三、建议与对策

### （一）扬长避短，弥补幼师专业发展的低起点

针对幼师专业发展起点低的不同情况，扬长避短。首先，对于学前专业出身的教师来说，一部分是中师学历毕业的年龄较大的教师，这些老师求学期间以技能、技巧的训练为主，具有较高的艺术修养和丰富的实践经验，但欠缺学科知识和专业知识，专业素养不足。对他们重在提高他们的理论修养，转变观念，在教学内容和方法上不断创新，同时发挥他们的专长，给其他教师做示范。另一部分是新入园的学历层次较高，也有较新的学前教育理论和专业知识，并且有活力，但缺乏实践经验，对她们重在保护她们的积极性，采用“导师制”，使其尽快适应。

其次，对于非学前专业出身的教师来说，其中的大部分教师都是从小学转岗过来的，她们年龄较大，且职称一般都已是小教高级。这部分教师有丰富的小学教学经验，但是她们较难适应幼儿园的工作，也因为年龄和职称问题可能得过且过。一方面，派送外出参加区级或县级的学前教育理念的集中培训，让她们尽快了解小学生和幼儿的身心特点的差异，也了解小学教学和幼儿园教学、活动的差异，先适应幼儿园的工作。另一方面，可以在园内抽出部分有学前专业知识、技能和艺术修养的教师，每天抽出一定的时间进行长期的指导。尽可能把她们的优点发挥出来，融入幼儿园的工作。同时，我国《国家中长期教育改革和发展规划纲要（2010—2020年）》明确指出，要“建立统一的中小学教师职

务（职称）系列，在中小学设置正高级教师职务（职称）”，可以以此为契机激发小学转岗教师们的专业发展意愿。

### （二）“读懂”孩子，强化幼师的专业意识

“幼儿教师的直接教育对象是3～6岁不能自立、不成熟的学前儿童。对于低幼教育对象来说，由于他们处在由自然人向社会人转化的过程中，育人就是第一选择。因此，幼儿教师的专业性主要由幼儿的身心特征决定。”[①]也就是说，幼儿教师要获得专业成长就要认识到幼教工作的重要意义，更要认识到教育对象的特殊性，这种特殊性要求幼师能读懂孩子的语言，尊重孩子的情感，熟悉孩子的个性，看到孩子的差异和优势，给予他们最适合的生长环境和个性化教育。运用孩子们感兴趣、能接受并真正需要的方式和内容，促进幼儿的身心成长。幼师自身也在为了“读懂”孩子，不停地学习幼儿年龄特点、身心发展特点，促进孩子们成长的进程中，越来越深刻地认识和理解自己的专业。

### （三）合作互助，深化幼师的教学反思活动

反思是教师对自己日常的教育教学活动进行分析和修正，并不断促进自我提升的过程。“美国著名心理学家波斯纳在 1989 年也曾提出教师成长的公式：成长＝经验＋反思。”[②]但反思不能只停留在思想层面，也不仅局限于个体自身。因此，一方面，幼儿园可以定期组织教师学习专业理论知识，让幼师们开阔思路，自觉地反思日常的教育教学活动，并使其上升到理论层面，而且这种学习也为幼师们的合作提供了条件，有助于她们形成自觉、主动的反思意识。另一方面，要加强同伴之间的交流，进行共同反思。[③]俗话说：当局者迷。同事之间不但可以客观地看待对方的教育教学活动，也可以启发个体进一步反思自己的教育教学活动。最后，因为幼师工作的特殊性，必须为幼师的反思留出充足

---

①陈立秋.幼儿教师专业性：问题与思考［J］.教育导刊，2011（10）：13—17.

②Poner.G.J，Fied. Experience，Methods of Reflective Teaching.New York：Longman，1989：22

③陈妍等.“反思”对幼儿教师专业成长作用的个案研究［J］.学前教育研究，2010（2）：37—40.

的时间。

**（四）立足园本，满足幼师的专业发展需求**

在调查中发现，38%的幼师认为幼儿园教师数量短缺，15.6%的幼师认为非常紧缺。因为幼师每天必须和幼儿一直在一起的这种特殊性，再加上，我所调查地区的大部分幼儿园缺乏经费，这一切都使得幼师出外培训很困难。但是从前面的数据我们也可以看到，不但有很多非专业出身的幼师需要学习新的教育理念、专业知识和专业技能等方面的知识，专业出身的很多幼师也感到职前所学的知识、技能根本不能满足自身专业发展的需要。为了幼儿园的发展，为了幼师的发展，基于幼儿园，在幼儿园中开展园本培训和园本教研不失为一种幼师专业发展的有效方式。首先，在内容上，以乡土文化为依托，充分利用当地的各种资源，开展具有本地特色的园本教研。[①]其次，在方法上，根据幼师年龄、经验、专业技能和个性等方面的差异。分层次地满足不同教师的专业发展需要。[②]最后，在制度上，制订和完善促进教师专业发展的激励机制、评价机制等相关制度，以确保幼师专业发展的正当性和合理性。

**（五）打破界限，促进所有幼师的专业发展**

整个地区幼师的培训都存在外出培训费用昂贵、培训形式单一、培训效果较低等问题。但我们在解决这些共同问题的时候，必须考虑到幼儿园在办园性质、级别和地域方面的差异。另一方面，每个幼儿园的教师专业发展都不能是封闭性的自我完成，而应该寻求和借助外界各种力量的支持和合作。这又需要打破性质、级别和地域等限制，互相帮助，共同提高。

首先，针对市区幼儿园，可以和本地的高师院校学前教育专业建立合作关系，并且成为“教师专业发展幼儿园”，这样可以互惠三方：第一，高校学前专业教师可以进入幼儿园，既现场指导幼儿教师，又可以使得自己的教学、科研理论紧密联系实践。第二，幼儿教师可以进入高

---

①葛淑燕，于国海.乡土文化视阈下农村幼儿教师的专业成长［J］.教育导刊，2011（10）：17—19.

②赵凌华.园本培训，促进教师专业化发展［J］.上海教育科研，2006（6）：55—56.

校课堂，既学习到新的教育理念和专业的知识、技能，又可以为高师学前理论教学提供实践经验。第三，学前专业的师范生可以进入幼儿园进行见习和实习，既可以在实践中运用所学理论知识，还可以明确自己所欠缺的，当然还可以和幼师们探讨学习。同时，市区幼儿园还须义务承担临近幼儿园教师们的培训任务，特别是民办幼儿园。

其次，对于县级幼儿园，一方面可以和上一级的幼儿园相互交流、观摩和切磋，另一方面，需义务承担乡镇级、村级幼儿园的教师专业发展培训任务，对于一些条件很差的地区，应该一对一帮扶。

最后，对于条件较差的乡镇级幼儿园，特别是村级幼儿园，一方面尽可能让幼师抽出时间参加县级或更高一级幼儿园的培训，更重要的是要加强选用本园资源和本地资源开展园本培训。

从而形成“专家引领——互助帮扶——立足园本”式的培训机制，促进所有幼师的专业发展。

（本文刊于《幼儿教育》2013 年第 7–8 期）

# 从效益主义哲学视角看教改中的教师利益冲突



张阿赛
（宁夏师范学院　教育科学学院）

**摘　要：**在教改中教师群体是一种非同质化群体，教师主要根据利益权衡结果来选择是否以及在多大程度上参与或支持教育改革，教师利益冲突处理不好，会成为教育改革阻力。在分析效益主义理论的基础上，以教改背景下非同质化教师群体间的利益冲突为切入点，从主体论、对象论、制度论方面分析了“教师利益冲突”的根源，并探寻协调教师利益冲突的多元化路径。

**关键词：**教育改革；教师利益冲突；效益主义

教师作为教育理想与现实、教育理论与实践之间的转化者，在教改中的作用不言而喻。有效的教育改革，应当是政府与社会的良性互动，是自上而下的政府导向与自下而上的社会需求的有机结合。教育改革是一个“非帕累托改进”过程，是一个利益再调整的过程，很多时候难以达到“利益的一致”。在教育教学中，教师主要根据利益权衡结果来选择是否以及在多大程度上参与或支持教育改革的。对教育改革成本收益的不同评估造就了以下四类教师利益群体：改革的促进者（即拥有高超的教学技艺和先进的教育理念，是改革的楷模）、改革中的适应者（即支持变革，但面对教育变革带来的各种新问题和困难，力不从心，只能有选择地实施变革）、改革中的迷失者（即顺从变革，但是对自我成长和发展没有清晰的认识，只能随波逐流，在变革中无足轻重）以及改革中的“演员”（即表面顺从、内心强烈抵制的）。在教育改革中教师群体是一种非同质化群体，教师群体内部存在形形色色的利益冲突，协调不好，教师群体就会成为延缓或阻止教育改革的力量。因此，解决非同质教师群体间的利益冲突，是推进教育改革的题中之意。本文以效益主义为分析视角，以“教育改革中教师群体内部的利益冲突问题”为切入点，尝试探讨在改革这一场域下教师内部利益冲突的表现及协调路径。

## 一、“阿莉阿德尼线”——利益：冲突的核心

从原子论者德谟克利特开始，功利与道义的问题一直都是哲学家们争论不休的问题。从西方哲学传统看，一直存在着两种不同的哲学主张，即提倡禁欲主义的道义论与主张快乐主义的功利论是根本对立的。效益论者所阐释的功利，实际上就是利益的代名词，利益就像一条贯穿效益理论的“阿莉阿德尼线”，效益论者就是依据这条线，论证并解决社会中各种复杂棘手的理论难题。在教育改革中，教师利益就像是“看不见的手”支配着教师行为，教师群体就成为非同质化的利益群体，教师群体内部的利益冲突也就凸显出来。20世纪80年代前，教师一直被定位为默默无闻、辛勤耕耘的“园丁”，教育理论者多从道义论角度定位教师角色，教师利益冲突问题更是理论的“禁区”。教改背景下，我们应如何全面看待新时期教师利益冲突问题，笔者从效益主义哲学视角出发，依据这条“阿莉阿德尼线”，对“教育改革中教师群体内部的利益冲突问题”进行理论解读。

感觉论是效益主义的思维出发点，效益论者都是从感觉出发来构建理论体系，以个人利益作为理论的出发点和归宿，将利益与人的快乐幸福联系起来，主张避苦求乐，利益即能够给人带来快乐和幸福的东西。爱尔维修就曾指出：“一般人通常把利益这个名词的意义仅仅局限在爱

钱上，明白的读者就会觉察到我是采取这个名词的比较广的意义的，我是把它一般地应用在一切能够使我们增进快乐、减少痛苦的事物上的。”[①]边沁将功利等同于利益，利益就是快乐。多数效益论者将利益等同于满足主体需要的一定数量的客体对象。在此基础上，我们也不难看出教师利益冲突就变成了教师群体间对利益对象（社会地位、资源占有等）的争夺，但是引发冲突的除利益对象外，教师主体教育价值观和教育目标等也是重要因素。在此，笔者将“教育改革中非同质化教师群体间的利益冲突”定义为，在教育改革大背景下，教育情境中发生的非同质化的教师群体之间的，由于教育价值观、教育目标、社会地位、资源占有等方面的差异而形成利益矛盾，引发利益争夺，教师群体间在观念上和行为上的一种逐渐激烈的对抗性的社会互动过程。



## 二、教师利益冲突根源的多元解读

对“教师利益冲突根源”的解读是“协调教师利益冲突”的前提。效益论者经过长期的探析积累了很多富有创见的理论。

### （一）主体论：从利益主体本身寻找冲突的根源

首先，很多效益论者将利益冲突归结为利益主体的先天人性。例如，爱尔维修曾指出：“在任何时代、任何国家，人们过去和未来都是爱自己甚于爱别人。”[②]休谟也曾指出：“利己心，当它在自由活动的时候，确实并不促使我们作出诚实行为的，而是一切非正义和暴行的源泉。”[③]不难看出，休谟将人类利益冲突问题的根源归于人类“自我保存”的基本情感，归于人类的自私欲望。这种强调将利益冲突的根源归于利益主体本身，归于人先天的“自爱”或“利己心”的思想在人类的历史发展过程之中产生了极其深远的影响。时至今日，我们要探寻利益

①十八世纪法国哲学（中文1版）[M]北京：商务印书馆，1969，457.

②十八世纪法国哲学[M]北京：商务印书馆，1979，537.

③[英]休谟.人性论（下册，中文1版）[M]北京：商务印书馆，1980，520.

冲突的根源，利益主体的先天因素依旧不可回避。但如果简单地把“教师利益冲突”归结为人的先天因素，那所有的研究都没有意义了。假设与生俱来的“自爱”和“利己心”是不能改变的，这也就意味基础教育改革中的利益冲突是不可调和的。正如马克思论述的，“人的本质不是单个人所固有的抽象物，在其现实性上，它是一切社会关系的总和”[①]。人类并不存在抽象的自私的人性，自私自利和敌对冲突都是特定的社会生活方式的结果。因此不能简单地将“教师利益冲突”归结为利益主体的先天因素。

其次，将冲突归结为利益主体的主观动因。科塞看来，“合法性危机”和“下层的不公平感”导致了利益冲突的发生。首先，下层成员对稀缺资源分配方式的合法性产生疑虑，进而造成利益分配制度的“合法性危机”。其次，下层产生不公平感，最终导致冲突的发生。科塞非常注重心理、情感等非物质性因素，虽然他看到了社会制度缺陷导致的资源分配不均，但是他将利益冲突的根源最终归结为主体的主观动因：即人们对不平等分配制度表现出的失望。教改前，教师对原有的教师评价体系，对原有的利益分配机制已经产生了“路径依赖”，很多教师会把原有的规则、目标和利益作为行动指南，因为他们承认旧制度的合法性。“路径依赖”一旦形成，就会产生既得利益群体，他们对原有教育制度具有强烈认同感。但是教育改革后原有的“路径依赖”被打破，教师群体在意识到原有教育体制不合理的同时，并没有形成对新教育体制的合法性认同，更多的是担心新改革会威胁到他们原有的利益，会带来经济、时间以及精神上的新负担，因此就算教改比原有教育体制更合理，他们也会竭力阻碍进一步改革。这些教师常常会由于对改革共同的担心和焦虑，或对改革持有相同的态度而集合起来，与那些改革引领者形成力量上的对峙，在有些情况下甚至会演化为显性冲突，在现实中主要体现为：改革中形成教师派系，相互间缺少教育交往和交流，缺乏认同感，拒斥彼此间的合作等。通过上述分析，不难看出利益主体的主观

①马克思恩格斯选集第1卷［M］北京：人民出版社，1995，56.

动因确实会引发或激化“利益冲突”，也给我们阐释“教师利益冲突”的发生根源以深刻的启迪。但是，这些分析都是在制度缺陷或制度变迁的前提下展开的，是制度缺陷或变迁引发利益主体主观心理上的变化。因此，利益主体的主观动因是原因之一，但是我们不能将根源仅仅局限于此。



**（二）对象论：供给不足的利益对象**

在此，必须要提及英国近代著名资产阶级哲学家弗兰西斯·培根，他的经验主义哲学是效益主义理论的重要思想来源。培根以经验论为基础论证了情欲和个人利益的合理性。培根曾指出：“叛乱的材料有二：多贫与多怨是也。”[①]他把利益冲突的根源直接归结于“多贫”，即利益对象的匮乏与不足。只有不断提高利益对象的有效供给才能从根本上缓解或根除社会中形形色色的利益冲突。资产阶级曾凭借培根这个“药方”（增加利益对象），使整个西方世界迈进了一个全新的阶段。此后，经由洛克、牛顿等人的不懈努力，整个人类社会逐渐走上了一条不断谋求更多利益对象的外扩型发展之路。但是这条路能根除社会利益冲突吗？从资本主义社会的发展历程来看，这显然是不可能的。教师利益对象的稀缺性主要分为两类：一种是“相对稀缺”。自古教师对学生就有管教的权利，这种权利是从教师身份中派生出来的，改革后教师管教的同时，学生有了更多享受民主教育的权利，例如学生有评定教师的权利，这些都与教师的利益息息相关。这种改革带来教师权利的相对稀缺是相对于改革前“师为生纲”而言的，但它体现的是一种科学的教育理念。第二种是“绝对稀缺”，即教师群体对稀有权利资源的争夺。无论是改革前还是改革后，升职提薪一直是所有教师的愿望，只是改革后利益重新调整，尤其是升职和提薪问题上不再有工龄决定，而是实施绩效工资制度，对教师的评定也不再仅以学生的学业成绩为标准，这样就会引发新旧教师群体间，既得利益群体与争取利益群体间的利益冲突。职位和薪金是教师群体共同的利益目标，利益对象的供给量与利益冲突息

---

①［英］培根.培根论说文集（中文1版）［M］北京：商务印书馆，1983，51.

息相关。但是职位和薪金是有限的，而“人以其需要的无限性和广泛性区别于其他一切动物”[①]。当人们获得了“古格斯戒指”，人们想的不会是他们“应该”做什么，而是“想要”做什么，人的欲望是很难满足，利益对象始终都会处于相对短缺状态。因此，尽管供给不足的利益对象是冲突的重要原因，但是不应将冲突的根源局限于此。

**（三）制度论：制度缺陷和变迁**

从韦伯开始，社会冲突论者就已经开始从社会制度安排中探析利益冲突的根源，韦伯、达伦多夫及特纳等都进行过不同的论述。达伦多夫认为，任何社会群体或组织都是一种“强制性协作团体”（ICA），是统治与被统治的“零和”权威关系，利益是社会地位的反映，利益冲突的根源是冲突双方在社会地位上的对立，是制度缺陷造成社会地位间的对立。到20世纪70年代，乔纳森·H·特纳明确地将冲突的根源归于不平等的资源分配。而正是不合理的社会制度导致了不平等的资源分配。我们可以明晰的是当代西方冲突论者开始了从社会制度层面探求利益冲突根源的基本理论取向。这也就启迪我们去思考基础教育改革中的制度变迁是否就是引发“教师利益冲突”的根源。

首先，改革中的教师评价制度与教师利益直接相关，关系到教师的升职提薪和专业发展的机会，而合理的评价体系更多的是停留在观念层面，实践中并未普遍运行。正如社会冲突论者指出的，当社会流动率低，社会职位不向全体成员开放时，人们获取财富、权利和声望的机会是不平等的，处于低层的人就很少或没有机会向社会高层升迁，低社会流动率必然引发不同利益群体间的冲突。公平的教师评价体系可以为教师良性竞争创造和谐的氛围。实质上，教师群体间的冲突不是因为职位低、工资低或地位低，更多的是对评价体系的不满造成的。面对不断改革但又滞后的评价体系，一部分教师会选择静观其变，一部分改革的“促进者”则为新评价体系的建构出谋划策，还有一部分既得利益者为了维护原有的利益竭力反对新的评价体系，这些都是从自身利益权衡出

---

①马克思恩格斯全集（第49卷）[M].北京：人民出版社，1982，130.

发做出的不同抉择。

其次，教改后，教师群体结构有紧密向松散过渡造成利益冲突不断增多。为了说明群体结构与冲突强度间的相关性，科塞将冲突分为紧密联系中的冲突和松散结构中的冲突，在此基础上进行阐释。他指出，越紧密的群体成员关系，越难表达敌对感情，而敌对感情被压抑的时间越长，就可能爆发更剧烈的冲突。反之，在松散结构群体之中，群体成员有多重身份，个人间或小群体间发生的冲突是分散和交叉在一起的，冲突就不会沿着唯一的裂缝爆发，而是形成多重交叉的网，分散了群体内部中的矛盾，反而不会对群体产生致命的打击。冲突与群体结构的弹性密切相关，弹性越大越容易出现冲突，但多是良性的冲突。分析“教师利益冲突”必然涉及对教师群体的研究，在改革推行进程中，教师群体处于由“紧密”向“松散”过渡。改革之前教师群体有共同的教学目标（即，提高学生的成绩），学校内的教师是一个统一体；改革之前实行以职务工资为主的结构工资制度，工资与教师的工龄挂钩，新老教师关系更多是一种“师徒”关系，彼此之间有很深的感情投入。改革之后，教师结构开始松散，例如教师流动制度的推行，教师群体结构在不断变动，很难形成稳固的人际关系；教师评价体系的改革，“名师”不只是“老资格”的教师，并且推行绩效工资制，新旧教师之间更多的是一种竞争关系。制度变迁后教师群体结构由紧密向松散过渡，过渡就意味着动态的不稳定，意味着旧模式未完全消除，新模式又未成型，是导致“教师利益冲突”多发的重要原因。

处在改革阶段的“教师利益冲突”问题的原因十分复杂，并呈现增多趋势，原因是多方面的。效益主义的主张虽然有其局限性，但是也指引我们从不同视角探索根源，是一种十分有意义的尝试。

## 三、利益冲突协调途径

维持教育改革的顺利推进，维护改革中教师群体间正常的利益关系和交往关系，关键在于在冲突态势和协调态势之间建立一种微妙的平衡关系，而不是竭尽全力去剔除“教师利益冲突”。关于利益的协调理论，效益论者也有相关的论述，对于探寻“教师利益冲突”的协调途径也具有重要的理论指导意义。

### （一）基础性途径：增加利益对象

经验主义哲学家培根有关利益协调的理论从根本上扭转了西方社会对利益协调问题的禁欲主义研究方向，开启了利益冲突协调的新思路。培根的利益协调理论以利益对象的增长为宗旨，强调通过增加利益对象的有效供给来缓解利益冲突。其实无论是改革前还是改革后，升职提薪一直是所有教师的愿望。增加利益对象是缓解利益冲突的基础性手段，通过升职提薪的途径，在某种程度上确实能暂时缓解教师利益冲突。作为教师利益协调的基础性途径，离开了利益对象的有效供给，教师利益冲突的协调也就丧失了应有的物质基础，教师利益冲突协调就成了一句空话。但是仍然存在一个难题：如果每个教师都只为追求个人利益，那么教师群体就会深陷更严重的利益冲突之中，其结果是整体利益和个人利益都无法实现。在承认追求个人利益合理性的前提下，如何使人们在谋求个人利益的过程实现彼此间的协调互动，就成了后继效益论者利益协调理论的关键。虽然改善教师群体的待遇是协调教师利益冲突的基础性方法，但这不是协调教师利益冲突的唯一途径，更不是根本途径。

### （二）心理途径：“比上比下”，“知足”

德谟克利特认为，人的自然本性引发人对利益的追求，满足人的利益需求可以缓解利益冲突，但这并不能根除人交往过程中出现的利益冲突。怎样才能实现利益协调呢？德谟克利特认为，人在追求感官快乐的同时，要追求灵魂上的善。作为教师，即使在市场经济背景下，也不应该将教育仅仅当作是自己谋生的工作，而应该当成一项事业。学生的健康成长，自己专业水平的提升，这些都是自己的财富。其次，利益协调需要人们要有合理的心理比较法。在德谟克利特看来，一方面是“比下”，就是把自己的利益与那些不如自己的人的利益相比。“应该满足于自己所有的，并且把自己的生活和那些更不幸的人去比一比。想想他们的痛苦，你就会因自己有比他们较好的命运而庆幸了。”另一方面是

“比上”，即把自己的利益与那些虽然比自己富裕但不及自己快乐的人比较。“那些贪图财富，并且被别人看作很有福气而又无时无刻不想着钱财的人，就会被迫不断地投身于某种新的企图，并陷于贪得无厌，终至做出某种为法律禁止的无可挽救的事情来。”[①]在伊壁鸠鲁那里，利益冲突的协调要靠人们心理上的“知足”，“知足是一种大善。”[②]只有“知足”，人们才能达到“内心的宁静”。教师也可以通过这种心理调适法，只有减少教师各种不合理的欲望才能弱化各种冲突。在此必须明确的一点是，“知足”并不是一种消极不进取的状态，它是教师在利益冲突中心理调试的方法。



### （三）制度途径：“互利约定”“协议”和“制裁”

与斯多葛学派的禁欲主义不同，伊壁鸠鲁学派认为，如果发生了利益冲突，应该以个人利益的至上性作为利益协调的出发点和归宿，利益冲突的协调靠的是利益主体间“互利的约定”。17世纪英国哲学家休谟也主张，只要通过协议确立财产私有，稳定人们对财物的占有关系，使人们互相之间保证履行诺言，实现所有物的有序转移，就能“补救”人性自私的缺陷，实现彼此之间的利益协调。但是，休谟并不认为协议是理性的产物，而是认为协议是由人们的共同利益促成的，是人们利益感的结果。他试图用“合情的利己主义”来取代或补充“合理的利己主义”，从而为近代资产阶级的利益协调理论寻找一个更为完善的人性基础。从功利原则出发，边沁进一步明确地把利益协调归于对人行为结果的外在控制和制裁。他曾经提出了四种制裁方法：天然的制裁或者自然制裁，即所谓灾难惩罚；政治的制裁，即由官方所进行的法律制裁；社会的制裁，即道德和公众舆论的制裁；宗教的制裁。教师利益冲突必不可少的协调路径就是“冲突的制度化调节”。首先，“教师利益冲突”是教育改革推进的必然产物。我们不应该简单地否认或运用规章制度压制冲突，相反，我们应该敢于承认改革中“教师利益冲突”的客观存

①周辅成.西方伦理学名著选辑（上卷，中文1版）[M]北京：商务印书馆，1964，81—82.
②北京大学.古希腊罗马哲学（中文1版）[M]北京：三联书店，1957，368.

在。其次，建立有效的教师利益表达机制。建立谈判机构以及仲裁调停机构，目的在于提供表达与协商的各种利益冲突的有效途径，进而弱化利益冲突的强度和烈度。第三，教师群体间要事先约定好各种利益获取的规则，为竞争开创有序的环境，鼓励教师群体间合理的竞争，防止利益矛盾的产生。冲突双方必须约定好“正式游戏规则”，正是这些“正式游戏规则”为有效解决“教师利益冲突”提供了规范化保障，经过一段时期的运作，规则也可以转化为推进基础教育改革稳定实施的合理制度。

### （四）教师利益观的转变

众所周知不正确的价值观容易引发教师群体间的利益冲突，而价值观的转变不是一朝一夕就能完成的。在人类思想史上有很多不同的利益观念，我们大致可将其分为三类有代表性的利益观：唯利主义、非利主义和功利主义①。唯利主义价值观，即将个人利益和小团体利益作为至上追求。随着市场经济的发展，在新时期的教育改革中很多教师信奉讲求功利、注重实效的现实主义价值观。在追求个人利益的社会潮流中，部分教师的价值取向就走向了唯私利的极端，由“自爱”走向了“自私”。非利主义价值观，即以完全否定个人利益的追求作为价值取向。受传统教育思想的影响，教师角色一直被定位为燃烧自己照亮别人的“蜡烛”，教师应该“喻于义”。非利主义价值观下教师不言利，这种非利主义价值观实质上就是禁欲主义的变种。教师也是饮食男女，也有个人利益需要，因此，非利主义价值观是与唯物主义相违背的唯心主义的利益观。功利主义价值观。与“道义”相对的便是“功利”，不同阶级存在不一样的功利主义价值观。改革中应遵循无产阶级的功利主义价值观，在认识和改造世界的过程中贯彻利益原则。无产阶级的功利主义不是建立在“人性自私”的基础上的，而是建立在“人是社会关系的总和”的基础上，人的社会性决定了个人利益应该服从社会整体利益。教师只有通过理性的选择，树立无产阶级的功利主义利益观才能实现“自

①王伟光.利益论［M］北京：人民出版社，2001.249.

爱”向“爱人”的转变，进而协调好教师群体间的利益问题。

总之，从效益主义利益协调理论中，我们不难发现，承认教师个人利益的合理性、追求利益对象的不断增长、通过制度化途径使教师利益冲突保持在一定的限度内，是利益协调的核心。尽管对教师个人逐利行为合理合法性的认可有助于从总体上提高利益对象的有效供给，有利于调动教师教学积极性，并进而能够通过升职提薪暂时缓解教师间的利益冲突。尽管教育改革的规章制度能够使教师的利益行为保持在一定限度内而不至于使教育事业因为教师利益冲突而玉石俱焚。但是，从本质上讲，利益对象有效供给的增加并不是无限的，制度的限制作用也不是万能的，单独的物质协调或者单独的制度协调或者单独的观念协调（心理调试和道德约束）都不能构成教师利益冲突协调途径的全部内容。只有把这几个方面有机地统一起来，相互协调才能真正实现教师利益冲突的协调目标。片面地强调其中任何一种途径或手段的重要性，不仅无法真正实现利益协调，而且会影响到整个教育改革事业的进程。

# 幼儿教育政策对幼教师资发展的反思

薛正斌

（宁夏师范学院　教师教育研究中心）

**摘　要：**目前，我国幼教师资严重短缺，特别是专业幼儿教师匮乏，已成为影响幼儿教育事业健康发展的瓶颈。本文从政策分析学视角探讨了我国幼儿教育政策对幼教师资队伍发展的影响，其中主要包括对幼儿教师身份、职称、编制、工资待遇等主要因素的影响。并提出要健全法规制度、政策，如制定幼儿教师的编制标准、职称评审、工资标准等法规政策，明确幼儿教师的身份，以提升其社会地位、经济待遇等，稳定幼教师资队伍，提高幼教师资队伍的整体专业水平，进而提高幼教质量。

**关键词：**幼儿教育；政策；师资；政策分析；反思

## 一、幼儿教育政策对幼儿教师队伍发展的影响

新中国成立后，国家出台的一系列幼儿教育政策对幼儿教师队伍专业发展影响较大，具体表现在幼儿教师的专业身份、社会地位、职称评定等方面。

### （一）对幼儿教师身份的影响

1978年，教育部恢复了幼儿教育处，各省（自治区、直辖市）的教

育厅也成立了幼儿教育行政管理、教研机构。但长期以来，国家对幼儿教师的身份定位模糊不清，其管理、工资待遇等一直是参照小学的相关规定执行，特别是乡村幼儿教师，处于边缘化的尴尬境地，对幼儿教师队伍的健康发展影响较大。

1987年，《关于明确幼儿教育事业领导管理职责分工请示的通知》（国办发〔1987〕69号）下发后，各地将幼教工作由妇联主管移交教育部门。在20世纪80年代前期，教育部门对全国的中小学教师进行了登记注册，当时很多地方的农村幼儿教师由地方妇联主管，未进行登记注册，没有纳入民办教师队伍管理之中。因此，乡村幼儿教师队伍管理移交教育部门后，其身份仍属于农业户口，其管理办法、工资待遇等参照地方小学民办教师的相关规定执行，所需资金由乡镇人民政府或村民委员会解决。

20世纪90年代末，我国民办教师通过"关、转、招、辞、退"①等多种方式转为公办教师，但乡村幼儿教师却被排除在外。这一政策极大地伤害了他们的自尊心，严重影响了乡村幼儿教师的工作积极性，动摇了他们从事幼教事业的信念，导致许多优秀乡村幼儿教师离开幼教事业。更为不解的是我国民办教师转为公办教师后，从此没有了民办教师；而农村幼儿教师也没有了"参照"的依据，也无人问津。农村幼儿教师既不是正式的公办教师，也不是民办教师，身份尴尬。

**（二）对幼儿教师职称的影响**

在整个教育体系之中，幼儿教育没有自己独立的职称晋升制度，其职称评定依照小学职称晋升系列进行。在我国幼儿教师队伍中，不在编的民办和公办幼儿园教师数量占绝大多数，他们根本没有晋升职称的希望，这严重地影响了幼儿师资队伍的建设。

《中央职称改革工作领导小组关于转发国家教委中小学教师职务试行条例等文件的通知》中明确规定："编制中不包括幼儿园教师"。②

---

①李红婷.村学前教育政策审视：期待更多关注[J].中国教育学刊.2009，(05).

②职改字[1986]第112号.中央职称改革工作领导小组关于转发国家教育委员会中小学教师职务试行条例等文件的通知[S].1986.

这一政策使幼儿园教师编制失去了政策的依托和保护。根据《小学教师职务试行条例》和《关于中小学教师职务试行条例的实施意见》[①]的有关规定，幼儿园教师职称评定归属于小教系列。

由于学前教育没有独立职称晋升系列，幼儿教师的职称评审被纳入小学教师的职称晋升系列，并参照小学教师职称晋升的专业要求及标准，这一政策规定对幼儿教师是非常不公平的。第一，幼儿教师职称评审是一种非对等专业评审晋升；第二，在实际操作中，幼儿教师职称晋升的名额比例因政策原因而人为降低。根据教育部网站公布的教育统计数据显示：2008年，我国小学专任教师获得中高教师和小学高级教师的数量占整个小学教师的50.5%，而幼儿专任教师仅占16.5%；小学未评职称的教师仅占教师总数的5.8%，而幼儿园未评职称的教师却占到教师总数的58.7%。[②]

职称晋升是关于教师业务能力和专业水平的考核与认定，是确定教师工资、相关福利待遇等的参照依据。它也是教师社会地位的一种标志，很大程度上影响着社会公众对教师职业的认同和支持，特别是与教师密切相关的亲属、朋友、邻里。目前，我国村级幼儿教师全都是聘用的合同工，没有职称评定制度。如果没有了职称评定制度，幼儿教师就会被排除在教育体制之外，不管她们的工作怎样敬业、出色，不能得到社会的承认和肯定，极大地消解了他们的工作积极性，导致幼儿教师的“隐形流失”。因为年轻教师看不到自己专业发展的前途，缺乏发展空间，致使大量年轻幼儿教师离开幼教事业，严重影响了幼教师资队伍的稳定及幼教事业的发展。

**（三）对幼儿教师编制的影响**

20世纪初，我国国有企业的改制、事业单位的缩编，原来由企、事业单位办的幼儿园也进行体制改革，推向了市场。2003年，国家提出

①职改［1986］第112号.中央职称改革工作领导小组关于转发国家教育委员会中小学教师职务试行条例等文件的通知［S］.1986.

②丁海东.我国幼儿教师的职业困境及出路［J］.中国教师，2010，(09).

未来我国幼儿教育改革与发展的目标是："今后5年（2003—2007年）幼儿教育改革的总体目标是形成以公办幼儿园为骨干和示范，以社会力量兴办幼儿园为主体，公办与民办、正规与非正规教育相结合的发展格局。"①



随着幼儿教育社会化改革的推进，公办幼儿园的"公办"性质不断弱化，一些甚至被完全改为"私有"性质，幼儿教师的人事编制基本没有增加，并一度停滞，甚至压缩。由于公办幼儿园没有编制，即使条件再好，也难以吸引正规学前教育专业的毕业生。一些公办幼儿园教师的编制缺口越来越大，只能临时聘用教师，并自行解决教师工资和福利待遇。而民办幼儿园，特别农村幼儿园基本处于无编制状态。幼儿园以"合同工"的形式招聘师资，他们没有获得相应的劳动待遇。因为幼儿园没有严格履行国家的劳动法律法规，为其交纳相关的社会保险等。

**（四）对幼儿教师待遇的影响**

2003年，《关于幼儿教育改革与发展的指导意见》指出，"乡（镇）人民政府承担发展农村幼儿教育的责任，负责举办乡（镇）中心幼儿园，筹措经费，改善办园条件""乡（镇）人民政府的财政预算也要安排发展幼儿教育的经费""劳动保障部门在研究探索农村养老保险制度时，要统筹研究农村幼儿教师的养老保险问题"等。②这一政策尽管提出了发展地方幼儿教育的意见，但长期以来，我国大多数乡（镇）人民政府的财政十分紧缺，几乎没有资金投入幼儿园，导致幼儿园发展举步维艰。目前，我国公办及民办幼儿园的办园经费主要依靠幼儿学费，但农村幼儿园家长的收入较低，经济承受力有限，收费标准无法提高。这样一来，各类幼儿园的经费都很匮乏，幼儿园无力真正提高幼儿教师的工资待遇。

---

①国办发［2003］13号. 国务院办公厅转发教育部等部门（单位）关于幼儿教育改革与发展指导意见的通知［S］.2003.

②国办发［2003］13号.国务院办公厅转发教育部等十部委关于幼儿教育改革与发展意见的通知［S］.2003.

## 二、幼儿教育政策对幼儿教师队伍发展的负面效应

长期以来，我国幼儿教育政策导致幼儿教师没有独立的教师职称晋升制度、无教师编制、工资福利待遇较低，社会地位低下等负面影响，造成幼儿教育师资短缺，特别是专业幼儿教师匮乏，幼儿教师队伍整体素质下降，严重影响了幼教事业的健康发展，主要表现在以下几个方面。

### （一）幼儿教师职业的社会地位低下、无吸引力

尽管我国幼儿教师数量很大，但由于幼儿教师身份长期界定不明确，没有相应的教师职业身份，在整个教师职业队伍中，其社会地位、工资和福利待遇低下，幼儿教师对自己的身份认同较低，没有职业幸福感可言，导致社会公众也对幼儿教师评价较低。幼儿园不仅难以吸引到优秀的幼师毕业生，而且大量在岗优质师资流失，严重影响了幼教事业的健康发展。

目前，我国幼儿教师包括有“事业编制”的公办教师和招聘的“合同工”两种。这两种身份的幼儿教师承担着相同的工作任务，但其工资待遇却有天壤之别，致使招聘的“合同工”教师心理上产生不平衡和失落感，在其身份认知上产生了困惑和焦虑，对其工作积极性影响较大，造成“合同工”幼儿教师流失现象严重，特别是民办幼儿园教师队伍问题更为突出。即使在公办幼儿园，因为没有教师编制等多种原因，许多优秀幼师毕业生不愿从事幼教工作，选择了待遇更高、有编制事业身份的中小学任教，大量非幼师毕业的初、高中生涌入幼教队伍，造成教师队伍素质下降。

### （二）难以保障幼儿教师的合法福利待遇

虽然幼儿教师具有合格的教师资格，却不能纳入事业单位管理，不具有教师身份，不能享受教师应有的社会保障。幼儿园以“合同工”的形式招聘师资，但却没有严格履行国家的劳动法律法规，为他们交纳相关的社会保险、养老金等，因此教师流动性很大。特别是民办幼儿园的教师，他们经济收入较低，工作环境差，没有任何保障福利待遇的身份地位。因而民办幼儿园很难招聘到合格的幼儿教师。

目前，我国幼儿教师待遇普遍较低，对幼儿教师队伍的整体素质影响较大。我们知道，幼教专业是一项繁琐而细致工作，承担的责任较多，工作强度和压力也较大。但其社会职业地位与其实际拥有的工资待遇不对等，许多幼儿教师感到幼教专业没有发展前景，教师流失现象严重，教师队伍极不稳定。因此，要切实解决幼儿教师的身份和待遇问题，才能从根本上稳定幼儿教师队伍，提高整体素质。



**（三）严重阻碍了幼儿教师的专业发展**

由于我国幼儿教师身份长期不明确，对其职称晋升和培训等影响较大。目前，学前教育还没有自己独立的职称晋升制度，主要参照小学教师职称的专业要求及其标准进行。而且不在编的民办和公办幼儿园教师压根不能晋升职称，严重地影响了幼儿师资队伍的建设。在我国幼儿教师队伍中，不在编的民办和公办幼儿园教师数量占绝大多数。根据教育部网站公布的教育统计数据显示：2008年，我国小学专任教师获得中高教师和小学高级教师的数量占整个小学教师的50.5%，而幼儿专任教师仅占16.5%。①

职称晋升是关于教师业务能力和专业水平的考核与认定，在很大程度上，它会影响社会公众对教师职业的认同和支持，特别是与教师密切相关的亲属、朋友等。如果没有幼儿教师独立的职称评定制度，幼儿教师将会被排除在教育体制之外，其社会劳动不能得到社会的肯定，极大地影响了幼教师资队伍的稳定及幼教事业的发展。幼儿教师职称晋升可能几率的低下，势必影响幼儿教师职业的社会认可度。在某种程度上说，幼儿教师身份的缺失使其丧失了幼儿教师专业资质，更是学前教育专业属性的丧失。②

幼儿教师的工作环境很封闭，除了日常的教育教学工作之外，他们很少有时间和机会走出幼儿园，参加专业培训、学习。加之幼儿教师自身的工作压力较大等诸多因素，导致幼儿教师自我专业身份认同危机，严重地影响了幼教师资队伍的稳定和质量。

---

①②丁海东.我国幼儿教师的职业困境及出路[J].中国教师，2010，(09).

### （四）导致幼儿教师队伍不稳定

目前，我国公办幼儿师资聘用实行“双轨制”，一部分是原来事业编制的公办教师；另一部分则是后来招聘的“合同工”教师。自20世纪 90 年代以来，我国公办幼儿园再没有增加幼儿教师编制，而且也难以吸引正规学前教育专业的毕业生。因此，公办幼儿园的幼教编制实行“只出不进”的政策，调走或退休一位教师，教师编制就减少一个，造成公办幼儿园的编制不断萎缩。由于公办幼儿园没有编制，即使条件再好，正规学前教育专业的毕业生也不去，他们在尚未进入本行业之前，就转投其他行业。

幼儿园的合同工没有身份，也没有任何保障，其养老、医疗、失业保险都没有，其工资按天计算，他们想流动就流动，不受任何的约束。幼儿教师队伍的不稳定和人才流失现象严重，特别是大批优秀幼教人才流失。在民办幼儿园，每学年教师平均流失率达20%—30%，有的班级一学期要更换4—5位老师，这种现象已十分普遍。[①]

## 三、对幼儿教育政策的思考

目前，我国幼教师资已成为严重制约学前教育事业发展的瓶颈。因此，未来幼儿教育政策应健全法规制度，制定正确、有效的政策，切实改进和提升幼儿教师的身份、社会地位、工资待遇等。

### （一）制定和完善幼儿教育法

在国际上，一些主要国家和地区非常重视学前教育法规化，他们制定和出台了很多相关的学前教育法规，如美国的《儿童保育与发展固定拨款法》《不让一个儿童落后法》；英国的《儿童保育法》《保育标准法》；韩国的《学前教育发展法》；瑞典的《学前教育法》；中国台湾地区的《幼稚教育法》等。但中国到目前为止，还未制定和出台有关学前教育法规。只是在《教育法》中规定：“幼儿教师享受与中小学教师

①丁海东.我国幼儿教师的职业困境及出路[J].中国教师，2010，(09).

同等待遇”，但由于幼儿教育又不属于义务教育，幼儿教师尤其是农村幼儿教师，却没有享受到与中小学教师相同的待遇。在中国，尽管幼儿教师从事的是教师职业，却一直没有相应的教师身份和社会地位。特别是农村幼儿教师，其工资、福利待遇很差，严重影响了幼教师资队伍的稳定和整体专业水平的提升，严重制约了农村幼教事业的发展。因此，我国急需要制定学前教育法，用法律形式规定学前教育的性质、地位和宗旨；学前教育投入与条件保障；学前教育机构资质与审批程序；学前教育教师及相关工作人员资质、培训等，为学前教育提供保障。



另外，还要出台幼儿教师的编制标准（包括民办幼儿园教师），以解决目前幼儿教师严重缺编问题；制定独立的幼儿教师职称评审制度，为幼儿教师专业有效发展提供保障；制定幼儿园教师工资标准等相关政策，确保幼儿教师的社会地位、工资待遇等，以稳定幼教师资队伍。

**（二）进一步完善和落实幼儿教育政策**

幼儿教育政策是政府为实施和发展学前教育事业而制定的行动准则和依据，也是学前教育的出发点、过程和归宿。[①]教育不是完全独立于社会之外，所以，教育政策应与时俱进，要根据社会的发展以及国家基本政策的调整而进行调整。

一方面，我国幼儿教育发展缺乏具体、有效的幼儿教育政策引导。如《国家中长期教育改革和发展规划纲要（2010—2020）》中规定：“依法落实幼儿教师地位和待遇，加强幼儿教师队伍建设”“建立完善民办学校教师社会保险制度”“制定幼儿园教师编制标准”等，虽然纲要中提出了改进和保障幼儿教师地位、待遇等相关权益的政策，但需要进一步明确和完善，如“提高教师地位待遇”，其中“教师”必须包括幼儿教师，从而真正把幼儿教师纳入我国教师资源管理体系之中，以确保与中小学教师享有同样的权益。

另一方面，即使出台的一些幼儿教育政策也落实不到位。如《关于幼儿教育改革与发展的指导意见》指出，“省级和地（市）级人民政府

①朱家雄.从教育人类学视角看学前教育的政策走向和政策制定［J］.幼儿教育（教育科学版），2006（01）.

负责本行政区域幼儿教育工作……积极扶持农村及老少边穷地区的幼儿教育工作，促进幼儿教育事业均衡发展。”“乡（镇）人民政府承担发展农村幼儿教育的责任，负责举办乡（镇）中心幼儿园，筹措经费，改善办园条件”“乡（镇）人民政府的财政预算也要安排发展幼儿教育的经费”“劳动保障部门在研究探索农村养老保险制度时，要统筹研究农村幼儿教师的养老保险问题”等。①尽管这些政策内容很好，但却很难付诸实践，政策的实现率较低。

**（三）明确幼儿教师的社会身份地位**

尽管我国幼儿教师从事的是教师职业，应享有与中小学教师同等待遇，但却没有享受到与中小学教师相同的待遇，尤其是农村幼儿教师，其工资、福利待遇很差，严重影响了幼教师资队伍的稳定，以及幼教师资整体专业水平的提高，严重制约了幼教事业的发展。由此可见，我国幼儿教师的身份出现了危机。只有当幼儿教师的身份确立了，其社会地位、人事编制、福利待遇等自然会得到解决。这样幼儿教师才能享受到与中小学教师相同的经济、社会地位，使幼儿教师职业具有吸引力。

我国《教师法》中明确规定：中小学教师包括幼儿园、特殊教育机构、普通中小学、成人初等中等教育机构、职业中学以及其他教育机构的教师。因此，中小学校应包括“幼儿园”；中小学教师应包括“幼儿教师”。实际上，我国的法律法规对幼儿教师的身份待遇已做出了明确的规定。根据教师法、劳动法、劳动合同法、社会保险条例等一系列法律法规，幼儿教师的身份待遇是清楚的。但长期以来，我国幼儿教师的身份模糊不清，在实际工作中其职称、工资福利待遇等受到了很大影响。因此，要通过法律形式规定学前教师的身份地位，并制定工资与编制标准、独立的职称评审和医疗保险制度等，确保与中小学教师享有同等权益，以稳定和扩大幼教师资队伍，解决目前我国幼儿教师严重短缺问题。

（本文刊于《宁夏师范学院学报》2013 年第 1 期）

---

①国办发［2003］13号.国务院办公厅转发教育部等十部委关于幼儿教育改革与发展意见的通知［S］.2003.

# 民族教育研究

# 从回族学困生看教师多元文化教育

薛正斌
（宁夏师范学院　教师教育研究中心）

**摘　要：**与汉族学生相比，受伊斯兰教文化、回族家庭文化、回族社区文化、回族重商文化功利性等多种因素的影响，相对汉族学生来说，回族学困生数量较大。而中小学教师又缺乏相应的多元文化教育能力，不能对其进行正确的引导、教育，教育效果低下，而且还存在教育过程的不公平现象，影响了他们的正常学业和健康发展，在一定程度上影响了教育公平的实施。借鉴美国多元文化教育的成功经验，提出在职教师应树立多元文化教育意识，加强在职教师的多元文化教育培训，强化职前师范生的多元文化教育等，提高中小学教师的多元文化教育能力，从而提高教育质量，推进教育公平发展，进而提升民族地区整体国民文化素养。

**关键词：**回族学困生；中小学教师；多元文化教育；教育公平

## 一、中小学教师缺乏多元文化教育知识及实践能力

### （一）回族学困生的教育

宁夏是一个回族聚集区，但幼儿园、中小学教师大部分是汉族，回族教师相对较少。与汉族学生相比较，回族学生中的学困生数量较大，

他们没有养成良好的学习习惯，不能很好地遵守学校的规章制度，如不能按时上学、旷课、早退、打架等；学习态度不端正，不提前预习、上课不专心听讲、不能按时完成作业；随意辍学；衣着不整洁，不讲究卫生等，很使中小学教师纠结。一些老师认为是回族学生的基础知识太差造成的，一些老师认为是回族学生的能力素质所致，一些老师认为是回族学生的家庭教育造成的……

教育过程公平要求教师应根据不同的学生背景、知识水平、兴趣爱好、接受能力等，因材施教，实施有针对性的教育教学。回汉学生同在一个班级里，但中小学老师却忽视了他们来自不同的文化背景，有着不同的价值观等因素影响，教育教学工作一刀切，甚至经常以回族学困生作为反面教育教材，警示、教育班级其他同学，缺乏鼓励、引导教育。中小学教师没有思考、理解造成学困生的社会、家庭等深层原因，如回族伊斯兰教的重商文化、追求物质财富的功利性、家庭教育等多种因素影响，他们从一开始接受教育就缺失很多，到了高年级，随着学习内容和难度的增加，学生肯定越来越跟不上，出现懈怠情绪。一方面，由于以前缺失的东西较多，积重难返，没办法跟上教学进度；另一方面，主要受回族重商、追求物质财富的功利性影响，回族学困生不努力学习。这样就导致他们逃学，上课捣乱、没有学习的兴趣，学习积极性不高等，影响班级和其他同学的学习。

**（二）移民回族学困生的教育**

“十二五”期间宁夏回族自治区生态移民35万人，国家投资105亿。[①]宁夏是回、汉民族长期杂居，存在不同民族文化，其生活、习俗等差异较大。不仅有不同民族之间的文化差异，还有不同地区之间的文化差异，因而文化结构很复杂。宁夏生态移民主要是宁夏中部干旱带和南部山区，这里常年干旱，因自然环境恶劣，基本不具备人类生存条件

①刘峰，杜榕.宁夏“十二五”最大民生工程：西海固35万群众生态移民今年启动［EB/OL］.人民网，［2011-03-05］.

http://cpc.people.com.cn/GB/64093/64387/14066784.html.

或不具备就地扶贫条件而将当地人民整体迁出，搬迁到近水、沿路、靠城等条件较好的区域发展，以恢复生态平衡。生态搬迁移民主要是回族。因此，移民子女之前的学校普遍存在师资紧缺、教师素质不高、教学质量低下、家庭教育缺失等多种因素影响，学生学习负担轻，学习完全是学生自己的事，几乎没有学习内容的拓展。到了移民区，生活、学校环境比以前好多了，但却变得陌生了。尤其是学校生活，没有以前那样自由散漫、轻松了。学习负担很重，每天都要写很多作业。他们突然迁移到了一个陌生环境，一部分学生难以适应。根据移民区学校的教师反应：移入学生主要是回族，普遍存在学习基础差、缺乏良好的文明行为和学习习惯等，衣着不整洁、说脏话，甚至打架斗殴、辍学等，给班级管理带来了很大困难，也影响了其他同学的学习，让老师很纠结。

教师多元文化教育教学能力的相关问卷调查及访谈显示：中小学教师对回族的饮食禁忌很了解，但对伊斯兰教深层的文化缺乏理解，包括回族教师。回族重经商，轻文化教育；伊斯兰教的发展历史；回族历史文化、回族家庭教育、回族传统生活方式等制约和影响其子女的文化教育，导致回族学生入学率低、辍学率高。在教育教学过程中，中小学教师缺乏基本的多元文化知识和实践技能，对回族学困生存在一些偏见、误解，导致教育效果低下，影响了他们的健康成长及合格公民的培养，在一定程度上影响了教育公平的实施，进而影响地区的社会稳定、和谐。

因此，要加强在职中小学教师的多元文化实践教育能力和职前师范生的多元文化教育，提高他们的多元文化教育水平，养成良好的行为习惯，更好地促进教育公平发展。

## 二、基于多元文化的回族学困生成因分析

### （一）伊斯兰教文化的影响

伊斯兰教非常重视经商的地位和意义，倡导人们从事商业。在《古兰经》中强调："谁为主道而迁移，谁在大地上发现许多出路和丰富的

财源……真主必报酬谁。”“凭自己的财产和生命而奋斗的人，真主使他们超过安坐家中的人一级。”《古兰经》中有二十多处提到“出外奋斗者”“大地上寻找财富者”，主要指的是商人，反映了伊斯兰教文化崇尚商业，认为商人是高尚的。伊斯兰教的先知穆罕默德还说：“商人犹如世界上的信使，是真主在大地上的可信赖的奴仆。”①在清真寺里，阿訇也利用每日晌午礼拜后或主麻的时间，给回族穆斯林讲解伊斯兰教中有关商业方面的知识，甚至清真寺的阿訇也利用闲暇时间从事经商活动。

众所周知，回族穆斯林都很信仰伊斯兰教，自然伊斯兰教的这种重视商业文化渗透在他们的日常生活中，影响着穆斯林的生活价值观。凡是生活在回族地区的穆斯林都会受到这种文化的熏陶，从家庭、清真寺到社区等，大家在一起谈论最多的话题是生意上的事情。②很多回族学生在这种经商的环境下成长，子承父业，大部分选择了从事商业，小学或初中毕业后就离开了学校。上高中的回族学生较少，接受高等教育的就更少，大部分学生继承了祖辈的产业，沿袭祖辈这种生活方式。即使选择了其他行业，仍然利用闲暇时间经营商业。由此可见，伊斯兰教的重商文化对回族学生接受教育影响较大。

**（二）回族家庭文化教育的影响**

1.回族家长文化素养对孩子教育的影响。

由于受历史、自然环境、人文环境等多种因素影响，西北回族聚居区穆斯林普遍存在文盲率高，尤其回族女性文盲比例更高。在宁夏南部回族聚居区，一些地区农村回族文盲率超过50%，他们不会写自己的名字。回族家长文化素质特别是现代科技文化素质普遍较低。回族家长文化素质不高，成为直接制约回族教育发展的瓶颈。由于家长的文化素质低，使他们难以认识到子女接受现代教育的重要性；同时，也直接导致

①张永庆，马平，刘天明.伊斯兰教与经济［M］.银川：宁夏人民出版社，1994：215.

②马雅蕊.回族学生学习目的功利性家庭影响叙事研究［D］.四川师范大学硕士学位论文，2012：44.

了他们无力对子女进行家庭教育指导。回族家庭教育严重匮乏和缺失，任凭孩子自己随性、自由发展，没有相应的引导和规范，缺乏良好行为习惯的培养，如个人卫生等，影响了孩子智力的早期开发和健康成长。西北许多回族聚居区现代科技及文化教育水平比较落后，回族适龄儿童九年义务教育入学率、完成率较周围其他民族低。

2.回族家庭文化对孩子教育的影响。

在回族家庭里，孩子从小就灌输了很多经商的理念，甚至部分家庭的孩子从小就在家里参与一些经商活动，尤其是郊区和城镇的回族学生，致使学生的精力和学习目的倾向于物质财富的追求，造成回族学生对学习不感兴趣，没有学习积极性。

另外，回族学生家长的商业文化价值观直接影响到他们接受教育程度的高低。一些回族家长认为自己的孩子考大学无望，早早地让他们辍学，开始学做生意或外出打工。即使考上大学，还需要家长提供学费，特别是农民家庭，年收入较低，一些大学的学费就是家庭所有的积蓄，甚至还需要借贷。而且孩子大学毕业后，又找不到工作，家长自己又没有其他途径和能力去帮助孩子解决工作。因而认为读大学没有任何意义和价值。因此，一些回族家长认为，“上大学没有什么价值，送孩子去学校读书就是认识几个汉字，孩子以后能睁开眼，能写自己的名字，会算算账，不让别人欺骗就行。”很少过问孩子在学校的学习生活质量，孩子认为自己“学不进去”“学不到什么东西”等借口或措辞，家长就默认了孩子擅自辍学的行为。

在这种价值观的引导下，一些家长开始“身体力行”，教孩子从小就进入自己曾经走过的生活轨道，进入回族传统的养殖业、手工业作坊、餐饮行业等，学习做买卖、搞运输、开饭馆、种地养殖等回族传统行业。因为宁夏南部地区是回族聚集区，这里多山，是丘陵地带，地广人稀，适宜养殖。由于受这种自然环境的影响，宁夏回族穆斯林传统以养殖畜牧业经济为主，很多地方回族以养牛、养羊作为家庭经济的主要来源。同时，回族穆斯林还从事餐饮业、皮毛加工业、屠宰业等。这样就导致了部分回族聚居区儿童辍学率较周围其他民族较高，九年义务教育完成率、升学率与周围其他民族儿童相比偏低的小现状。

**（三）回族社区文化的影响**

受伊斯兰教真主安拉的旨意及整个回族商业文化发展的影响，回族擅长从商，而且有着悠久的历史传统。因此，回族是一个以商为本的少数民族。在回族居住社区，做生意是一个最主要和普遍的话题，穆斯林在一起闲聊时，经常讨论生意上的事情。受这种重商文化的大环境熏染，回族学生自然而然地重视回族商业，许多学生很小就了解很多做生意的知识，并有一些经商的头脑，这严重影响了他们的受教育质量。因为商业经济追求物质利益，特别关注从事活动的效益和结果，这种价值观潜移默化地影响了回族学生学习目的观功利性倾向发展，促使他们在学习上也追求功利性的一面，追求学习给自己带来的直接收益，总认为做生意比上学收益更大。①

**（四）回族重商文化功利性目的影响**

回族有重商文化的传统，经商者自然是以利益为上，强调做事的功利性。回族穆斯林在生意中形成的功利性价值观必定会影响其生活的方方面面，他们在生活方面的功利性倾向也必然影响到回族学生对于利益的理解和强化。②因此，回族父母对孩子上学存在过于追求功利性价值，他们认为上学的最终目的就是为了上名牌大学，有理想的工作，能挣大钱。如果工资较低，还不如从商。这一功利性学习目的对其子女的学习有很大影响。大多数回族家长认为：孩子学习是为了获取文凭、谋求理想职业、提高社会地位；而不是为了掌握科学文化知识、提高自身综合素质。倘若孩子不好好学习，念不进去书，还不如早早就赚钱去。学习好又能怎么样，考上大学也不包分配，还不如趁早去赚钱，你看某某同学小学都没毕业，就开始做生意了，现在自己都开上车了。念书好能赚大钱也行，赚个死工资还不如去做生意。父母在商业文化中的功利性造成了孩子学习目的的功利性倾向。回族学生学习目的的功利性使他

---

①②马雅蕊.回族学生学习目的功利性家庭影响叙事研究［D］.四川师范大学硕士学位论文，2012：44.

们更多关注利益的回报，即注重学习内容的有用性，选择能更好改变经济窘迫状态的生活方式，造成学生不努力学习或早期辍学，开始商业活动。

## 三、提高中小学教师多元文化教育教学实践能力的思考



在宁夏回族地区，汉族中小学教师对回族的饮食禁忌很了解，但对伊斯兰教回族重经商、轻文化教育，追求物质利益功利性等深层的文化缺乏思考和理解，包括回族教师，缺乏多元文化教育能力。正是这些深层的文化影响了回族学困生的发展，导致回族学生入学率低、辍学率高。但教育行政部门和中小学校缺乏对中小学教师进行多元文化教育培训。因此，要求在职中小学教师应树立多元文化教育意识，加强在职教师的多元文化教育培训，提高职前师范生的多元文化教育实践能力等，提高他们的多元文化教育水平，培养良好的行为习惯，提高教育质量，更好地促进教育公平发展。

### （一）加强在职教师的多元文化教育意识

多元文化教育追求社会平等和公正，认为教育是每个人普遍享有的权利，强调教师应具备多元文化教学能力，公平对待不同民族、社会阶层以及不同文化背景的学生，为他们提供平等的教育机会，使其获得最大发展，促进教育公平发展。多元文化强调要以相互尊重、理解、宽容与学习的态度面对各种不同文化的差异，坚持平等、交往、整合的理念，公正、平等、差异、多元和宽容成为多元文化的核心词汇。[①]只有充分认识到回族伊斯兰教的宗教信仰、回族历史、价值观等文化，了解回族学生的思维方式和认知方式，才能够根据差异选用合适的教育教学策略，提高教育质量。[②]

---

①李纯.多元文化视域中的教师专业发展研究[D].西南大学博士学位论文，2009，(04).

②赵琳琳.美国多元文化教师教育理论和实践研究[D].福建师范大学教育硕士论文，2010：62.

由于各个民族具有不同的风俗习惯，文化背景、价值观念和宗教信仰之间存在差异，如果教师缺乏多元文化相关的各种知识，就不具备进行多元文化教育教学的实践能力，自然就不知道如何解决教育教学中出现的多元文化问题。针对回族学困生教育，教师没有充分认识和理解回族从商是回族整个民族的文化传承，没有理解回族学生学习目的功利性倾向对其学习的影响等。如果教师具备多元文化教育能力，就会从回族伊斯兰教文化传承的角度激发学生的学习积极性，树立合理的学习目的，使回族学生在学习中找到自己民族的独特性和优越性，不仅吸收主流文化的知识；同时，从主流文化的知识中能感受到民族的认同与发展，从而激发其学习积极性，树立正确的学习目的。

只有当教师具有了多元文化教育观、相关多元文化知识及教学策略，才能适应多元文化社会的教育。因此，教师首先要树立多元文化教育意识，加强对回族伊斯兰教文化的学习和理解，才能正确引导、教育回族学困生，使他们树立正确的学习目的观。

### （二）加强在职教师的多元文化教育能力培训

回、汉族学生同班的多元文化对中小学教师提出了挑战。教育行政部门和相关研究者应注重研究教师的意识形态、性格等，加强教师对多元文化教育的理解，使中小学教师能够从多元文化视角审视自己是否具有民族偏见，重新认识自己在社会中的角色，创造一个多元文化的氛围，帮助教师理解回族文化。①

学校和教育部门应充分利用回族地区的人力物力资源，拨款资助回族地区在职教师进行多元文化教育培训，提升其多元文化教育能力。第一，聘请宁夏回族地区民间著名的阿訇、满拉、回族作家、回族民间艺人等为中小学校的客座教授；或邀请回族教育研究专家到中小学校讲学，向教师讲授回族伊斯兰教文化知识等。第二，组织回汉教师、邀请地方阿訇、满拉等，开展各种学术沙龙等交流活动，讨论回族宗教、文化等内容，可以采取分享个人故事的学习方式，分享回族教师的多元文

①靳淑梅.美国多元文化教师教育发展综述［J］.外国教育研究.2008（12）：13-16.

化教育实践；或分成小组讨论，以丰富伊斯兰教文化知识，更好地理解回族文化，建构自己的伊斯兰教文化知识，提高教师的多元文化知识及其教育实践能力。

**（三）提升职前师范生的多元文化教育能力**

首先，开设多元文化教育课程。由于我国教师教育课程在组织形式和教学内容上高度统一，很少涉及少数民族文化知识，大多数以主流文化为中心，导致职前教师缺乏对少数民族文化的正确认识、解决文化冲突的专业知识和技能缺失，不能适应其风俗习惯、宗教信仰、价值观等问题。因此，民族地区高师院校很有必要开设教师多元文化课程，培养师范生的多元文化教学设计能力、形成课堂讨论所需要的技巧能力、协助不同群体学生合作学习的能力、多元文化教学方法等。第二，加强师范生的多元文化教育实践能力。要加强民族地区师范生的教育实习，使其在教育实习中学习、了解不同民族的学生文化背景，提高其多元文化教学实践能力。

**（四）加强在职教师的多元文化实地考察学习**

针对中小学教师多元文化教育教学能力缺失问题，不仅要加强在职中小学教师的回族文化知识学习，而且还提供实地考察学习的机会，让中小学教师亲自感受真实的回族伊斯兰教文化，尤其是汉族教师。如举办一些实践体验活动，组织教师深入到回族生活社区，亲自参与回族社区文化活动，深入到当地回族博物馆、图书馆、节日和宗教活动场所，从而了解回族的宗教文化思想。

通过以上措施，提升中小学教师的多元文化教育教学能力，以改变他们的教育方式和教学手段，营造民主的课堂环境，为班里的每一位儿童提供公平、公正的教育，关注回族学生的学习需求，要多赞赏和鼓励回族学生，激发他们在课堂上积极发言，使其认识到自己与其他同学并无差异，避免歧视，在轻松自由的氛围中学习，提高教育质量。

（本文刊于《现代教育论丛》2014 年第 4 期）

# 民族地区民办幼儿园师资力量现状调查与分析

## ——以宁夏固原市原州区为例

马　芳　祁渊斐
（宁夏师范学院　教育科学学院）

**摘　要：**学前教育是人一生中接受教育的最初阶段，它对幼儿以后的发展有着十分重要的影响。由于我国公立幼儿园数量有限，因而民办幼儿园成为学前教育的主体力量。但在民族地区，教育资源比较落后，民办幼儿园管理人员的整体水平有限，导致幼儿园整体师资水平达不到国家的要求。所以，了解民族地区民办幼儿园师资情况，对此地区学前教育事业以后的发展起着积极的作用。

**关键词：**民族地区；民办幼儿园；民办教师

## 一、民族地区民办幼儿园师资现状的概述

2003年9月1日开始施行的《民办教育促进法》第四章第二十七条规定：民办学校的教师、受教育者与公办学校的教师、受教育者具有同等法律地位；第三十条规定：民办学校应当依法保障教职工的工资、福利待遇，并为教职工缴纳社会保险费。然而现实与理想的差别总是很大，只有公办学校教师享有事业编制和各种社会福利。普通民办幼儿园对教

师的简单优惠项目很难吸引各大高校师范类或幼教类毕业生前来应聘，为了保证足够的教师任职，小型民办幼儿园在聘任教师时对幼儿教师的审定、资格与能力确认方面没有做到严格要求。所以，很多民办幼儿机构只能退而求其次地选用一些没有专业知识、学历水平相对较低的人员当幼儿教师。在这种情况下，民办幼儿园教师要实现自身的专业发展就显得寸步难行。

2010年，《国家中长期教育改革和发展规划纲要（2010—2020年）》提出，“积极发展学前教育，到2020年，普及学前一年教育，基本普及学前两年教育，有条件的地方普及学前三年教育”。并要求“大力发展公办幼儿园，积极扶持民办幼儿园”。而民族地区也根据国家相关的法律法规，结合地方实际，制定一些地方性法规保障和推动民办幼儿园的发展，例如宁夏回族自治区固原市的《固原市扶持民办幼儿园发展的实施意见》的通知。

近年来很多研究表明，学前教育在人一生发展中所起的作用越来越大，学前教育的地位也相应提高，幼儿教师也越来越受到重视，提高民办园幼儿教师的专业素质已成为迫在眉睫的事情。积极响应国家号召，大力发展民办幼儿教育，并兼顾民族地区的特殊性，成为民族地区民办幼儿教师专业成长的机遇和挑战。

## 二、宁夏固原市原州区民办幼儿园师资力量调查现状

### （一）研究对象和方法

本研究以宁夏回族自治区固原市原州区民办幼儿园教师为调查对象，根据不同幼儿园规模的大小、城乡差别，采用随机分层抽样的办法，一共选取了10所幼儿园的幼儿教师，共发放问卷100份，回收94份，剔除填写不完整的问卷，最后回收有效问卷85份，回收率90.4%（见表1）。

### （二）调查结果与分析

通过对94份回收问卷的统计、整理、分析，可以了解固原市原州区

民办幼儿园师资力量的一些现状。

1.性别比例严重失调，男性教师资源紧缺。

**表1　研究对象构成情况表**

| 园所名称 | 发放问卷 | 回收问卷 | 有效问卷 |
|---|---|---|---|
| 育才幼儿园 | 7 | 6 | 6 |
| 梦飞翔幼儿园 | 6 | 6 | 5 |
| 人杰幼儿园 | 9 | 9 | 8 |
| 春蕾幼儿园 | 11 | 11 | 10 |
| 海宝楼幼儿园 | 16 | 15 | 13 |
| 东海幼儿园 | 28 | 26 | 24 |
| 穆斯林幼儿园 | 5 | 5 | 5 |
| 百花幼儿园 | 5 | 5 | 4 |
| 春蕾第一幼儿园 | 5 | 4 | 4 |
| 希望之星幼儿园 | 8 | 7 | 6 |

在填写问卷的85名教师中，全部为女性，所占比例100%，没有男性教师。但在调查过程中，有两名男性园长负责管理。可见，目前在学前教育领域男性教师所占比例极少，教师性别比例严重失调。

针对这种现象，进行分析，可能有以下几个原因：第一，学前教育专业的男生本来就非常少，毕业后，主动想到幼儿园工作的人数较少，到没有编制的民办幼儿园的就更少。第二，在欠发达的民族地区，人们对幼儿教育还有着一定的偏见。大多数人都认为幼儿园教师是“带孩子的保姆”“每天就只陪孩子玩，没有技术含量”“一个大男人当幼儿教师，肯定是没有什么出息”等。第三，男性自己在思想上并不能接受一份看管小孩子的工作，自尊心、面子、工资等问题都是他们不去幼儿园的原因。

2.教师队伍整体年龄水平偏于中等年轻。

表2　受调查教师年龄情况

| 年龄 | 人数 | 比例（%） |
|---|---|---|
| 25岁以下 | 34 | 40.00% |
| 26–35岁 | 45 | 52.94% |
| 36岁以上 | 6 | 7.05% |

根据表2可以看出，26–35岁的人数最多，占52.94%，其后是25岁以下的，占40%，在调查中，最大的年龄为41岁。根据以上数据，看出固原市原州区民办教师队伍偏向年轻。首先，26–35岁之间的教师都大多有自己的孩子，进入民办机构当老师有一定的生活经验，在与幼儿的接触过程中有一定的优势。其次，25岁以下的教师年轻有活力，学习能力强，更容易接受新的思想。但是，这也暴露出一些问题：教师队伍不稳定，人员流失严重。比如，有家庭的老师可能会因为家庭而不得不放弃工作；没有结婚的教师没有经验，可能会觉得每天和小孩子待在一起比较烦、没有耐心，而去寻找一个新的工作。

3.学历结构偏低，师资专业水平有待提高。

在本次的调查中，教师具有中专学历16人，占18.82%，大专学历58人，占68.23%，高中学历10人，占11.76%，本科及以上1人，占1.18%。根据她们所填写的信息，有一半以上的人都是学前教育专业的，还有汉语言文学、音乐、医学、理工类专业等。总体来看，进入民办幼儿园当教师的门槛较低，而本地区也没有一定的要求，教师的整体状况比较混乱。

4.教师资格持证率比较高。

《幼儿园工作规程》（1996）规定“幼儿园教师必须具有《中华人民共和国教师资格条例》规定的教师资格”。在回收的85份有效问卷中，74人有教师资格证，占78%，20人没有资格证，占22%。但在调查的过程中，部分教师由于各种原因有刻意隐瞒自己真实情况的现象。

5.工资待遇不高。

表3 工资待遇表

| 工资范围（元/月） | 人数 | 比例（%） |
|---|---|---|
| 800~1500 | 25 | 26.5 |
| 1600~2000 | 67 | 71.2 |
| 2100以上 | 2 | 2.1 |

《教育法》已经明确规定，幼儿园教师享受与中小学教师同样的政治和经济待遇。可事实情况并不是如此，公办幼儿园中有编制的教师工资相对较好，享受国家法定的节假日与节日福利，但民办幼儿园教师的工资待遇没有任何保障。民办幼儿教师与公办幼儿教师做同样的工作，有时工作负担可能更重，却拿不到与公办幼儿园教师同样的工资待遇。再者，民办幼儿园的经营者为了自己的利益不愿意付更多工资给民办教师。由于工资待遇、社会保障等方面巨大的差距，给民办幼儿教师带来了很大的心理不平衡，其结果就是民办幼儿园教师工作不积极，当一天和尚撞一天钟，这也导致了民办幼儿园教师人员流失，教师队伍不稳定。

## 三、结论与建议

### （一）制定民办幼儿园的相关法律法规，保障民办教师的合法权益

正确的观念和认识是政府积极承担责任的前提。民办幼儿园作为我国学前教育的重要主体，是整个国民教育体系中不可缺少的重要组成部分，对各地方学前教育事业的发展具有举足轻重的意义。所以，针对目前我国民办幼儿园各种混乱的现状，尽快出台相应的法律法规，确定民办幼儿教师的法律地位，对他们的权力、责任、待遇等作出规定，从法

律层面上约束民办幼儿园，促进民族地区民办幼儿教师的专业发展，提高民办园的整体师资水平。

**（二）园内管理人员要多关注幼儿教师专业水平**

从调查的情况来看，本地区民办幼儿园教师整体比较年轻、而且学历水平不高、教龄不长，所以提高她们的专业水平是非常关键的一点。这就需要园长提供一个更宽广的平台，让教师有机会去接受新的知识，多参加培训，园内多交流，和公立幼儿园建立一个好的合作关系，请有经验的教师来园内多进行讲座。

**（三）促进家园合作，争取和谐发展**

对于幼儿教师来说，家长对教师工作的理解和支持，对她们的专业发展非常重要。家园合作是幼儿教育的必然趋势，教师应该把家园合作视为自己工作的一个重要方面。一方面，教师在日常的工作中要与家长多交流，多宣传正确的幼儿教育观，提高家长的素质，共同促进幼儿的全面发展。另一方面，可以建立家长委员会，家长可以到学校去观摩教学，了解自己的孩子在幼儿园中的具体情况，针对发现的不利于幼儿发展的行为提出一些建议，使民办幼儿教育更加的正规、透明。

**（四）加强幼儿园管理，规范民办幼儿园，创造良好发展环境**

政府根据本地区民办幼儿园发展的现状，提出一个具体方案。例如，对幼儿园园长进行统一的管理，加强检查力度，取缔一些不符合规定的幼儿园，合并一些师资力量偏低的幼儿园；严格控制民办幼儿园教师的入园资格，加强培训，保障其社会福利待遇。只有这样，才能为民办幼儿教师专业发展创造良好环境。

（本文刊于《时代教育》2014 年第 10 期）

## 参考文献

［1］庞丽娟 . 中国教育改革 30 年——学前教育卷［M］. 北京：北京师范大学出版社，2011.

［2］胡玉萍．教育文化与学校教育——多元文化背景下的少数民族教育发展不平衡研究［D］．中央民族大学，2005.

［3］王琦．民办幼儿园发展存在的问题与对策［J］．当代教育理论与实践，2022，3（4）．

［4］吴启清．民族地区民办幼儿园教师专业发展的现状研究［D］．西南大学，2012.

［5］张晨．民办幼儿园师资管理问题研究［D］．郑州大学，2013.

# 改善西北民族地区农村小学英语教师知识结构的对策研究

## ——以宁夏西海固为例

梁小矛
（宁夏师范学院　外国语学院）

**摘　要：**在西海固，农村小学英语教师队伍参差不齐、教师专业成长环境不良、教师教育培训方式单一和教师激励机制不健全等因素严重制约着当地英语教育的发展，所以如何采取有效对策来改善这种局面就显得十分必要和迫切了。

**关键词：**农村小学；英语教师；知识结构

解决农村小学英语教师知识结构的对策，首先需要教师本人自觉地意识小学英语教育质量的提高有赖于教师合理的知识结构，教师应积极主动地去涉猎自己的专业知识和其他知识，并不断地对自己的教学进行反思研究，使自己的教育教学能力不断地得到提升。同时有关教育部门要建立起灵活有效的教师聘用制度，并积极地为小学英语教师的成长营造起良好的成长环境，激发起教师对自己专业知识结构提高的内在需求，改善现行的单一的教师培训方式及建立起符合本地区的教师激励保障体制等措施，有了这样的保障，西海固小学英语教师的整体素质才能真正得到提高，农村小学英语的教学才能真正有保障。

## 一、建立灵活有效的小学英语教师聘用制度

农村教育是整个教育改革中的重点、难点，而农村教师队伍建设又是农村教育发展的重点、难点。构建一支高素质的农村教师队伍，是实现农村教育全面协调可持续发展的客观需要和有力保证。要提高教育质量，就要有一支高素质的教师队伍。党的十七大报告中也明确要求：加强教师队伍建设，重点提高农村教师队伍素质。这说明党和国家对农村教师队伍建设的高度重视。在西海固，农村小学英语教师的来源要么是本校教师兼职，要么是转岗教师，要么是特岗教师，还有一些外聘的，教师队伍的参差不齐严重制约了农村英语教育的发展。因此，为了保证西海固农村小学英语的教师能不间断地满足教学的需要，笔者认为应该采取多方面措施来拓宽教师来源渠道。

首先，通过公开招考选拔和鼓励英语专业优秀毕业生到农村小学任教，特别在特岗教师的招聘中，给予小学英语教师招考以政策上的倾斜。诸如增加招考名额，在年龄、学历等方面适当放宽要求等。

其次，面向社会吸引人才，通过教师资格认定和互聘、联聘、返聘、兼职等多种途径，以确保农村英语教学对英语专业人才的需求。教育主管部门可以根据农村小学实际，在教师待遇、培训、学习等方面给予保障和提高，以吸引更多英语专业人才投身到农村英语教育事业中。

再次，争取教育部门为农村小学积极“送”教师。各级政府和上级教育部门应该出面要求各地方高等院校和地方小学，结成帮扶对象，选派一些优秀的英语专业教师到农村小学任教，并把地方高等院校的外国语学院看做是小学英语教师储备库。通过教育主管部门、高校、教育科研部门及农村小学，构建“四位一体”的农村小学英语教育新格局。

教师是学校发展的根本，建设一支高素质的教师队伍，是农村教育快速发展必不可少的条件，是新一轮基础教育课程改革必不可少的动力，是影响农村教育质量、整个基础教育事业的发展的棋子，因此要根

据农村小学英语教育教学实际，建立灵活有效的小学英语教师聘用制度和多种形式的用人方式，可大大加强和充实农村教师队伍，并能确保农村小学英语教学任务落到实处，从而提高农村英语教育事业的发展。

## 二、改善英语教师专业成长环境



### （一）营造良好的教师成长外部环境

学校是教师专业成长最重要的基地，教育部门、学校应努力为农村小学英语教师营造良好的成长环境，着力搭建教师自我完善的平台。

首先，各级教育行政部门的领导要从制度方面给予充分的重视，并制定切实可行的实施方案来营造教师专业成长环境。为此要做到以下几点。

1.县级教研部门要配备专职的优秀的小学英语教研员，积极组织开展小学英语教师教学研究工作。根据农村小学的实际情况有针对性地开展符合地区实际的教改实验，及时地总结、完善，并加以推广，真正为推进本地区农村小学英语的持久、健康的发展起到领头羊的作用。同时，针对性地聘请英语专家和优秀英语教师开设讲座或组织专题讨论，和农村英语教师一起探讨英语教学中存在的问题，引起教师共鸣，从而激发他们解决问题的勇气。农村地区英语教研活动要密切结合农村学校的具体师资情况和学生情况以及教学条件等来逐步地开展活动。而活动的开展要深入到最基层、最薄弱学校来进行，并且要确保所有农村小学英语教师都能领会和适应新形势下新课程的具体要求，从而使农村小学英语教学水平得到全面提高。

2.乡或区教委可建立乡村小学英语教学指导委员会，对农村小学英语教学工作和科研工作进行专门指导。如积极组织学区内各学校之间的不定期听课评课、交流研讨等活动，同时积极与兄弟学校间开展手拉手教研活动，通过相互观摩，相互交流，相互探讨教学方法，相互切磋教学技艺，取别人之长，补自己之短，促进英语教师专业成长。同时要引导英语教师通过网络开展交互式研修活动，拓展英语校本教研的时空局限，改变英语教师专业成长方式，突出和营造地方区域特色化的英语教学研究氛围。教研活动应紧紧围绕英语教学新理念、新思想和新教材来展开。学区教学指导委员会要真正树立为教师服务的理念，积极帮助教师尽快适应教育新形势的要求。

3.学校应对本校教师现状进行分析，为每个教师制订个人专业成长规划。这个计划包括长期发展目标和近期发展计划的教师专业成长手册，教师在每个成长阶段应该达到什么标准，以引导教师切实提高自己的执教能力。

其次，加强与地方高校的合作，搞好课题研究，使英语教学与实际相结合，以实践带科研，以科研促进教学。每年学校确定几个主课题，领导要主动承担起牵线搭桥的工作，提倡小学英语教师与地方高校外国语学院的教师结成手拉手帮扶对象，共同研究、共同探讨、共同发展。教师的专业发展与学校的发展是互动、互推的。学校时刻关注教师专业发展，着力创建教师专业成长的软环境，不断研究教师专业发展的对策，以学校带动教师，以教师助推学校，达到教师、学校共同发展。

最后，加大对农村基础设施方面投入。各级教育行政部门尤其要充分认识推进小学开设英语课程的重要性，为此要加强农村小学的硬件设施建设，有条件的地区要为农村小学接收英语课程节目，提供必要的条件。特别要配备电视机、录像机和录音机等必要的设备以及英语节目的接受等。同时改善农村教师的生活条件，妥善解决好教师住房、就医等实际问题，减轻他们生活上的负担，提高他们的待遇，保护他们的合法效益，让农村教师有个舒适的环境也是保证教师安心、乐于农村教育的基础保障之一。

**（二）激发教师自我发展的需要和意识**

教师自我专业发展意味着教师对自己的专业发展负责，强调教师不仅是专业发展的对象，更是自身专业的主人。只有激发起教师自我发展的需要和意识，教师才有可能有意识地寻找各种机会进行学习，才有可能把终身教育的理念贯穿自身发展的始终，才能最终达到自身专业素质的不断丰富、更新和发展。

调查数据表明，西海固农村小学英语老师知识结构欠缺是全方位的，既包括英语专业知识，特别是英语基础知识和基本技能知识，以及跨文化交际等知识。教育学与心理学理论和实践知识的结合有待进一步加强，特别是英语新课程和教学知识、学生认知与心理等方面的知识。因此，农村小学英语教师专业发展要根据自己的实际情况给自己一个准确的定位。总体目标应定位在"小学英语教育专业"的课程要求和水平上，为此教师除了应切实加强自己语言基础知识、语言基本技能外，还要进行相关理论课程的学习和研究，诸如《小学英语课程与教学论》《教育心理学》《儿童教育与心理》等课程，完成知识结构的业余"充电"工作。

此外还要培养教师的科研意识，科研能力是指英语教师积极提高自我科研意识，不断进行英语教育教学自我反思和自主科学研究，从而改善自身英语教学质量和探索英语教育教学规律的能力。[①]教师从事教育教学研究可促进教师专业素质的提高，也可促进教育教学质量提高。教师的科学研究能力主要来自教师的科研意识与兴趣，所以首要任务就是先要培养教师的科研意识与兴趣，并让老师自觉地认识到科研既是教师的内在发展的需求，也是教育教学发展的要求。苏霍姆林斯基说："如果你想让教师的劳动能够给教师带来一些乐趣，使天天上课不至于变成一种单调乏味的义务，那你就应当引导每一位教师走上从事研究的这条幸福的道路上来。"[②]其实，每一位英语教师都能进行英语教学研究，教师如果掌握了相关教育研究的理论和方法，结合农村小学英语教学实际开展英语教学专题研究，用理论来指导自己教学实践，在实践过程中发现新问题，并找出解决办法，真正把教学实践与科学研究结合起来。使自己的职业不断得到升华，从而找到职业的幸福感，由此完成由"教书匠"向"科研型教师"的华丽转身。

当今社会，人们面对的是一个多媒体的时代，报纸杂志、广播电

---

①孙艳玲.中小学英语教师提高专业素质的途径［J］.山东师范大学外国语学院学报（基础英语教育），2010.

②苏霍姆林斯基.给教师的建议［M］.杜殿坤译.北京：教育科学出版社，1984：494.

视、网络世界，令人目不暇接。现代社会是一个学习化的社会，不学习就会被淘汰。自学，它是教师获取知识的主渠道，教师有针对性地选取内容进行学习与实践，来完善自身知识结构，不断拓展自己的学习空间，才能在最大程度上挖掘自己的潜力，提升自己的专业水平，促进个人的专业成长。“终身学习是打开21世纪光明之门的钥匙”①，从教师发展来讲，教师专业化是教师教育改革的需求和方向，对于从事农村小学的英语教师来说，当务之急是树立终身学习的观念，应不断完善知识结构、拓展专业内涵，提高专业水平。这种完善与拓展，当然需要外因的推动，更重要的是依靠自身的努力。作为一名老师，其兴趣不能仅限于本学科领域的知识，还要涉猎相关领域的知识，教师要紧跟时代的脚步，多关注学生感兴趣的东西，要不然就无法驾驭教学，更谈不上影响和教育学生了。虽然小学教育属于基础教育，但教材不断反映科学发展的最新成就，学生的知识面、他们的兴趣和活动范围也在不断扩大，②因此，要求小学英语教师能通过各种渠道不断获取新知识，了解本学科及其他相关学科领域的新知识、新成就，促进自身专业的发展和教学质量的提高。

## 三、改善教师教育培训方式

在职教师的成长，离不开教育培训。教育培训要讲究实效，实行各种培训方式相结合的方法。诸如校本培训、在职外出培训、专家讲座、短期培训，通过图书馆、网络及相关书籍的自学、自我反思等相结合的方法。

首先，农村小学英语教师转岗培训需要做到经费到位、时间到位和课程到位。各级政府要加大教育培训的投入，把各级各类的培训落到实

①国际21世纪教育委员会报告联合国教科文组织总部中文科译.教育——财富蕴藏其中[M].北京：教育科学出版社，1996.

②孙艳玲.中小学英语教师提高专业素质的途径[J].山东师范大学外国语学院学报（基础英语教育），2010.

处。以保证农村小学英语教师培训不落空。要将农村小学转岗教师的培训作为专项工作，落实经费，保证培训的有效性。

其次，培训课程要注重实用性。在西海固接受培训的大部分是转岗英语教师，这些老师最迫切需要提高的是口语和基本的语言知识，因此培训内容要有针对性，譬如创设以真实英语教材为本位培训模式，以目前使用小学英语教材为出发点，针对转岗英语教师们最迫切需要提高课堂口语来开《英语课堂用语》，为提高教师的语言基础知识来开《基础英语》，为纠正教师的错误发音来开《英语语音》，为提高课堂基本教学技能来开《小学英语教材教法》等课程，从而达到真正的培训效果。

英语教育与小学其他科目不同，它不是简单以书本知识学习为主的教育，它要求教师有把教育内容还原为生活和经验的能力，能够把教学内容化解为学生可以参与其中的活动。这对教师的专业能力也是重大的挑战，需要教师付出很多的努力。由于对转岗而来的英语教师来说教英语是一项极具挑战的工作，又由于英语教育对师资有独特的素质要求，因此非英语专业的老师必须经过充分的专业培训才能胜任英语教学工作。

农村小学要采取“走出去，请进来”等多种方式，有针对性地组织英语教师走出去听课、培训、深造，同时要积极邀请发达地区的优秀英语教师来校讲学辅导，定期举行讲座，增强英语教师的跨文化交际意识。语言离不开文化，离开了文化的语言教学往往既不能深入也没有效率。教英语当然离不开英语文化。英语教学的一个重要目标就是培养学生的跨文化交际意识，发展跨文化交际能力。所以要求老师结合教学内容，引导学生关注语言和语用中的文化因素，了解中外社会文化、习惯、风土人情、历史地理的异同，逐步增强学生对不同文化的理解能力，而这些知识的传授仅仅靠简单的语音知识、词汇知识、语法知识和句子的翻译是远远不够的。所以要积极创造条件，给教师提供更多的机会，如外出进修、听讲座、观摩优质示范课，参加研讨班等活动，聆听专家和同行的成功经验，吸取先进的教学理念和教学经验，根据本人的实际教学情况，逐步改进和增强自己的教学。同时邀请优秀的同行教师亲临教学一线，到基层学校开展公开示范课教学，使教师得到面对面的辅导，帮助教师在教学实际中发现问题，解决问题。要着力提高培训的质量，定期开展互听互评活动，切实加强英语教师培养。英语教师的培养可通过多种形式，拓宽多种渠道，促进沟通交流，共同学习、共同探讨、共同实践、共同提高。通过培训，切实让农村教师转变教学观念，更新知识和教学方法，加深化对英语教学的理解，从而提高教师的专业素养，促进农村小学英语教师的专业成长。

## 四、建立教师保障激励机制

激励是调动教师积极性的有效手段与途径。通过运用不同的激励方法，并注意适当适时的具体情况，创造条件以激发教师，调动他们的积极性和创造性，实现学校发展与教师自身发展的统一，达到提高学校教育质量的目的。教师是提高教学质量的关键，与教师需要有关的因素都会影响到教师教学效果与教学态度。因此，能否调动教师的积极性的发挥至关重要，而对教师的管理与评价又与教师的积极性的发挥有着密切的联系。

上级主管部门、学校和社会要建立和完善行之有效的保障激励机制，促进农村小学英语教师知识结构的发展。要对教师知识结构发展的目标和内容作出规划，引导教师积极参与。要发挥绩效管理的功能，对教师知识结构发展的表现和成果及时评估。要提高新聘师资的门槛，把真正具有良好知识结构和现代教育理念的优秀英语教师吸收进来。

首先，打破教师终身聘任制，要注重对教师的全面评价。打破原有的教师终身聘任制，对英语教师资格的认证要打破年限的限制，工作表现与工资挂钩，可增加教师的危机意识；对优秀英语教师可破格聘用；从师范院校英语专业专本科毕业生中，选拔一批优秀应届毕业生，充实到农村中小学英语教学的队伍中去等。通过多种形式聘用教师的方式可以把教育理念先进、知识结构合理、综合素质强的英语专业人才充实到农村教育一线。注重对教师的全面评价，就要细化教师资格评估标准，推行英语教师专业化建设。对小学英语教师的基本语言能力、文化知识、专门语言科学知识和职业外语教育科学知识及其技能等，需要制定考核标准。

其次，强化制度保障机制。要强化各项制度建设，通过实行小学英语教师聘任制与淘汰制，竞赛、评价、活动等激励机制，有利于强化教师的岗位意识是提高教育教学质量的可靠保障。每个教师都有自身的特点或优势，教师相互学习，取长补短，比帮赶超，促进自身素质的不断提高。如采取教师工作经验交流、教学比赛、学生挑选教师等方式，再如教育部门可通过开展评选“教坛新秀”“ 学科模范”“ 教学名师”等活动，对他们实行物质奖励和精神表彰，从而激励老师们在业务上精益求精。此外教育管理者还要动脑子设法为老师提供职称晋升、专业进修、外出培训等多种形式的自我提升机会。并以此为契机，以丰富多彩的活动对教师形成有效激励。比如把精神激励机制和物质激励机制结合起来，还有诸如目标激励、情感激励、榜样激励等方式都是可以尝试的。同时也可尝试奖励一个团队，要是一个学校的整体学生学业成绩和表现有所提高，教育部门就应划拨专项奖励资金来提高了学校的竞争意识。所以对一个团队的奖励要远比奖励单个教师的影响大得多，而且更能带来教师整体水平的提高。当然，激励机制的方式是多种多样的，所以要求管理者必须综合运用不同种类的激励方式，制定出符合实际有效的制度，教师工作积极性、主动性和创造性就一定能激发起来，学校的教育教学质量自然而然地就会得到提高。

最后，深化教师的人事制度改革，实现人才合理地有序的流动，“以实行聘用制和岗位管理为重点，以合理配置人才资源，优化小学教职工结构，全面提高教育质量和管理水平为核心，加快用人制度和分配制度改革，建立符合农村小学特点的人事管理运行机制，[①]建设一支高素质、专业化的小学英语教师队伍和管理人员队伍。实行适合本地区教师聘任制，提高绩效工资奖金的额度，健全分配激励机制，严把教师资

---

①张遵刚.农村教师管理的难点与对策［J］.新校园（理论版），2011.

格入口关。此外也可以借鉴国外一些好的经验，实行城乡教师“轮岗制”，让城市富余教师下乡支教，并把教师支教经历、成绩和职称及职务的晋升结合起来。同时教育主管部门要尽可能从政策上为农村教师创造更好的工作条件和生活环境，对农村实行政策上的倾斜，如对刚进入教师队伍的年轻老师下乡任教锻炼，并把这些经历存入个人档案，为这些老师未来的职称晋升提供优惠待遇，与此同时要提高农村小学中教师职务岗位比例，为他们的职务晋升创造有利条件，切实解决他们的后顾之忧，真正使他们安心乐教。

建立有效的教师激励机制牵涉到学校各个方面的人事管理工作，它的每一个方面都涉及许多具体的要素，值得进行深入细致的研究。学校管理者平时应认真考虑教师的实际需要和困难，努力解决教师生活中的实际问题，创造良好的工作环境，让教师看到和感受到事业的发展和个人的成长进步，并通过各种措施来激发教师对工作的热爱，让老师从教学工作中找到职业幸福感，并为之奋斗，使自己的职业和生活得到升华。

（本文刊于《海外英语》2013 年第 21 期）

# 西北民族地区农村小学英语教师知识结构存在的问题研究

## ——以宁夏西海固为例

梁小矛
（宁夏师范学院　外国语学院）

**摘　要：**近年来，西海固针对本地区小学英语教师缺乏、英语课的开设情况不乐观、英语的教学质量也难以保证等情况相继出台了相关政策，但也存在一些不容忽视的问题，如，教师来源方式不合理、教师专业成长环境不良、教师教育培训方式单一、教师激励机制不健全等。

**关键词：**农村小学；英语教师；知识结构

当今世界正处在大发展和大调整的变革时期，世界呈现出多极化和经济全球化的发展趋势，英语作为通向世界的桥梁纽带作用日渐凸显，所以在义务教育阶段开设英语对青少年未来的发展具有重要意义。为此教育部决定，把小学开设英语课程作为21世纪初基础教育课程改革的重要内容，并提出推进小学开设英语课程的基本目标：2001年秋季开始，全国城市和县城小学逐步开设英语课程；2002年秋季，乡镇所在地小学逐步开设英语课程。小学开设英语课程的起始年级一般为三年级。各省、自治区、直辖市教育行政部门可结合实际，确定本地区小学开设英语课程的工作目标和步骤。[①]根据以上要求，近些年来固原市针对本地区小学英语教师缺乏、英语课的开设情况不乐观、英语的教学质量也难以保证等情况相继出台了相关政策，但也存在一些不容忽视的问题。

## 一、教师来源方式的不合理

面对小学英语教师缺乏、英语课又不能不开的尴尬局面，固原市教育部门首先是鼓励有一定英语基础的在职小学老师去教英语。这些老师一般经过多则两月，少则一周左右的培训后就直接去教英语。他们的从教虽然在一定程度上缓解了小学英语无人教的局面，但由于缺乏系统的专业知识的学习积累和系统的训练，导致他们在教英语时普遍感到难以驾驭教材，这一点在笔者对一些老师的访谈后感触是最深的。

> “我是师范毕业的，教书已有20年，在小学我什么科目都代过，2009年校长找我谈话，让我参加了我们县教育局组织的一次为期一周的英语培训，从那时起我就开始带全校的英语。三年级英语简单我还能应付，后来就感到越来越吃力，尤其这学期带第七册英语，英语词汇量大不说，里面提到的感恩节我自己都弄不明白，更别说给学生讲了……”
>
> （原州区某农村小学王老师）

> “我以前主要代数学，现在兼代英语两年了。这两年中我感到最吃力的是口语和听力，对英语的语音、语调把握不准，读出来的英语自己感觉都不像，所以上课我就尽量给学生放磁带，这总比给学生教错好，教错了就很难再改过来了……”
>
> （彭阳县某农村小学黄老师）

①中华人民共和国国务院公报.教育部关于积极推进小学开设英语课程的指导意见，2001(35).

“我对小学英语课堂使用的教学方法也不是很清楚，一般按照小学数学、语文课的上法去上，但效果不好，学生积极性不高，兴趣不大，我不知道咋教了……”

（海原县某农村小学段老师）



从以上访谈可以看出，这些非英语专业老师没有接受系统的英语教育和学习，所缺知识是全方位的，他们不但缺英语语言基础知识、英语语言技能及英美文化等方面的知识，更缺英语教学法方面的知识，其教学效果是可想而知的。

其次是通过特岗考试招聘大学生去小学任教。特岗教师是国家为了缓解大学生就业，支援农村教育事业的一项重要举措。特岗教师是一支年轻的高学历的农村教师群体，他们为促进农村教育事业发展发挥着积极作用。但由于编制的限制，招到的英语专业毕业教师数量很少，能分到乡村小学的英语专业老师极其有限。此外特岗教师中还有相当一部分是非师范专业毕业，所学专业五花八门，有公共事业管理，有生物技术，还有食品工程、广告及社会工作等专业毕业的。他们对教师的使命感、崇高感认识不足，对教师的职业角色理解不清。这部分老师不光缺乏英语专业知识，还缺乏教育学、心理学等方面的知识，对教学法一知半解，对农村教育现状更是模糊不清。由此可见对这部分老师进行岗前培训、岗中指导和长期的观察是十分必要的。

此外笔者在调查中发现还有相当一部分非英语专业的老师（中学或大学时学过英语），他们没有经过培训，直接上岗，上课时按照自己当学生时的经验去教，现学现卖。

“在我们学校，以前我代语文，今年学校让我代英语。我不是学英语的，也没有接受过英语方面的专业知识培训，只能凭我学生时代学的那点英语去教，不懂的问题回家问上初中的孩子。就害怕给学生教错……”

（彭阳县某农村小学王老师）

由于西海固小学英语教师的来源方式的不合理，致使小学英语教学质量参差不齐，让本来薄弱的农村教育更是举步艰难。教育部基础教育课程教材发展中心“指导小学英语教学”项目专家工作组在《小学英语课程发展报告》（2006）中指出：“小学英语教学缺乏优秀的师资”“农村小学英语教师的水平令人担忧”。[①]由于缺乏优秀的师资，进而又影响了农村小学英语教学质量的提高。小学英语教育的科学发展，迫切需要加强师资的培养，迫切需要通过各种手段来提高教师的合格率，迫切需要采取系统的、有效的措施来加强小学英语的师资队伍。由此可见，充实合格的小学英语师资队伍是当务之急。

## 二、教师专业成长环境不良

教师的专业成长既需要一定的外部环境，也需要教师渴求自身发展的内在愿望。因此，教育行政部门、教研部门和学校都要为教师的专业成长创造必要条件，鼓励教师善于学习、勇于实践、经常反思，最终成长为教育教学的行家里手。在西海固农村小学，英语教师专业成长环境更是令人担忧。

### （一）教师专业成长的外部环境差

教师发展的外部环境包括学校的人文环境、教师的队伍精神、学校领导对教师的信任、尊重等。学校作为教师专业成长的基地，应努力为教师营造一个宽松平等的人际环境、严谨负责的育人环境和公正合理的竞争环境，并着力为教师搭建一个有利于教师自我完善和成长的平台，指导和促进教师的成长和进步。面对教师的疑惑，要善于倾听和解答，面对教师的实际困难，要给予切实帮助。学校领导还要善于帮助教师更新教育思想观念，提高师德修养，发展教师的团队合作，调动教师主动探索、创新和解决问题。此外学校领导要对教师给予充分的信任和理解，在爱的沐浴下成长起来的教师，他的心里一定会充满了对学生、

---

①小学英语课程发展报告（2006）（上）[J].中小学英语教学与研究，2007，（06）：2–5.

对教育、对生活的爱。在我走访的部分西海固农村小学中，大多数学校只有一名英语老师，在跟他们的交谈中我明显感到英语教育在农村的缺失，英语教师成长的专业环境很差。



> “我虽然已经代了三年英语，但是在英语方面有问题，也没处找人去问，找不到可以交流的对象，每年县上会考英语时，只汇报成绩，所以都是本校老师自己改，学生不会做，我们直接把答案写黑板上，让学生抄，回头再改卷子，给个分数，因为这些是要存档的，没办法。现在是一级哄一级，与其这样弄虚作假，还不如不开英语……”
>
> （彭阳县某农村小学黄老师）

> “我是英语专业毕业的，去年我考上特岗，我除代全校英语外，还教五年级的数学和担任班主任工作。校长要我主要教好数学和管好班级。学校只有一台录音机，我准备了的一些英语课件没法使用……”
>
> （西吉县某农村小学单老师）

> “我代六年级英语，语文、数学老师都抢着跟我要课，我就给他们了。小升初不考英语，学校只重视语文、数学教学，尤其是六年级，英语课几乎没上，县上教研室又很少来听课，乡下科研活动少……”
>
> （原州区某农村小学李老师）

从上面的访谈可以看出，在西海固农村，小学英语教师要么苦于上级领导的不重视，要么苦于教学硬件设施的落后，要么苦于无人教英语，要么是认识上的偏差，普遍存在不重视英语教育教学。此外目前农村小学的教学条件落后，如教学设施匮乏，可利用的英语课程资源少等。《英语课程标准》中明确指出：“英语课程资源包括英语教材以及有利于发展学生综合语言运用能力的其他所有学习材料和辅助设施。英语教学要让学生尽可能多地从不同渠道，以不同形式接触和学习英语，亲身体验和运用英语。因此，在英语教学中，除了合理有效地使用教材以外，还应积极利用其他课程资源。”[①]可目前，在西海固绝大多数农村小学的硬件配备如图书馆、语言实验室、音响设备等基本常规教学设施也严重不足。在这种缺乏课程资源和教学设施不足的环境中，学生学习英语的主要途径只能是课本、练习和教师的课堂讲解，教育环境的不良严重制约着教师自身的发展，同时也影响了农村小学英语教育的发展。

**（二）教师自我发展的需要和意识不强**

一个教师要想在教育事业上有所成就，首先必须有较高的理想和抱负。俗话说得好“不想当将军的士兵不是好士兵”，作为教师，走上教育岗位以后，应该为自己制定一个事业发展的目标，这个目标包括近期和远期的，有了目标，才能有方向感而不至于迷茫，才能有不断地自我发展意识和职业使命感，才能拥有不断地前进的动力。教育的复杂性和丰富性，是其他事业所不具备的，它要求教师富有更高的灵性与悟性，教育的每一天都是新的，每一天都有新的任务和追求，只有强烈的冲动、愿望、使命感、责任感，才能够提出问题，才会“自找麻烦”。

教师对专业发展持什么样的价值观、认同感、达到何种程度等一些软因素影响甚至决定着教师对专业发展的需要和意识、情感与能动作用。[②]在西海固，有些老师由于常年在农村教书，他们教育观念陈旧，加之教学任务比较繁重，平时缺少了对自我的思考，由此产生了淡薄的自我发展意识。诸如满足于现状，对自己要求不高，也没有危机感，角色意识不强等。有的老师不思进取、不求上进、不进修、不学习、满足现状，撞钟式教学。学习无动力，提升学历为的是评职称；科研与自己

---

①中华人民共和国教育部制定.义务教育英语课程标准［M］.北京：北京师范大学出版社，2012.1.

②陈永明.教师教育研究［M］.上海：华东师范大学出版社，2002：256.

无关，是教育专家的事情，自己无须去学习新理念，实践新课标；责任心不强，职业意识淡薄；缺少对自己教学必要反思。考尔德希德说："成功的有效率的教师倾向于主动地创造性地反思他们事业中的重要事情，包括他们的教育目的、课堂环境，以及他们自己的职业能力"，[①]由于缺少必要的教学反思，老师在教学中产生了应付思想，得过且过，把教学看做是完任务。加之农村小学工作生活环境偏远，教学条件差，教育理念落后，缺少继续教育和深造的机会，因此，农村小学英语教师对自己的专业成长很茫然，不知道自己的"未来"在何方。



"我大学毕业后，本来分到了一所中学任教，后来为了照顾妻子和孩子，我就来到现在的小学，孩子现在在固原上中学，我在固原买了房，每天来回跑。精力主要放在了家和孩子身上，小学那点东西都教熟了。我现在小教高级职称也评了，就等退休那天了……"

（原州区某农村小学李老师）

"我去年考上特岗的，原来想着干三年后直接转正，但干了一年后，我发现自己不适合当老师，现在准备考公务员……"

（西吉县某农村小学单老师）

"只有当教育者自觉地完善自己时，才能更有利于学生的完善与发展；在职业实践中对完美职业角色形象的探究和实践、思考与行动，则对教育质量和教师生命质量都具有决定性意义"。[②]因此，基于一种对教育的负责，对新生未来负责的责任感，制定个人专业发展规划，加强

①J·Calderhead and P.Gates: Conceptualizing Reflection in Teacher Development［M］. The Falmer Press, 1993.123.

②叶澜等.教师角色与教师发展新探［M］.北京：教育科学出版社，2001：226.

自我专业发展就显得尤为重要。

## 三、教师教育培训方式单一

近年来，由于我国教育事业的发展和国家对教育的重视，各级教育主管部门加大了对教师的培训，这为教师知识的提升、专业的发展提供了很好的机会。在现行的教师培训方式上，主要以短期培训为主，多则三两个月，少则十来天。培训形式一般是县上组织的大班集体式的培训，培训内容大多比较笼统，缺乏针对性，比如从理论层面上讲如何把握教材、课堂教学方法等，而且大都是泛泛而谈，教师从这类培训中受益不多。很少请外面专家来，即使请来，也存在时间短、信息量大而难以被大多数老师接受的问题，缺乏长久、持续性。在西海固农村小学，教师的培训机会很少，尤其是在小学英语教师的专业知识培训方面，更是少之又少。

> “说到教师培训，我记得在2007年的暑假县上组织过一次10天时间的培训，以后就再没有英语教师的培训。当时我们学校派去了一名老师，培训内容是一些空洞的理论，枯燥无味，没有实质性的内容，收获也不大。希望下次能多一些机会，内容有针对性，受培训的老师真正学点可供课堂操作的实际内容。”
>
> （彭阳县某农村小学张校长）

由于人员紧张和学校经费困难，西海固农村小学英语教师几乎无机会参加业务培训或到外地参加教科研活动，虽然也有在职培训，但大多教师很难有机会进行长时间在职培训的，即使有机会，也存在培训费等报销不了、职称评定受影响、基本工资发不全等一系列尴尬事，因而一些教师也就打消了在职培训的念头。

"我参加过去年在北京组织的为期两月的培训，当时校长说了回来全部报销，但回来后校长又说资金紧张，只能报70%，而且去年的年终奖金都没有了。以后有机会我也不去了，我今年评小教中级都受了影响……"

（固原市某乡镇中心小学曹老师）



此外还有网络培训，国培等，但也是零零星星，照顾不到大多数教师。在西海固偏远山区的农村小学英语教师缺乏这些专业培训的机会和条件，他们的教育理念和专业知识亟待提升和充实。

## 四、教师激励机制不健全

对教师的管理、评价是调动教师工作积极性，促使教师发展不可缺少的手段。教师是促进学校发展和引导学生成才的主要力量，是学校教学与管理中最核心、最关键、最根本的因素。因此建立教师成长的激励机制，有助于提高教师的综合素质，充分发挥教师的作用，最大限度地调动教师工作的积极性。①但是，目前在西海固存在一些不利于激励教师成长的因素。

首先，教师专业技术职务聘任的终身制。现行的小学教师专业技术职务聘任评定一般主要依赖于教师的学历、教龄、近几年的年终考核成绩、发表论文的等级数量、得奖情况等。根据上面的调查数据，我们可以发现在西海固农村小学，年龄在45岁以上职称是小教高级的教师占了总人数的20%；年龄在36–45岁职称是小教一级的教师占了总人数的45%；而小教初级和未定级的教师占了总人数的35%。所以如何激励和调动年龄段在36–45岁教师的积极性是比较现实可行的一条路，但存在的问题是这部分老师的家庭和事业都已基本稳定，他们中的大多数教师比较满足于现状，而现行的工资中用于绩效奖励的那部分只占了教师总

①周晓慧.中小学城乡教师交流激励机制研究[D].西南大学，2009.

工资的30%，并且这部分奖励在人少岗位多的偏远农村小学几乎形不成竞争环境，教师的危机感不强，压力也不大，所以聘任制的教师激励作用在这里发挥不出来，大多数学校只是把教师聘任作为目的和任务来完成。而年轻人大多为特岗教师，他们职务大多是小教初级或未定级，他们朝气蓬勃，观念新，想法也多，但是现行的绩效奖励对年轻人的激励作用不大，因为在采访中笔者感到一部分年轻教师把在农村从事教育工作看做是自己以后走出去的一个跳板，只要有机会，就要想办法离开，踏踏实实想在农村教育一线待下去的年轻人很少。

> “我们学校教师执行的是绩效工资，教师间工资差别不大，最多就几十块。教师只要完成自己的教学任务就行了。评职称主要看教龄、学历、工作量，到时自然会评上。”
>
> （西吉县某农村小学马老师）

> “我现在的职称是小教高级，今年政策上说小教高级的教师满足一定的条件可以竞聘副高，原来还想争取一下，但是我们学区13个学校只有一个名额，竞争条件即使达到也轮不到咱，还存在其他人为因素，就打消了这个念头。”
>
> （彭阳县某农村小学牛老师）

> “以前我们学校有末位淘汰制，现在没有了。每年教师签聘用合同都流于形式，上面打印好，到时签个字就行，里面具体内容我都不看……”
>
> （海原县某农村小学段老师）

> “我们学校现在情况是，每学期开学教师就不足，尤其是英语老师，学校花公用经费雇用教师，刚开始还能雇个师范生，近年来雇个高中生都很难。一个班一年有可能换几个老师，这样的师资队伍要想提高教学质量谈何容易啊！学生有个

老师上英语课就不错了，还谈什么聘任呢？”

（彭阳县某农村小学张校长）

由此可见，教师聘任制要有充足的教师数量作保证，在缺乏师资的情况下，教师聘任制只能流于形式。农村小学教师聘任制在具体执行时仍存在着较为严重的平均主义，容易使教师产生不思进取和安于现状的思想，不利于调动教师工作的积极性，教学质量难以提高。而目前的教师聘任制仍局限于教育行业内部，其他行业优秀的人才很难进到教师队伍中来，由此造成了人才的极大浪费。由于受经济、交通等因素的制约，农村普遍存在骨干教师外流，民转公、代转公的低素质教师教书现象，农村编制上适合现代教学需要的教师却很少，需要的招聘不进来，不需要的教师出不去，教师素质差严重影响着教学质量的提高。

其次，学校只重视教师的终结性评价，只把学生成绩的高低作为教师评价重要内容，缺少对教学过程的发展性评价。我们知道新一轮基础教育课程改革强调评价的过程性，并提倡“档案袋”（或“成长记录袋”）的评价方法，①教学评价不以区分学生的好坏为目标，相反它的作用归根到底就是他能有效地改进教和学，使学生发展得更好，使老师教得更好。有学者探讨了创造性教学的评价及指标体系建构问题，该体系综合考虑了我国的教育法规、现代教学理论、创作力理论、评价目的及现实的可行性等多方面因素，从以下几个方面设计了教学评价体系的主要内容：教学目标是否符合实际，师生是否具有明确的创造目标意识；知识教学是否科学、灵活；学生是否独立学习，气氛是否融洽、宽松，情感体验是否丰富；教师语言、表达能力及教态如何；教师是否贯彻主题性教学策略，真正运用启发式教学方法；课堂教学效果是否具有高价值，课堂效率如何等。②可西海固农村小学英语教师缺乏科学合理的评价方式，其评价方式致使教师和学生只注重考试技巧，只关注与考

①叶澜.教育学原理[M].北京：人民教育出版社，2007：206.

②陈宴辉.创造性教学的评价[J].泉州师范学院学报（社会科学版）2003：3.

试相关的内容，而无法注意教育的其他方面，进而也限制小学英语教师自身发展。

所以，仅仅依靠绩效工资和对教师的终结性评价等措施不能完全实现激励教师的目标，我们需要制定出相应的制度，综合运用不同种类的激励方式，创建多元综合的激励体系来激发出教师的积极性、主动性、创造性。

（本文刊于《佳木斯教育学院学报》2013 年第 12 期）

# 教育技术研究

# 现代教育技术在中学以及大学物理教学中的应用研究

张建国
（宁夏师范学院　教师教育实训中心）

**摘　要：**随着科技的日益发展，计算机即将在社会中得到普及，而以其为核心的现代教育技术的发展与应用也变得越来越快。本文对现代教育技术进行介绍，并将其在中学以及大学物理教学中的应用研究进行了简要概述。

**关键词：**现代教育技术；物理教学；应用

随着社会的进步与发展，人类社会的科技水平也越来越高。而科技的进步是与教育水平息息相关的，可以说，没有教育水平的提高就没有当今社会如此发达的科技。因此，现如今的教育可以更多地结合现代科技以使得教育水平得到更大的提升，至此，现代教育技术应运而生。

## 一、现代教育技术

现代教育是一种新兴的教育方式。这是伴随着现代社会的形成而出现的。人类社会与教育发展到一定阶段的一个产物。这是至今教育方式发展的一个最高水平。

现代教育技术，顾名思义，就是将现代技术融入到教育过程中去，以达到提高教育水平的目的。其主要利用的技术就是以计算机为主的信息技术，然后结合其他的先进的教育理论和技术，并整合其他可以利用的资源，从而实现教育的良好发展。现代教育技术是一种应用广泛的教学体系，其涉及的范围十分广泛，可以在各个学科的教学中都得到应用。随着现代教育技术应用得越来越广，这也成为了大多数学校提高教育水平和质量的一个重要途径，也是许多学校实现教育现代化过程中充分考虑的一个方面。

现代教育技术的最核心的部分应该属于计算机了。而现代教育技术体现方式主要在两个方面，一是利用计算机制作多媒体课件，整合多媒体资源，实现多媒体教学；另一个就是利用计算机网络，实现远程教育。

### （一）多媒体教学

在实现这一教学过程之前，还有很多其他的准备工作需要做，首先就是要进行教学设计。这是教学过程的第一步，要对不同的学科以及学习内容进行分析，对被教育者进行分析了解，然后制定出合理的教学计划与目标。这之后，就需要对多媒体教学中所需的教学课件进行设计与制作。在多媒体教学的设计与制作过程中需要用到很多素材，包括声音、图像与动画等等。因此，首先要对素材进行搜集与整理。

搜集好所需素材后，还需要根据使用需求对素材进行简单的处理。这其中包括对声音的处理、图片的处理以及视频与动画素材的整理。整理素材之后，就可以制作多媒体教学课件了。整个多媒体教学过程的实现具体就分为以上几个步骤，可以看到，在整个教学实现过程中都与计算机密不可分。虽然与传统的教学方式相比这个过程前期准备的时间可能要稍微长一点，但是，可以注意到，多媒体教学可以大大节省教学时间，提高教学效率，减少教师在其他不必要的事情上花费时间。

### （二）远程教育

不得不承认，计算机的出现大大地拉近了人与人之间的距离，特别是随着网络的逐渐普及，各种社交软件的诞生，进一步实现了这一目标。在现代教育技术上，网络也已经开始得到应用，最具代表性的一项功能就是远程教育的实现。

远程教育，也就是远距离的教育，主要是通过互联网或电视等媒介来实现。远程教育打破了时空的限制，使得被教育者上课地点不用固定，通过互联网就达到学习的目的。我国远程教育主要经历了三个发展阶段，最原始的一个阶段是函授教育，这种教育方式的局限性很大，更多的时间还是需要学员进行自学，同时教学地点也有限制；接下来的一个阶段就是通过广播电视来实现教学，这种方式在当时得到了广泛推广和应用，并在世界上声名远扬；如今随着网络的飞速发展，第三种远程教育方式应运而生，这种远程教育以网络为基础，在很大程度上提高了教学效率也消除了对教学地点的限制，只要在网络覆盖的地方就可以实现教学，教学的灵活性大大增加。同样实现这一教学也需要提前进行教学设计，而这种方式的教学还需要一个网络教学平台，这是实现远程教育的一个基础。

## 二、现代教育技术在物理教学中的应用

在物理课程学习过程中，需要对很多抽象的概念以及复杂的实验进行理解，这些内容都具有一定的深度。很多情况下，如果仅凭老师口头上的解释是很难让学生理解的，尤其是到了大学后，学习的内容变得更深刻，学生的理解也变得愈发困难。所以，在物理教学过程中要努力提高教学质量，则需要借助一些其他的方式。比如：结合现代教育技术进行物理教学，在教学过程中应用多媒体技术，将一些生涩的概念以及复杂的实验通过多媒体技术展现在学生面前，以帮助学生更好地进行理解。

### （一）现代教育技术在中学物理教学中的应用

中学物理课程中设计的物理概念不是特别深，主要的学习内容是观察与实验，虽然涉及的内容不是很深，但是对于很大一部分学生来说在理解上还是有一定的困难，特别是有的物理概念很抽象，学生不容易

懂。随着科技的日益发展，现代教育技术也日趋成熟，因此，其在中学物理教学过程中的应用也越来越广泛，在教学中的作用也渐渐凸显。

1.创建情景，起到渲染气氛的作用。现代教育技术与传统教学方式相比很少采用黑板教学，由于大量地应用多媒体技术，使得学生的注意力更为集中，求知欲也随之增加，而不会产生厌学的情绪或感到乏味。而且由于多媒体技术中所含信息量大，可以帮助拓宽学生视野。同时，其可以在短时间内将信息进行传递，进而提高了教师教学效率。

2.模拟实验。物理这门课程是一门以实验为主的课程，很多概念如果不结合实验演示都难以理解。实验教学与演示也是中学物理教学中不可或缺的一部分。通过实验演示，对于帮助学生理解实验内容与过程有很大帮助。但是有些实验的实现过程比较困难，需要的条件过于苛刻，在日常情况下很难达到。在这种情况下，通常老师会采用挂图结合口头表述的形式来进行讲解。但是，有些情况下对于某些物理现象与概念，仅靠口头讲解与挂图还不足以对其进行很好的诠释，此时可以采用多媒体技术对其进行演示。多媒体技术可以将动画与声音结合起来，让同学们在生动的学习环境下对学习内容进行理解和吸收，使得该物理现象在同学们头脑中变得清晰连贯。通过借助多媒体技术，将复杂的实验现象进行模拟演示，可以让同学们在学习过程中体会到传统教学方式无法带来的东西，完善实验教学，对于帮助学生形成牢固的物理概念、掌握复杂的物理定律、形成正确的科学思想等都有很大的作用。也进一步帮助提高学生对物理学习的热情。

3.利用网络进行知识拓展。科技的发展也带动了网络技术的发展，而网络是一个开放的、整合了各种资源的环境。由于资源丰富，因此也增加了学生自主学习的机会。在网络技术环境下，学生可以自主地利用网络资源，课本上和实验中比较难懂的知识点都可以通过网络来进行再次学习。而且对于各种很难实现的实验过程，也可以通过在网络上寻找相关资源对其进行了解与操作；在网络上进行物理实验，既可以有效地帮助学生了解熟悉这种物理现象，也可以让学生自己动脑去实现这个物理实验。同时，网络上进行实验可以有效地对实验仪器进行保护。通过网络，学生可以进行自主学习，培养其自主学习的能力，而且在网络上进行实验的过程中，还可以使得学生的创新能力得到提高。

4.通过把课程中的难点与多媒体技术相结合，提高学生的理解能力以及分析解决问题的能力。在物理课程学习过程中会碰到很多物理现象，而这些物理现象通常都是发生在理想状态下，也就是在日常情况中很难实现。并且，很多现象发生的过程极短，使得学生对于其中的运动规律难以理解，挂图也很难体现这些运动过程。此时，利用多媒体技术来对这个物理过程进行演示，老师通过多媒体对这种现象进行讲解，而学生可以通过多媒体直接地观察到这个过程，学生通过观察实验过程，结合已学的知识对这个过程进行分析、理解，最后充分理解掌握这个物理过程的运动规律。这对于学生突破课程中的难点有很大的帮助，同时也可以对学生分析问题及解决问题的能力加以提升。

由上可见，现代教育技术在中学物理教学中的应用范围比较广，而且可以看到，现代教育技术不仅可以帮助教师提高物理教学质量，同时还可以帮助提升学生学习物理的兴趣，更好地了解物理现象，掌握物理运动规律等，对于学生分析、理解问题的能力也有很大的提升。

### （二）现代教育技术在大学物理教学中的应用

可以这么说，中学物理只是对物理这门学科有个大致的了解，而大学物理则是在中学物理的基础上继续深入的学习。对于更深地研究一些物理现象和运动规律，其所需的条件也更为严格，因此，现代教育技术在大学物理教学中显得更为重要。

虽然大学物理的内容要更深，但是实际上关于现代教育技术在其中的应用与其在中学物理教学中的应用大致类似。教师们一方面是利用其创建情景，渲染课堂气氛，以提高学生的求知欲，另一方面就是进行虚拟的实验演示，这与在中学物理教学中的应用相同。中学的物理课程中涉及复杂的物理现象相对较少，但是大学物理课程不一样，其内容深度要更深，涉及的物理过程也更为复杂。因此采用多媒体技术对某些物理现象进行演示，可以更好地帮助学生进行学习。

现代教育技术在大学物理教学中的另一项应用是可以通过这项技

术来建立一个双语教学系统。双语教学在一方面可以提高学生的外语能力，另一方面由于采用多媒体形式教学，并非口头英文教育，使得学生学习专业知识的困难相对降低。同时也增加了课堂信息量和感染力。

再者，还可以通过网络技术创建交互式的学习方式，使得学生可以实时在网络上和教师交流，而网络上的资源很多，学生也可以自主进行学习，补充各种知识。

随着时代的发展，未来，现代教育技术将会成为现代教育的主流教育方式。但是，目前要实现这种教育技术还存在着一定的问题，比如要进行多媒体设备的购置与安装、需要一定的资金等，包括将其应用到物理教学中去还需要老师们进行调整、磨合等，但可以确定的是，现代教育技术以后必将在教学中大有作为。

（本文刊于《中学物理教学参考》2013 年第 6 期）

## 参考文献

［1］张凤霞 . 现代教育技术与物理教学［J］. 科学大众，2007，（4）：92.

［2］郭振平 . 基于现代教育技术的大学物理教学模式研究［J］. 大家，2010，（18）：155.

［3］朱丹丹 . 浅析物理教学中现代教育技术的应用［J］. 考试周刊，2011，（70）：192-193.

［4］徐瑞 . 现代教育技术在物理实验教学中的实践［J］. 中国电化教育，2009，（3）：81-83.

# 现代远程教育在高校教师培训中的作用

张晓梅
（宁夏师范学院　物理与信息技术学院）

**摘　要：**随着计算机网络的发展，建立在现代信息技术、网络通信技术、多媒体技术的发展与应用基础上的现代远程教育，逐步构建形成了一种新的教育教学体系。现代远程教育在高校教师培训中能够发挥重要的作用，它为高校教师培训提供了方便，也成为教师培训的重要途径。

**关键词：**现代远程教育；培训；高校教师；继续教育

现代远程教育是随着现代信息技术的发展而产生的一种新型教育方式，尤其以基于internet网络教育为主要模式，这种教育模式的出现将给教育带来无穷的魅力，适应了教育的发展。它为高等学校教师培训提供了方便和重要途径。高等学校教师的继续教育培训，是为教师更好地履行岗位职责而进行的。我国教育部制订了《全国现代化远程教育发展计划》，其目标是到2010年基本形成多层次、多形式的远程教育体系。这样，既为教师提供了发挥专业的机会，同时也对他们提出了新的要求和挑战。下面就现代远程教育在高校教师培训中的重要作用作阐释。

## 一、有利于更新高校教师的教学观念，提高他们的自学能力，增强竞争意识

现代社会已进入到信息化社会，随着信息技术的发展及其在教育教学中的普遍运用，学生可以通过广播、电视、电脑、网络等多种媒体进行学习。教师的教学已不再是学生获取知识、进行学习的唯一途径。在某种情况下，学生通过其他途径获取的知识可能比在老师那里获取的还要丰富。因此，学生学习的内容、学习的形式也都在发生着变化。对老师来讲，教科书、教学参考书已不再是唯一的教学资源，“教师讲，学生听”也不再是唯一的教学形式，出现了自主学习、发现学习、问题解决学习、体验学习、研究学习等学习方式。信息化社会对人才也有了新的要求。用人单位在招聘时，既要求受聘者具有某方面的专业知识，又要求受聘者具有信息技术的专业技能，还要求受聘者有善于思考和不断创新的能力。所有这些都对我们的教师、特别是对高校教师提出了新的要求和挑战。借助于现代远程教育手段，高校教师可以从根本上改变传统的教育教学观念，积极树立“以学习者为中心”的观念，重新认识自我，认识学生。

在终身教育普遍受到重视的今天，对人们自学能力的培养成了学校教育改革的一个重要目标。对于高校教师而言，在科技和人才竞争日趋激烈的形式下，一方面他们要面对迅速增长的新知识和日益复杂的工作局面，另一方面他们已经掌握的知识又越来越不能适应新的发展。为了能更好地适应社会的需求与变化，谋求更好的生存与发展空间，他们更应积极主动地接受远程教育培训。远程教育培训是以教师自主学习为主的学习方式，因而远程教育培训能大大提高教师的自学能力与竞争意识。

## 二、提供了开放性的培训系统

基于现代远程教育的教师培训是一种开放性的教师培训模式，它不受时空的限制，面向所有教师开放，使教师不会因地理上的阻隔而影

响培训，也不会因工作繁忙而失去培训机会。这种开放的培训模式，不是在固定的地点进行，教师可以在工作、居住地点就近接受培训，没有过重的费用负担。整个培训系统的开放性主要体现在以下五个方面：（1）培训对象开放：取消参加培训教师的年龄、职称、学历的限制，凡希望接受培训的教师，均可到这个培训系统中参加培训；（2）培训方式开放：在基于现代远程教育的教师培训系统中，其培训方式是多元的，包括许多有助于教师接受的方法、途径及手段；（3）培训资源开放：基于现代远程教育的教师培训模式，其培训资源具有共享性，所有教师均可利用这些资源，为自己的学习提供支持服务；（4）培训环境开放：基于现代远程教育的教师培训模式是一种没有围墙的教师培训模式，其培训面向所有的教师；（5）学术交流开放：在基于现代远程教育的教师培训模式中，其学术交流是一种开放的学术交流，它打破了传统教师培训模式中那种相对封闭的、小范围的学术交流模式，参加培训的任何人除了可以与导师进行学术探讨外，也可以在这个开放的教师培训系统中进行跨时空、跨学科的学术探讨。

## 三、实现了资源共享的要求

教师专业发展需要教师之间的沟通、合作和交流，所以校本培训强调对话、经验共享、深度会谈、专题讨论（辩论），实现教育资源的共享，发挥教育资源的整体效益。现代远程教育利用Internet“资源共享”的特点，通过电子邮件、远程登录、Google搜索、BBS论坛等功能开展教师培训。学习者（教师）可以根据自己的具体情况和实际需要，自由地选择所需的信息、课程、教师和时间等，并且可以通过电子邮件自由地与专家或其他教师进行沟通，也可以通过某些教育网站上的BBS论坛创建适合教师阅读的文本，如讲述自身所发生的教育事件，发表自己的教育观点和见解，教师听取他人的意见来促进教师自身的专业发展。这种现代远程教育使教师培训完全脱离了传统教师培训模式的时间和空间的约束，教师培训可以全天候、全时空进行，解决了工作与学习的相互矛盾问题。

## 四、利用远程教育技术培训为大城市与边远地区教师创造了教育均等的机会

现代社会是一个知识信息总量呈爆炸性增长的社会。学习、运用、创造新知识，是每个社会成员生存和发展的重要条件和手段。因此，对担负着为社会发展培养人才的高校教师来讲，经常参加继续教育，不断学习，不断更新知识和思想，就显得尤为重要。但对广大的教师进行统一的继续教育，历来是远郊山区县城难以解决的难题。由于地理位置、交通、经济条件等因素的限制，在继续教育的内容、时间、效果诸方面，山区都要滞后于城镇地区。这也是山区的教学质量低于城镇地区的一个主要原因。利用远程教育技术开展继续教育，进行教育思想、教育教学方法的培训，山区与城镇的教师只是在地理位置上有所不同，培训的内容、时间、效果是相同的。远程教育技术使不同地区的教师获得教育和接受培训的机会实现了均等。

## 五、成为高校教师继续教育的途径和措施

加强师德的继续教育，强化师德教育，培养热爱教育事业、以德育人、为人师表的教师。教师职业道德是教师素质的灵魂。高校教师的职业道德具体表现为具有高度的事业心和责任感，具有正确的价值观和高尚的道德情操。教师继续教育要始终将教师职业的道德教育作为主要内容，有机渗透于学科培训之中，与转变教育思想和教育观念相结合，增强职业道德教育的主动性、针对性和实效性。通过对教师职业道德的教育，可督促或保持教师时刻注意为人师表，发挥人格力量的引导作用，树立投身教育、敬业爱岗、执着追求的师德风范，真正做到教书育人。加强高校教师继续教育制度建设根据高校实际情况，建立健全教师继续教育的规章制度，逐步形成学校组织协调、院系积极配合、教师个人踊

跃参加的继续教育机制。建立校企联合，优劣互补、资源共享的开放式培训基地，实施产学研联合培养人才工程，高校与企业和科研院所开展各种形式的联合与合作，在相对稳定的合作关系中，逐步形成一批校外人才培养基地，形成高校与社会开放式的教育网络，有计划地选派中青年骨干教师到社会实践中培养和提高。完善高校教师继续教育工作的评估办法，加强对教师培训条件、过程和结果的评估，把教师培训和使用结合起来，逐步建立教师培训质量保障体系，不断推动教师继续教育工作走向规范化、制度化和科学化。加强教师继续教育的完整性、连续性，教师继续教育的完整性，体现出既重科研能力又重教学能力的培养和锻炼，而不偏执一端。我国高校教师的继续教育工作也应该教学、科研并重。不仅要提高教师的学历，在教学上，继续重视老教师传帮带年轻教师的优良传统，也考虑到老教师并不擅长新的教育技术，年轻教师比老教师更容易接受和掌握新技术的现实，关注教师教学技能的训练与提高，加大用于教学支持的资金投入。在科研上，还要采取多种方式提高教师的科研能力。教师继续教育需要连续性，要把教师继续教育看做是不可间断的工作，即教师需要终身学习，包括学校有计划地组织安排和个人坚持不懈地努力自学，更包括坚韧不拔地深入研究。教师只有得到不断的继续教育的机会，获得不断的智力支持，才能更加适应所从事的工作。

# 固原市农村信息化建设存在的问题及对策研究

张晓梅
（宁夏师范学院　物理与信息技术学院）

**摘　要**：通过对固原市农村信息化建设的现状进行分析，发现当前农村信息化建设中存在着诸多问题，经过较为深入的分析，提出了相应的对策建议。

**关键词**：农村信息化；问题；对策

农村信息化是通讯技术和计算机技术在农村生产、生活和社会管理中实现普遍应用和推广的过程。农村信息化是社会信息化的一部分，是一种社会经济形态，是农村经济发展到某一特定过程的概念描述。农村信息化包括了传统农业发展到现代农业进而向信息农业演进的过程，又包含在原始社会发展到资本社会进而向信息社会发展的过程中。

固原市位于宁夏南部山区，这里的地势主要是黄土丘陵，也是相对偏远、封闭的地区，信息不畅制约当地经济社会的快速发展。因而推进新农村信息建设，成为当前实现跨越式发展的一个重要课题。为了促进全区共同快速发展，相关部门积极组织协调，努力缩小数字鸿沟，促进城乡信息化统筹发展，为宁夏社会主义新农村建设作出了积极的贡献。

本文就宁夏固原市农村信息化建设现状和存在的问题进行分析研究，并为农民增收和生活条件的改善提出对策与建议。

## 一、固原市农村信息化建设的现状

近年来随着农村经济和社会信息化的发展，固原市农村信息化水平有了显著提高，这对于促进固原市农村生产力实现跨越式发展，建设社会主义新农村和小康社会起到了积极的作用。



### （一）加强农民远程教育培训，实现文化资源共享

为全面提升固原市新农村建设水平，充分发挥信息在新农村建设中的重要作用，从根本上解决农民获取信息难和农产品销售难的实际问题，固原市原州区采用了以组织引领型为主的建站模式，整合远程教育的资源，促进基础网络共享，采取有线和无线结合的方式，加快宽带进村和网络覆盖的速度，原州区192个行政村全部建成信息服务站，实现互联网经营、农村党员干部远程教育、文化信息资源共享等“三项功能”。目前，已完成首批37个新农村信息服务站的建设任务，使信息服务站建成数达到91个。实现无线上网的101个行政村信息设备、卫星电视及远程教育设备现已全部配发到村，正式投入使用。

### （二）信息技术在农业生产中得到初步的应用

根据自治区社会主义新农村建设的总体要求和部署，固原市各县区立足当地实际，按照“政府牵头、市场运作、各方配合、共同推进”的总体思路进行建设。从网上搜集种养加工技术、产品价格、市场需求信息10000余条，上门查询660次，现场指导80余次，解决各种农业疾病500余起，积极为当地群众开展产前、产中、产后服务，使群众尝到了信息带来的甜头。同时，向外公布各类企业产品、农副产品信息40余条，架起了农民与市场的桥梁，为群众拓宽产品销售渠道。截至目前，通过信息网站帮助销售各类农产品6000余吨，实现产值277万元。为农民立足市场，优化产业和产品结构，拓宽致富渠道，开辟了一条有效途径。

### （三）信息员队伍已经形成

加强专职信息员的选聘和培训工作，固原市各县（区）通过公开招

聘、选派干部以及大学生志愿者等多种方式，首批安排了50名“三支一扶”大学生为专职信息员，以县为单位组织了为期两周的岗前培训，及时安排到各信息服务站，对农民进行电脑知识培训，为农民提供科技和信息服务，并根据工作业绩纳入信息科技特派员考核和管理。培养带动了一批具有高中以上文化程度的回乡青年补充为专职信息员，使专职信息员达到119名，建立了较高素质的农村信息化人才队伍，为农民提供有效的信息服务。

**（四）积极探索有效的管理运行机制**

固原市原州区制定了《原州区新农村信息化工作管理考核办法》，确保建成的信息服务站按要求发挥积极作用。初步形成了以提供涉农服务、农村党员干部现代远程教育、文化资源共享服务为一体的农村信息化服务网络体系。

## 二、农村信息化建设中存在的主要问题

按照发展现代农业，建设社会主义新农村对农业信息化服务的要求，固原市农业信息服务主要存在以下几个方面的问题。

**（一）对农村信息化的认识不够全面**

长期传统农业下形成的思维定势，使人们对农村信息化保持着传统的低调心理，服务意识和手段缺位。农村信息化工作很长时期并没有像经济发展和农民收入那样受到领导的重视，而广大农民文化水平普遍偏低，对信息的敏感程度、收集和处理信息的手段与能力等都不足，尚没有形成充分利用网络资源的能力。而目前固原市农村宽带市场普及率还很低，信息化要在农村普及还有待农民收入水平的提高与政府的进一步组织引导。作为政府来讲，不仅要把农业信息服务当作涉农系统内部的事，而且要让它成为教育、电信、科研等涉及多方面的社会工程。只有这样，农业信息服务工作才能落到实处、抓出成效。

**（二）信息基础设施普及程度低**

农业信息化基础工作水平较低，表现在绝大部分乡村缺少收集信

息、处理信息、传播信息的软硬件设备；基层缺少能够主动、科学地进行信息管理的人员；数据库建设质量不高，实用性差，网络体系建设任务艰巨。到2009年底，固原市还有8%的农村家庭没有彩电，17%以上的农村家庭没有用上电话，87%的农民没有上过网，96%的农村家庭没有计算机。近年来虽然农村电话尤其是移动电话的发展很快，一些条件较好乡镇也利用网络发展经济，组建合作社等集约化经营，增加农民收入。①但利用网络获取农业生产、农业经济信息的效率亟待提高。获取外界的信息主要通过电视，而报纸、杂志、图书的拥有量较低，村民公共阅览室、阅报栏数量很少。据研究，整个宁夏回族自治区在2007 年以前，农村信息来源主要由报纸、固定电话、移动电话和图书获得。②



### （三）资金投入不足

虽然各级政府逐年加大对农业和农村信息化建设的投入，但人均数仍十分有限，而无论是普及信息基础设施，还是对农民开展培训，都需要大量的资金支持。由于投入资金的不足，造成农业信息化的基础设施比较薄弱，农业信息化网络和传播体系不健全，导致农业信息技术的研究开发不足、信息服务业落后和农村信息资源稀缺，农业信息化程度不高，农村信息服务产业化水平低，信息进村入户难，且地区间发展不平衡。③

### （四）农业信息人才缺乏

我国对农业信息人才的培养重视不够，投入少，培训机制不完善，掌握信息技术的专业人才比较匮乏，尤其是基层农业信息治理服务人员数量少和知识结构不合理，使农业信息专业库数据的建设和更新速度缓慢，农业数据库与农业信息系统等的开发总量不足。由于我国农民文化素质偏低，不仅影响对新技术的接受能力，也大大降低了信息技术的应

①宁夏农村综合信息网.中国农科院调研固原农村信息化[EB/OL].
http://www.nxnc.gov.cn/SiteAcl.srv? id=200642&aid=2008111499, 2010-04-02.

②赵晖，温学飞，等.基于因子分析法分析宁夏农村信息化的发展[J].安徽农业科学，2010，(13)：6995-6996.

③曹俊杰.我国农业信息化建设存在的问题及对策[J].经济纵横，2007，(7)：11-14.

用成效。不少农民信息意识淡薄，信息资源利用的积极性和风险性不足，缺乏有效利用信息技术的知识和能力，使农业信息传播效率不高，农业生产的盲目性较大。这些都有待专门的信息人才对农民进行培训和引导。

## 三、加快固原市农村信息化建设的对策

固原市农村信息化建设，要针对各县（区）的特点，因地制宜，充分发挥本地优势资源和特色资源，使农村信息化建设稳步发展。

### （一）要深入广泛宣传

农村信息化建设是一项全新的工作，涉及面很广，各县（区）、乡（镇）和各有关部门都要采取进村入户、召开会议、集中培训、发放资料等多种形式和电视、报纸、互联网等媒介，大力宣传信息化建设在农村经济发展和社会主义新农村建设中的重要作用，不断提高农民群众的信息意识，形成全社会参与支持农村信息化建设工作的良好氛围，使农村信息服务站真正成为农民查找和发布信息、搜集资料、技术咨询的重要平台，使信息转化为经济效益，为建设社会主义新农村服务。

### （二）投入保障机制，加快各地经济建设，提高农民收入

以经济建设为中心是全面推进社会主义新农村建设的必要条件。在财政预算中设立新农村信息化专项资金来发展现代农业，提高农业整体素质和农产品竞争力。设立信息技术推广应用普遍服务基金，制定和完善鼓励企业投资新农村信息化建设的政策和制度，加快发展壮大县域经济，为农村繁荣和农民就业增收创造条件。加快转移农村劳动力，不断增加农民收入。

### （三）完善网络，开通农村信息专网

在农村中心学校开设农村网络文化信息站接收信息，结合国家“农村中小学现代远程教育计划”工程的实施，根据当地的实际情况努力使农村的每一所中小学都能选用适当的方式对接互联网，专人负责电脑管理和传单印刷以及科教光碟刻录，通过学生联络员向农民随时发布实用

信息并将农民需求信息收集上来形成互动，使信息入家入户，为传播农业科技、提供农产品供求信息和培养农民职业技能服务。

**（四）要积极抓培训，提高基层信息员和农民信息化水平**

人才队伍是农业和农村信息化建设的主要支撑。高素质的基层信息员队伍是提高农业信息服务质量的关键，是信息和高科技与农业生产经营者之间的桥梁，科学技术和信息技术的发展日新月异，知识更新越来越快，政府要加强对基层农业信息员的培训，提高他们的工资待遇，留住人才，避免频繁的人才流动，同时对现有的人员加强培训，提高其服务水平。农民是实现农村信息化的主体，从信息的收集、整理和科技成果的交流、推广以及应用都是以农民的文化素质为前提的。因而提高农民的文化素质也是发展固原市农村信息化的前提。普及农村信息教育，对农业生产经营者进行培训，提高认识信息、利用农业信息的能力，让他们成为促进新农村发展的重要力量。政府应重点加强对农民的信息化培训工作，在农民中普及信息知识、信息技术的观念，增强他们的信息意识，提高信息水平。政府各级有关部门应建立一套规范可行的培训制度，结合实际编写出通俗易懂的信息化培训教程，采取灵活多样的培训方式，采用最实际、实用的手段让农民因为信息获得实惠。

**（五）运用好党员干部现代远程教育体系**

党员远程教育网是个不可多得的有利于农民朋友的好网站，根据广大农民朋友的实际情况，其内容涉及农技、务工信息、新闻、党建等各个方面的内容，要充分运用好党员干部远程教育体系这一平台，切实让之成为党员干部的“充电器”和群众的“加油站”。通过远程教育学习，要使广大党员群众掌握更多的实用技术和经营知识，提升党员群众发家致富的本领，加快农民增收致富，促进新农村建设发展的步伐。

**（六）整合资源，实现农业信息共享**

宁夏农业信息化以宁夏农业信息中心为纽带，基本建成了纵向到全区各市县，灌区大部分乡镇；横向与有关涉农厅局及农业技术推广、农村经营管理、农业环保、能源、种子、水产等行业相连的较完整的农业信息网络，涉及许多部门，应使这些部门之间的信息资源及时交流和充分共享。一是在政府信息化平台统一规划的前提下，调动各涉农部门的积极性，做好农业信息化的实施工作，特别是建立一种跨部门的信息资源的共建、共享机制。二是不断加大新产品开发力度和与其他涉农部门、网站合作的力度，整合农村综合信息服务平台。汇聚各类涉农信息和应用，规范农业信息的报送与发布制度，对农业信息资源进行有序管理、开发与应用，提高农业信息的实用性。让农民朋友看得懂、用得上，尤其是可对“宁夏信息港”“互联星空”“商务领航”“宁夏农网”等大型网站上的各类涉农信息产品进行优化，着力将宁夏各特色品牌推出，如“宁夏红”“清真牛羊肉”“圣雪绒”等，全力打造出一个综合化的“信息化新农村”信息服务平台。[①]三是着力抓好缩小数字鸿沟工作，有效地服务于城市现代化和社会主义新农村建设。将科技、教育、卫生、农业生产流通信息和生态旅游信息相结合，会同相关部门开展远程教育、远程医疗、远程农业推广、远程农业科普知识宣传等工作的试点，以点带面，不断推进全区农村信息化建设向前发展。

### （七）建立绩效考评机制

根据宁夏回族自治区对新农村信息化建设的要求，建立以奖代补的机制，抓运营、抓项目，做好项目提升，同时结合本地实际，以点带面，实事求是抓工作、抓落实。研究建立新农村信息化标准规范，研究建立农村信息化绩效评价指标体系。将新农村信息化纳入新农村建设评价体系，将新农村信息化水平作为干部政绩考核重要内容。

（本文刊于《安徽农业科学》，2011 年第 8 期）

---

①赫晓辉，赵晖，王政蜂.宁夏农村信息服务站现状调查与分析［J］.现代农业科技，2009，（22）：366-367.

# 信息化环境下的网络学习动机研究

马文娟[1]，马建军[2]
（1.宁夏师范学院　物理与信息技术学院；2.宁夏师范学院　教育技术中心）

**摘　要：**在现代教育中，网络教育已经成为最具优势的教育形式，教育领域已经开始将研究重心转向对网络学习功能和学习动机的研究。通过梳理网络学习动机研究的相关内容，分析国内网络动机研究在研究形态、影响因素、研究方法、动机激发策略等方面呈现的研究方向和趋势。

**关键词：**信息化环境；学习者；学习动机

## 一、学习动机的概念

学习动机，是引导、鼓励学生进行学习活动的最主要推动力，是学生学习活动行为发生的内在要求，是学生学习的内在需要，也是学生学习行为发生最直接的推动力，也称为“学习动力”。在学习活动中，学习动机的产生并不是由某一特定要素决定的，而是由内外部因素共同组成的大系统所决定的。其中，最主要的因素是心理因素，包括：学生对学习必要性的认识、学习者的学习风格、学习特征，也可以理解为学习者的学习需要、学习兴趣、学习习惯等。除此之外，也与学生的价值观、学生的态度、学生的个人志向以及外部老师、家长的鼓励紧密相连。

学习和学习动机的关系是辩证的，一方面，学生在学习过程中，随着对学习内容的不断掌握会不断产生新的学习动机，另一方面，学习动机又反过来推动学习行为的发生，二者相互作用、相互关联、密不可分。在具体的学习活动进行过程中，除要有具体的学习需要（如智力技能、行为技能）外，还要有能够支撑这种需要的学习目标（目标必须明确）。学习目标在学习过程中能够引导学生的学习方向，据此也可把它归为学习的诱因。当然，学习目标有时也会和学生的学习需要一起，组成学习动机的重要构成要素。

此外，动机由需要与诱因共同构成。按照学习动机的来源不同，学习动机又分为内部学习动机和外部学习动机。把由学习者的内在需要引发的动机称为内部动机（intrinsic motivation），也叫内部动机作用。例如，学生希望提高自己能力的愿望、学生的学习兴趣、获取新知识的求知欲等。而把由外部环境或外部诱因引发的学习动机称之为外部动机（extrinsic motivation），又称外部动机作用。例如，某些学生努力学习可能是为了逃避外部的某种惩罚，或者是为了得到来自外部的各种奖励等。外部动机的产生与学习任务无关，而是取决于其他活动。

研究表明，学生在学习过程中，内部动机帮助学生积极主动地开展学习、获取知识，可以促进学习者有效地进行各项学习活动。内部动机较高的学生更希望获得更多的知识经验、智力技能，具有较高的学习自主性。而具有外部动机的学生，由于他们对学习内容本身的兴趣不高，他们的学习活动是受到某些外部环境的干扰导致的，其学习具有明显的被动参与成分。

## 二、网络学习环境下学习动机的影响因素

随着网络技术在学校教育的普及和构建学习型社会、实现终身学习理念的深入推广，网络教育在现代教育中，已经成为最具网络应用优势的现代教育形式之一。网络教育应用水平和能力取决于各方面因素，但

最重要的因素是学习者的学习动机。研究发现，在网络教育中，最值得研究和出现问题最多的领域是网络学习动机研究。在网络学习中，由于要关注技术在学习中的应用，导致对于学生学习动机关注度不够，有些甚至远不如在传统学习中的关注程度。



研究显示，在任课教师没有要求的情况下，学生有时根本不会主动学习网络课程。学生也很难从网络教学中找到学习个性化的，他们宁愿选择传统课堂来学习知识。有数据统计显示，在网络学习过程中，有超过 80%的人觉得学习目标不清晰。

### （一）学习成绩与网络学习动机间的关系

目前，我国的网络学习动机研究主要集中在学习成绩、学习策略、学习行为模式与学习动机间的关系展开。但是他们的研究被试对象大多都是英语学习者，虽然具有一定的局限性，但也能从一定程度上反映网络学习动机的相关研究。

现有的研究认为，网络学习动机与学习成绩呈现正相关的关系，也就是说，学习者动机越强越明确，学习成绩也将越好。以英语课程学习为例，研究统计发现，学习者在英语学习过程中，学习成绩与学习者内在动机关联度很高，而与外在动机关联程度变化不太明显。

以学习英语课程为例，在学习过程中，要使学生提高学习成绩，首先要有较强的学习动机，在自主学习过程中，更要充分调动学习者社会情感，通过与生活情境发生关联，增强学生学习动机。在学习策略的选择和调整中，应注重培养学生的元认知能力，也就是说要教会学生怎么学习，培养和提升学生的学习自觉，最大限度地激发学生的学习积极性。

### （二）影响因素

影响学生学习动机的因素是多种多样的，有源于同伴、教师、家庭、社会等外部环境因素，也有源于学生的内在因素。具体来说，针对网络教学而言，在教学活动中，赖以支撑的教学环境发生了明显变化，学生在学习中的主体地位变得更加突出和明确，师生地位也发生了明显改变。更重要的是，在网络学习环境中，学生的价值观念发生了明显改变，学生的学习自觉主要受制于对自身认知的需要、个人兴趣爱好以及社会需求等等，所以这些变化都能使学生学习动机发生变化。

## 三、存在的问题

首先，学习者对于网络学习缺乏足够的认知，缺乏能够适应网络教育的学习能力和方法。在网络学习中，学习者大多处于独立学习的状态。同时，他们还需要培养和具有自我控制、自我调节、自主学习的能力。学习者特别是初学者往往缺乏必要的计算机和网络应用知识，不熟悉网络学习支持服务系统，对网络学习方法不能很快地适应，从而导致出现利用现有平台获取网络学习资源和学习支持服务系统的障碍。

其次，网络课程资源的设计开发缺乏针对性和有效性。课程在人才培养过程中处于核心地位，课程质量在很大程度上决定着教育质量。研究发现，难度很高的学习任务和太过于简单的学习任务都不利于学习者学习动机的产生。过难的学习任务容易使学习者产生畏难情绪，使学习者难以有效完成学习任务，容易产生失败感，影响学习者的学习信心和学习自觉，学习者的学习动机也将倾向于逃避学习等消极动因。反之，学习任务如果过于简单，则缺乏挑战性，会导致学习者失去学习动力，也不利于学习任务的完成，所以，只有难度适中的学习任务才能创设一个良好的问题情境。

## 四、解决方法及建议

1.课程内容设计必须满足学习者学习所需要的教学目标和学习内容。设计网络课程的教学目标和学习内容时，应为学习者设置难度适中、目标明确的任务目标。要把长期、难以达到的目标分解成具体、近期、简单的目标，使学习者在网络课程学习过程中能够看到自己的每一点进步，并能认识到自己还有潜力可挖，对学习充满信心。

同时，网络课程的设计还必须具有一定的灵活性，能贴近学习实际，学习者能够自己选择学习目标。要借助文字、图像、视频、动画等多种方式呈现学习内容，培养学生的学习兴趣。在学习过程中，要通过对不同问题情境的创设，来最大限度地激发和促进学习者的学习动机。在问题情境创设时，应注意选择问题短小、具体、新颖、有趣，有一定的难度，有启发性，同时还能贴近与学生的学习需要和生活实际。



2.对导航界面的合理设计。在设计导航界面时，要根据学习内容和界面设置风格，明确导航要求和指向，帮助学习者克服在网络学习中的迷航，以此增强学习者的自信心。一旦学习者在学习时迷航，不清楚界面导向，将会使学习者的学习信心大大降低，也必将在很大程度上影响学习者在网络课程中的学习进度。

3.对教学活动的合理组织。在网络课程教学中，提供可供学习者学习的支持系统，维持学习者的学习动机。网络课程教学中要依据课程内容教学情况及时调整教学策略、组织学生学习活动，精心设计学习互动，促进师生间、学习者之间的情感交流，用尽可能多的手段保持学习者的内在学习动机。

总之，我国网络学习动机的研究刚刚起步，在研究方法的使用上不够丰富，尤其是在定量与实证的研究方法上还很欠缺，使得研究假设得不到量化的证明，研究结论没有数据支持。在今后的研究中，将注重量的研究，加入质性研究，“定性与思辨”与“定量与实证”研究结合，更大限度地揭示网络学习动机研究的深层次原因。另外，在研究内容和研究领域上还需不断丰富和深化，进一步促进我国网络学习质量的提高，促进我国网络教育事业的发展。

## 参考文献

[1] 魏淑华，张大均．国外网络学习动机研究的趋势[J]．电化教育研究，2007（4）：33~37.

[2]周黎明，邱均平．基于网络的内容分析法[J]．情报学报，2005(5).

[3] 魏云．网络文化背景下当代大学生学习动机影响因素分析[D].

长春：东北师范大学，2007.

［4］孙艳超．网络环境下成人学习动机策略研究［D］．南京：南京师范大学，2006.

# 从我国教育技术学博士点建设看其学科发展

吴向文

（宁夏师范学院　教育技术中心）

**摘　要：**文章通过对我国教育技术学博士学位授予点的数量、学校类别、院系分布、招考方式、入学考试科目、研究方向等方面的统计、分析，阐述了我国教育技术学博士学位授予点的发展现状，并从博士学位授予点建设及学科建设的角度提出：教育技术学博士点建设要适应于国家相关战略规划并推动教育技术从业者专业化发展，教育技术学学科发展应走适合自己的路，学科发展中缺乏从“我”做起、从传统文化中“淘金”的意识及向教育以外领域“走出去”的勇气等观点。

**关键词：**教育技术学；博士学位授予点；学科发展

## 一、我国教育技术学博士点建设的前期铺垫

1978年4月，邓小平同志在全国教育工作会议上提出：“要制订加速发展电视、广播等现代化教育手段的措施，这是多快好省发展教育事业的重要途径，必须引起充分重视。”此后，电化教育工作在全国逐渐展开。各种电化教育相关培训班、进修班、展览会陆续开展，各种电化教育相关研究所也相继成立，在很多电化教育先辈的努力下，各种条件

逐渐成熟的高校逐渐被国家教委批准开办电化教育专业教学。其中华南师范大学在李运林、李克东等我国电化教育前辈带领下，经过充分的准备，于1983年首先创办我国第一个电化教育本科专业，并于同年开始招生，首批招了20名学生。[①]同年，经国家教委批准，华东师范大学设立教育电子技术专业，面向全国招收四年制本科生，成为全国最早的该类本科专业之一。次年，北京师范大学、西北师范大学分别获批开办电化教育本、专科专业，并于当年秋季开始招生。随着我国教育技术学的不断深入发展，1986年，经相关高校申报，华南师范大学、北京师范大学、华东师范大学获批准成为我国首批电化教育硕士学位的培养单位，电化教育的办学层次得到提升。此外，20世纪90年代，电化教育教材委员会、中国电化教育协会等机构也相继成立，这对我国电化教育事业的规范化发展起到了积极的推动作用。

随着电化教育专业的发展，1990年北京师范大学正式提出更能够涵盖新形势下电化教育专业内涵和外延的“教育技术学专业”的名称及课程体系，1993年国家教委颁布普通高等学校本科专业目录，将“电化教育”专业正式更名为“教育技术学”专业。时至今日，教育技术学已在众多学科中为自身争得一席之地，根据教育部阳光高考信息平台公布的2013 年全国普通高校招生计划显示，2013年全国招收教育技术学专业本科生的普通高等院校达214所（不含军事院校和港澳台高校），2012年全国普通高校毕业生规模为9000-10000人。在硕士研究生层次的办学中，截至2008年，我国教育技术学硕士研究生招生院校也扩展到了83所，[②]2010年国家教委又审核增列86所高校具有教育学一级学科硕士学位授权，[③]这批学校同时就具有了教育技术学二级学科硕士学位的授予

①李运林，李克东，徐福荫.华南师范大学教育技术学科专业建设历程——纪念教育技术（电化教育）学科专业创办20周年（2003）［EB/OL］.http：//site.scnu.edu.cn/a/xueyuangaikuang/dashiji/2011/1231/441.html.

②徐福荫.教育技术学专业指导性专业规范讨论稿［R］.2010教育技术国际研讨会，2010.

③学位［2011］8号文件，关于下达2010年审核增列的博士和硕士学位授权一级学科名单的通知［Z］.

权，因此到目前为止（2013年），我国至少有169所（其中已经设置了教育技术学硕士点并进行实际招生的学校少于这个数）高校具备教育技术学硕士学位授予权。

## 二、我国教育技术学博士点的建设



博士学位授予权的获得标志着该学科的学科实力、学科地位、学科知名度以及办学水平和师资力量等方面达到了一定的水准和规模。教育技术学博士学位授予权的获得是一所学校教育技术学科发展水准被普遍认可且具有一定权威性的体现，其水准也代表着我国教育技术发展的最高水准，是引导我国教育技术学科不断向前发展的重要力量。

随着我国教育技术学学科的蓬勃发展，1993年国务院学位办批准北京师范大学建立了我国第一个教育技术学博士点①；五年后的1998年，国务院学位办又批准华南师范大学教育技术学科专业具有博士点授予权②，建立了我国第二个教育技术学博士点；随后的1999年作为教育学一级学科的分支，华东师范大学被批准设立教育技术学博士点，并于2000年开始招收博士研究生③。之后，南京师范大学、华中师范大学等学校相继获得了教育学一级学科博士学位授予权，同时具备了教育技术学二级学科博士学位授予权，至2006年包括西南大学、西北师范大学、东北师范大学在内的八所高校具备了教育技术学博士学位授予权（详见表一）。此外，在2005年教育部博士学位授权审核体制改革中，北京大学获得了自行审核本单位博士学位授予权的权利，在其自行审核过程中

---

①北京师范大学现代教育技术学院简介［EB/OL］.

http: //set.bnu.edu.cn: 8888/news.do? method=news Index&newsid=402880002252a53d0122534d194b0032.

②李运林，李克东，徐福荫.华南师范大学教育技术学科专业建设历程——纪念教育技术（电化教育）学科专业创办20周年（2003）［EB/OL］.

http: //site.scnu.edu.cn/a/xueyuangaikuang/dashiji/2011/1231/441.html.

③华东师范大学教育信息技术学系简介［EB/OL］.

http: //www.deit.ecnu.edu.cn/user/others.asp? cata=1&id=1.

自主增设了教育学一级学科博士学位授予权，因此北京大学目前虽未招收教育技术学的博士研究生，但也具备教育技术学二级学科博士学位授予权。

时至2010年，国务院学位委员会在第十一批学位授权学科审核中，新增清华大学、北京理工大学、首都师范大学等14所高校获得教育学一级学科博士学位授予权①，至此，我国具有教育技术学博士学位授予权的学校增至24所。但根据各高校公布的2013年博士招生专业目录信息，新增具有教育学一级学科博士学位授予权的高校中只有其中的7所高校在2010年至2013年间相续设立教育技术学博士点，并在2013年招收教育技术学专业的博士研究生，其余高校2013年仍未计划招收教育技术学的博士研究生（详见表一）。因此，至2013年具有教育技术学博士学位授予权的高校有24所，但其中已经设立教育技术学博士点并在2013年招收教育技术学博士研究生的高校只有包括清华大学、北京理工大学、首都师范大学、天津师范大学、陕西师范大学、山东师范大学、河南大学在内的16所。

**表1 教育技术学博士学位授予点建设现状**

| 序号 | 学校名称 | 教育技术学博士学位授予权获取时间 | 2013年是否招生 | 招生培养院系 |
|---|---|---|---|---|
| 1 | 北京师范大学 | 1993年 | 是 | 北京师范大学教育学部现代教育技术学院 |
| 2 | 华南师范大学 | 1998年 | 是 | 华南师范大学教育信息技术学院 |
| 3 | 华东师范大学 | 1999年 | 是 | 华东师范大学教育科学学院 |
| 4 | 南京师范大学 | 2000年 | 是 | 南京师范大学教育科学学院 |
| 5 | 华中师范大学 | 2003年 | 是 | 华中师范大学信息与新闻传播学院；<br>国家数字化学习工程技术研究中心 |

①学位［2011］8号文件，关于下达2010年审核增列的博士和硕士学位授权一级学科名单的通知［Z］.

| 6 | 西南大学 | 2003年 | 是 | 西南大学新闻传媒学院；<br>西南民族教育与心理研究中心 |
|---|---|---|---|---|
| 7 | 西北师范大学 | 2003年 | 是 | 西北师范大学教育技术学院 |
| 8 | 东北师范大学 | 2006年 | 是 | 东北师范大学教育学部；<br>东北师范大学计算机科学与信息技术学院 |
| 9 | 浙江大学 | 2010年 | 是 | 浙江大学教育学院 |
| 10 | 清华大学 | 2010年 | 是 | 清华大学教育研究院 |
| 11 | 北京理工大学 | 2010年 | 是 | 北京理工大学教育研究院 |
| 12 | 首都师范大学 | 2010年 | 是 | 首都师范大学教育学院 |
| 13 | 天津师范大学 | 2010年 | 是 | 天津师范大学教育科学学院 |
| 14 | 陕西师范大学 | 2010年 | 是 | 陕西师范大学新闻与传播学院 |
| 15 | 山东师范大学 | 2010年 | 是 | 山东师范大学传媒学院 |
| 16 | 河南大学 | 2010年 | 是 | 河南大学教育科学学院 |
| 17 | 辽宁师范大学 | 2010年 | 否 | 无 |
| 18 | 哈尔滨师范大学 | 2010年 | 否 | 无 |
| 19 | 上海师范大学 | 2010年 | 否 | 无 |
| 20 | 厦门大学 | 2010年 | 否 | 无 |
| 21 | 华中科技大学 | 2010年 | 否 | 无 |
| 22 | 湖南师范大学 | 2010年 | 否 | 无 |
| 23 | 四川师范大学 | 2010年 | 否 | 无 |
| 24 | 北京大学 | 自主增设 | 否 | 无 |



教育技术学博士学位授予点的增多促进了我国教育技术学学科的多元化发展，为我国教育技术学乃至教育学的发展注入了新鲜的血液，这必然会把我国教育技术学推向新一轮的发展高潮，也必将成为推动我国教育信息化建设及建立学习型社会的一股强大的推动力。但在教育技术

学博士点的建设道路上我们虽然迈进了一步，可比起国外教育技术学博士点的建设工作，我们还有不小的差距，如人口数量远少于中国的美国现在共有59所大学及机构能够授予教育技术相关专业的博士学位①。所以说，我们教育技术的发展虽然已经取得了一些成就但仍然还有很长的路要走。

## 三、我国教育技术学博士点建设特征分析

### （一）学校类别及培养院系

从表一可以看出，2013年进行教育技术学博士研究生招生的16所高校中，师范类高校11所，占总数的69%，综合类高校4所，占25%，理工类高校1所，占6%。在具体的博士研究生的招生培养院系中，大多高校的博士研究生的具体招生培养任务由相关的一所院系协作学校一起完成，部分高校会设置两个及两个以上同一专业的博士点。在教育技术学博士研究生的招生单位中，华中师范大学的教育技术学博士点设置在信息与新闻传播学院和国家数字化学习工程技术研究中心；西南大学设置在新闻传媒学院和西南民族教育与心理研究中心；东北师范大学设置在教育学部和计算机科学与信息技术学院两个部门。因此16所招生院系中有19个具体的院系负责招生培养任务。在这19个培养部门中教育类学院（研究所）9所，占总数的47%，教育技术类学院（研究中心）4所，占总数的21%，新闻传媒类学院4所，占总数的21%。其他类别院系2所，约占总数的11%。

### （二）入学招考方式及考试科目

在招考方式上，这16所高校博士研究所招生大多采用传统的招考方式，即通过笔试加面试两个环节来选拔博士研究生。但近年来，随着我

①Heng-Yu Ku.An Analysis of Educational Technology-Related Doctoral Programs in the United States ［M］.Orey M; Jones S; Branch R. Educational Media and Technology Yearbook. New York: Springer, 2011: 104.

国博士培养制度的改革，部分高校开始尝试新的更加有效的博士研究生招考模式，如北京师范大学教育学部从2013年开始试行“申请–审核”选拔博士生制度，即由符合申请条件的学生提交申请，然后经过“初审”和“考核（面试）”两个环节择优录取的博士生选拔制度，其中考核（面试）内容包括：专业基础知识、科研素质（含科研潜力、学术水平、创新能力和创新意识）、外语口语等方面。



采用传统招考模式的高校中，大多数学校在笔试环节通常采用“1+2”的笔试模式，即对一门外语和两门专业课进行笔试。在考试科目的设置中，与硕士研究生招生不同的是，博士研究生招生在两门专业课的考查中，同一所学校的同一个专业的不同研究方向的考试科目和内容大多是不同的，笔者以每个学校的招生方向为基点，对我国教育技术学博士研究生专业课笔试科目进行了统计分析发现，在我国教育技术学博士点招生笔试中，考试科目最多的是教育技术学和教育学，分别占总数的36%和17%，其次为计算机网络教育应用占7%、信息技术教育应用占6%、教育学综合占4%（详见表2）。

**表2　我国教育技术学博士研究生招生笔试科目统计**

| 科目 | 百分比 / % | 科目 | 百分比 / % |
|---|---|---|---|
| 教育技术学 | 36 | 教育学 | 17 |
| 计算机网络教育应用 | 7 | 信息技术教育应用 | 6 |
| 教育学综合 | 4 | 教育技术学综合 | 3 |
| 教育传播应用 | 3 | 视觉文化与媒介素养 | 3 |
| 教育技术研究进展 | 3 | 教学设计方法与技术 | 3 |
| 其他 | 15 | | |

### （三）研究方向

博士点的研究方向是一所高校该学科的研究取向和发展方向。对我国教育技术学博士点的发展方向的宏观统计研究，有助于了解我国教育技术学学科发展的趋势。笔者根据各招生单位2013年招生简章及相应网站信息，对我国2013年教育技术学各招生单位的研究方向进行了统计分析发现，2013年我国共有61位博士生导师招收教育技术学专业的博士研究生约50名。经统计分析发现，我国教育技术学博士点研究方向设置中，最多的是“教育技术基本理论及其应用”“远程教育”“信息技术与教育”和“数字化学习环境与资源”，分别占总数的13%、13%、9%和9%，其次为“计算机教育应用”和“教育信息化”，分别占总数的6%。（详见表3）

**表3　我国教育技术学博士点研究方向统计**

| 研究方向 | 百分比 / % |
|---|---|
| 教育技术基础理论及其应用 | 13 |
| 信息技术与教育 | 9 |
| 计算机教育应用 | 6 |
| 学习学科与技术设计 | 4 |
| 媒体教育应用 | 4 |
| 技术环境下的教学模式和学习策略 | 4 |
| 远程教育 | 13 |
| 数字化学习环境与资源 | 9 |
| 教育信息化 | 6 |
| 教学设计与绩效技术 | 4 |
| 新媒体与教育 | 4 |
| CSCL | 4 |
| 其他 | 20 |

需要说明的是，表3中“其他”选项包含“教育电视”“教育传播”“传媒文化教育”“传媒文化产业”“知识管理”“知识资源服务理论与方法”“知识科学与知识工程”等所占比例小于4%的研究方

向，但它们的和占总数的20%。可见，我国教育技术学博士点研究方向的发展呈现多元化发展趋势，重复度比较低，不存在集中设置和盲目跟风的现象。

## 四、总结与反思



随着我国教育技术学博士点的建设工作取得的巨大成就，教育技术学的发展逐渐成为推动我国教育信息化持续发展及学习型社会建立的强大力量。但从另外一个角度讲，很多现状表明我国的教育技术学的发展正在走一条下坡路，这种现象也就是所谓的南国农之问："为什么我们的教育信息化越来越发展，而教育技术学却越来越衰弱？"[①]对于这个问题，笔者结合前文中的各种资料从博士点建设及学科建设的角度，有以下思考。

### （一）教育技术学博士点研究方向的设置应适应国家相关战略规划

2010年7月29日，国家颁布了《国家中长期教育改革和发展规划纲要（2010–2020年）》（以下称"纲要"），这是我国进入21世纪之后的第一个教育规划，是今后一个时期指导全国教育改革和发展的纲领性文件。纲要中首次将加快教育信息化进程纳入国家中长期改革和发展纲要中，明确提出要"加快教育信息化进程"，并将"教育信息化建设"列为十个重大项目之一，这在我国教育信息化发展史上是首次，教育信息化已经被提升到了国家战略的高度。

我国教育技术学的发展是国家教育信息化战略顺利实施的重要支撑，教育技术学博士点也是推动我国教育信息化战略实施最主要的平台之一，因此，其研究方向的设置应与国家政策导向及我国国情高度一致，以促成我国教育信息化战略目标的最终实现及学习型社会的建立。我们应努力探索适合我国国情的教育信息化发展模式，以国家相关战略

①任友群，程佳铭，吴量.一流的学科建设何以可能？——从南国农之问看美国七所大学教育技术学科建设[J].电化教育研究，2012，(6)：16~28.

目标文件为“纲”设置研究方向，开展相关研究，培养相关实用人才，主动适应国家战略发展要求。在2020年前推动纲要提出的“加强优质教育资源开发与应用”“构建国家教育管理信息系统”等宏伟目标的实现。

**（二）教育技术博士点的建设应以改善教育技术工作者生存状态为己任，推动教育技术从业者专业化发展**

教育技术学博士点的建设应以改善广大教育技术从业者的就业环境为己任，培养教育技术专业化人才，教育技术从业者为社会提供专业化服务打下基础。由于长期以来，教育技术专业人员在学校教育中大多扮演着非专业的角色，提供着拍片子、放带子、修机子、管多媒体教室为标志后勤式的服务。随着高校社会化程度的提高，这种角色和服务是难以为继的，必须经历由后勤式服务向专业化服务的转变。20世纪60年代美国的教育技术工作也遇到类似问题，美国有学者提出了教育技术人员专业化的命题。[①]教育技术学博士点的建设应顺应时代发展要求，引领学科发展方向，培养教育资源开发专家、教学设计专家和媒体应用专家等专业化的人才队伍[②]，推动教育技术工作者进行工作角色的转变。改善本学科工作者生存现状，摆脱基层教育技术工作者“后勤式”服务的现状，走向“专业化”服务方向。

**（三）教育技术学学科的发展应走适合自己的路**

众所周知，我国教育技术学学科建设遵循着一般学科的发展规律，即先发展本科教育，再发展研究生教育，本科生的招生数量远远大于研究生的招生数量。但教育技术学有其自身的特点，这种发展模式没能遵循教育技术学自身的特点和教育技术学人才社会需求规律，造成本科生培养相对过剩的现状。从近些年教育技术学本科招生的尴尬、毕业生的就业的低迷，以及美国很多学校只保留教育技术学研究生培养点却不招

---

①李康.使命！角色和方式：我国教育技术发展面临的转变［J］.中国电化教育，2012，（7）：1~4.

②李康.论我国教育技术学科的形成与发展——几个学科标志的分析［J］.电化教育研究，2012.（1）：5~12.

收本科生的现状[①]，不难判断出教育技术学的发展及其社会需求有其特别之处，其发展不能遵循一般学科的发展模式。应扩大教育技术学研究生培养规模，进一步加强教育技术学硕、博士点建设规模，同时缩小甚至取消部分院校教育技术学本科层次的招生，主动适应市场发展要求。适应社会对教育技术学高端人才需求相对旺盛，对中低端人才需求相对减弱的现状。



**（四）教育技术学学科发展缺乏凡事先从“我”做起的意识**

教育技术学是促进学习者学习、优化教育教学过程和提高教育教学绩效的学科，1998年，时任教育部长的陈至立同志指出，“要把现代教育技术当作整个教育改革的‘制高点’和‘突破口’”。教育技术在我国教育现代化、教育信息化过程中的重要推动作用由此可见一斑。而且大量事实证明，教育技术学的发展已经为我国教育教学的改革做出了很大的贡献，在很多学科的教育教学改革起到了至关重要的作用。

但也有大量的事实表明，教育技术学学生的培养模式同其他专业学生的培养模式没有两样，在教育技术学专业学生的培养过程中没能发挥教育技术自身的优越性，将各种优良的研究成果首先用于自身的教学实践，在本专业教学改革成功的基础上再向外推广。也就是教育技术应首先改善自身的教学，然后带动本校教学的改革，从而影响其他学校的教学改革。而不是一方面在大张旗鼓地向外输出新的教育教学模式和新的教育教学理念，另一方面，教育技术工作者自身却始终固守着传统的教学理念，保留着陈旧的教学模式。因此，教育技术学博士点的建设，应将优化本专业教学模式、为本校学生提供最优质的现代化教育为首要目标之一，凡事从“我”做起，避免“空谈理论”的嫌疑。教育技术科研工作者应实时把技术力量转化为教育教学利器，从优化自身及本校教学做起，从而带动其他专业及其他学校相关领域的发展。

---

①任友群，程佳铭，吴量.一流的学科建设何以可能？——从南国农之问看美国七所大学教育技术学科建设[J].电化教育研究，2012，(6)：16~28.

**（五）教育技术学学科发展缺乏从传统文化中“淘金”的意识，缺乏向教育以外领域“走出去”的勇气**

南国农先生曾在多种场合提到，日本教育技术界对我国《梦溪笔谈》、《菜根谭》等经典古代著作的重视和挖掘。反观我们自身却缺乏这种继承传统文化、从传统文化中“淘金”的意识。当一门学科失去了文化根基，缺乏汲取本土文化土壤中营养的意识时，就会失去了某种“学术气质”，也就很难找到其自身真正的发展方向、发掘自身的存在价值、成长出自身独有的特色。因此，我国教育技术学博士点的建设应重视学科建设的文化内涵，铺设出适应于我国国情的教育技术成长之路，建设根植于中华大地、与中华文化一脉相承的“中国式”现代化社会。

此外，从国外发展的经验可知，教育技术在社会培训、企业绩效技术等领域大有可为。但从前文各种统计数据可以看到，我国教育技术学博士点的研究方向目前仍主要集中在教育领域。因此，教育技术学博士点的建设应具有“走出去”的勇气，适度开阔视野，逐步拓展研究方向。在满足社会需求的同时充实自身的生存空间。

除此之外，发展方向分散、专业定位模糊、学科特征不清也是阻碍我国教育技术学科发展建设的主要问题，与其他理工科专业相比，较少的资金投入也限制了办学条件的提高。①总之，与过去比，我们取得了很大的成就，面向未来，我们却还有很长的路要走，我国教育技术学博士点的建设不仅是其自身发展的必要，也是关乎我国教育信息化及学习型社会建立成败的重要因素。相信经过我们一代代教育技术人的共同努力，我国教育技术学的发展能够培养出更多高质量人才、带动教育变革，促进国家现代化、信息化发展，为我国教育事业的发展及学习型社会的确立打下坚实的基础；相信有一天随着我国教育信息化的发展，教育技术学也会越来越强大。

（本文刊于《江苏开放大学学报》2014 年第 2 期）

---

①任友群，詹艺.第三只眼看教育技术[J].电化教育研究，2009，(12)：5~9.

# 教材教法研究

# 关于语文教育理论建设的几点思考

褚治明
（宁夏师范学院　人文学院）

**摘　要：**近些年来，语文教育行业获得了较多的发展经验，是汉语言发展和进步的重要推动力。语言学是一门科学，其教育的过程当然也是一项科学活动。由于各方面因素的影响，语文教育方面的理论建设进展缓慢，汉语教学的理论依据匮乏。它不但影响了汉语的教学，还制约了汉语教育思想的发展。因此，重新审视当前语文教育，建立起语文学科教育的新体系，是当前语文教育理论发展的必然要求。基于此，笔者结合自身经验提出几点思考，以期对语文教育的发展有一定的促进价值。

**关键词：**语文教育；理论体系；思考

## 一、语文教育理论研究的现状

语文教育事业在新中国成立后得到了质的发展，内容不断丰富。语文教学作为整个教育界的一大支流，从当前的研究数据来看，还是十分薄弱的，还不足以对今天的工作进行指导。笔者认为主要存在如下不足。

### （一）缺少科学完整的理论体系

近代知名教育家叶圣陶先生虽就语文教育提出过诸多理论见解，

但仍未为我国语文教育建立起一个成熟的、系统的理论体系。我国近年来对语文教育的投放力度不断地提高，大批人才涌入这个潮流当中来，如魏书生、钱梦龙、宁鸿彬等人，他们一生都奉献在了语文教育行业，但是单由他们几个人还不足以对语文教育起到太大的作用。从近些年来看，语文建设之所以停滞不前，有一个非常重要的原因在于没能对此形成一个强有力的体系。①

**（二）研究意识薄弱**

当前的语文教育中许多内容都是由以往的经验得来的。理论经过时间的沉淀后会变得苍白无力，加上后续的教育者们无法对此进行更加深入的研究而缺乏创新，教育会常常出现停滞的现象。当前的理论教育往往过于片面，只讲到什么应该怎样，而没有具体的方法来告诉大家应该怎么样去做，在实践工作中，这些观点不能较好为大家解决相关的问题，更加无法形成一个大的框架理论来指导工作的进行。

**（三）思维方式死板，缺乏变革**

科学的思维是实现理论建构的前提，不同的思维方式会产生不同的研究结果。当前语文教育理论思想保守，教师教学理论多为经验之谈，缺乏整体的思维方式。

**（四）理论研究脱离实际**

当前有些学者过于浮躁，不能对语文教育理论进行深入的探索，将其他学科的研究方法生搬硬套在语文教育研究上，对语文教育理论的建设起不到实际的效果；还有一些学者的语文教育研究过于注重外在包装，金玉其外，缺少对理论的深入研究，对实践不能起到很好的促进效果。

## 二、关于促进语文教育理论建设的几点思考

为促进我国语文教育理论的建设，提高语文教学水平，笔者就促进

---

①冯桂华.语文教育理论的反思与建构[J].教育研究与评论（中学教育教学）.2009（11）.

语文教育理论建设的措施提出几点自己的思考，以期为语文教育的研究与变革做出一份自己的贡献。

**（一）建立新的汉语言教育的理论体系**

经济的快速发展带动人们对语文教育的研究投资力度的加大，对其研究更加的深入。语文研究者们更加专注教育理论研究，发表了诸多此方面的理论著作。但是从当前来看，语文建设尚待加强。以传统语文教育理论为主体，借鉴国外语文教育理论中的精华，结合我国当前语文教育理论研究现状，构建一套符合国情的科学完善的语文教育理论体系。该体系要涵盖对语文教育研究的准则、内容、对象、方法、作用及意义等方面的研究理论，同事也要对语文教育与科学、时代和人三者之间的关系给出相应的理论研究。该体系作为语文教育的理论依据，可称之为“语文教育学”。[①]它是一项系统性较强的工程，需要相关部门做好各方面的工作，不是单方面、一个人就可以完成的任务。另外，这也并不是意味着新理论架构建立之前，我们就不能在语文领域做出有价值的研究工作了。恰好相反，语文教育方面的很多问题都值得我们去思考和研究。

**（二）赋予现代内涵的研究意识**

当前理论的研究工作无法适应时代的要求，满足不了实践的要求，无法对实践起到很好的指导作用，主要原因之一在于当前进行的语文教育理论研究缺乏现代内涵的意识。笔者认为，语文教育理论研究工作的进行需要具备以下三点意识。

1.竞争意识。当前进行的语文教育理论研究之间的竞争较之教学竞争要弱很多。很多语文教师无法意识到，一个合格、优秀的教师不仅要在教学上有所建树，在教育理论上也要有所研究。他们对学生、对自己的教学成果的低要求导致语文教育理论缺乏来自基层的研究，语文教育理论研究发展缓慢。他们在工作中普遍缺乏成就感和上进心，主要就是因为缺乏竞争意识。另外，在政策方面还没有建立起合理的激励机制，



①王显槐.立足教育创新构建语文教育理论[J].井冈山师范学院学报.2004(01).

无法激发教师主动去思考的意识和想法。所以，学校要高度重视教育理论的研究工作，并将其作为评选优秀教师以及给予激励或者处罚的重要评定依据。只有这样，才能够最大限度地提升教师的理论水平，促进学科和教学水平的发展。

2.民主意识。民主是保持良好学科和学术氛围的前提条件。要坚持广纳言路、百花争艳的方针，在教师队伍中建立一种自由的学术研究和讨论气氛，要鼓励年轻教师大胆创新。

3.前瞻意识。在以前，人们对语文教师和社会发展适应性的研究较少，并且很多都是局限在短期时间里，时间上的跨度不大。很多教师经常是当前需要研究什么课题才会去一窝蜂地去研究。而关于语文教育对科学、对社会的意义以及如何培养未来社会需求的语文教育人才等方面的研究严重不足。例如在语文教学方面，如何培养综合实用型人才的研究没有得到应有的重视。客观发展规律告诉我们，要想促进一门学科和教育体制的发展，语文教育理论界研究的现代性和前瞻性需要更多人关注。

**（三）思维模式的改革**

思维模式的变化牵涉到很多方面，从上面的现状来看，我们必须要重视三个方面的变化。

1.个体思维向整体思维转变。我们在探讨语文教学改革和整个教育体制改革之间的关系时，受个体思维方式影响严重，往往会忽视整体和个体间的联系。不注重整体思维的存在，整体和个体间的辩证关系将无法获得。语文教育也是如此，语文教育的整体是人生活的全部、民族文化的全部，无论小学、中学，哪一时期的语文教育都无法完全替代之。[①]

2.经验思维向系统思维转变。经验思维层次较浅，是系统思维的前提，它无法提供认知客观事物的规律。系统思维的目标性和规律性强，有可遵循的计划程序。将经验思维与系统思维结合是一切事物发展的前

①吴炳全.提高语文教育理论研究水平的几点思考［J］.龙岩师专学报.1995（02）.

提。以系统思维为指导，将研究对象作为序列网进行研究。语文教育来源于生活，与我们的生活息息相关，是人们获取知识、认识世界的重要途径。所以，在提升全民素质水平的同时，还要掌握语文教育的位置。用经验思维去感知，用系统思维去执行，促进这一学科教育的发展与深化。



3.反馈思维向发展思维转变。反馈思维能够帮助我们在古今文化对比中发掘出有利的东西，促进民族特色和民族文化的传承与弘扬。发展思维是对未来进行预测，就可能出现的变动作出相应的调整的一种思维模式。不同思维方式的着眼点不同，而发展思维方式的着眼点在于未来。教育本就是面向未来的一项事业，所以教育理论的研究也要关注未来社会的需求，培养跨世界的综合型人才。语文教育理论研究不能继续沿用落后的封闭思想，必须及时采用发展思维方式，以改善我国语文教学多年不变的现状。

### （四）结合实际，加强语文教育理论建设的重点部分研究

1.目的和任务

第一是要明确这一学科的教学任务、任务的联系和性质。不同学科承担的教学任务和目的不同。语文学科具备着工具属性和人文属性，这就要求其在使用功能教育上下功夫进行改变。也就是让学生尽可能多争取使用汉字进行应用，提升其综合素质。总而言之，学生语言应用能力的提升和创新能力的培养是语文教育的根本目的。

2.教学内容

选定语文教育的内容应该注意以下几点。

（1）对学习语文教材制定详细的实施方案。传授语文知识，一定要做到具有计划性。因为只有做到量身定做，才可以让语文教育发挥出最大的效用。

（2）对琳琅满目的课本进行精选。经济水平提高之后，人们对教育力度也加大了投资，但是面对堆积如山的课本，我们应该要学会选择，“取其精华，去其糟粕”。我们在学习语言阶段，一定要注重每个

阶段的侧重点。但是唯一需要确定的就是，无论是哪个阶段，都不能够减少课本的数量，只有通过大量的阅读，才可以让大家更加清晰地了解其中的精华所在。[①]

3.严格筛选入教材的课文。历来，语言因素的好坏决定着这篇文章是否能够选入教材中，作为广大学生的读物。我们所学习的所有语言，都有“伙伴语言”“目标语言”之分，因此，我们选的课文一定要适合当时年龄段的人们的接受能力和理解能力。

## 三、注重语文教育的阶段性

教育需要始终以人为本，将人当做主体部分。人在不断发展过程中，需要接受不同阶段的不同知识，语文建设也是如此，在发展的过程当中，需要进行阶段性筹备工作。古人讲到“师者所以传道授业解惑也”；古人对教师在传道方面的作用做一个高度强调，在语言方面，只是一个辅助作用。[②]由此我们可以看出，我国古代语文教育之所以不够发达，是因为对此重视力度不够，并且方法也不够科学。但是从中我们也可以看出，语文建设在发展的各个时期都有其不同的发展和要求。它与人类的成长是一致的，不同的阶段需要不同的养分，而语文教育也是如此，不同时期，所需要的侧重点是截然不同的。随着人们见识的不断增长后，人们对语文建设方面的要求也变得越来越高。

人与社会的可持续发展是进行一切教学研究的前提条件。新时期的到来，要求大家要以一个全新的姿态走向社会，在面对社会日新月异的变化，需要不断地进行学习，提高自身的综合素质。为此，语文教育负有不可推卸的责任。考察语文教育的作用还要在时代和科学的发展中去

①王超，陈飞.《语文教学论》教学应坚持“理论与实践相结合”[J].湖南工业职业技术学院学报.2006(02).

②邹花香，李建亮.语文(学科)教育学课程改革的实践与思考[J].九江师专学报.2002(04).

认识。从对当前语文建设的研究上来看，语文建设主要还是为了能够培养出更多适合社会发展的人才出来。我们需要坚定不移地加大对语文建设方面的投资力度，力争做到为社会所用。

（本文刊于《赤峰学院学报》2014 年第 3 期）

# 王开东“深度语文”课堂艺术论析

褚治明
（宁夏师范学院　人文学院）

**摘　要：**如何让语文课堂焕发生命的活力，一直以来都是许多一线语文教师思考的问题。在新课程改革的影响下，有一大批优秀的语文教师在语文教学的田野里不停地进行着探索。王开东老师就以其全新的教育理念以及独特的语文课堂教学艺术成为全国语文教学名师。他的课堂鲜活、广阔，绚丽而质朴，灵动而深沉。他的课堂有灵活多变的导入，有富有诗意的语言，有学生敏捷的思考和大胆的发言。众多的亮点组成了王老师的“非常语文课堂”。

**关键词：**王开东；深度语文；课堂教学艺术

王开东，“深度语文”研究核心成员，全国“名师育名师”首届骨干班成员。其在语文教育和教学研究工作中取得的不菲成绩，引起了语文教育界的关注，同时，他也得到了许多语文教师和学生的敬重。一位教师在读了王开东的著作《深度语文》后感言：“慧敏睿觉，勇开风气之先；敦柔宽厚，不失先贤情致！其课如长风浩荡，裹挟千里，猎猎商商；其人若甘泉佳茗，甘洌馥郁，与之神交，每有进益，不觉使人忘俗！”[①]他的学生李鑫说：“王老师的课，是梦开始的地方，天纵宽，海纵深，心如疾风，飞跃长空。”教育改革家朱永新说：王开东的课堂“是一个活的课堂，一个真实的课堂，一个平等的课堂，一个思想生长的课堂。本来这应该是我们课堂的本色，但是由于考试和分数的压迫，许多课堂都扭曲了，而开东本色的课堂反而成为‘非常课堂’。”[②]



王开东的课何以有如此大的魅力，是什么样的课堂教学艺术成就了如此具有“深度”的“非常语文课堂”？应该说，这首先与他的“理想教育”理念是分不开的。他秉承了朱永新的“新教育”理念，主张“以理想的教育实惠教育的理想”，他高呼“教育，需要理想主义”。正是在这样的理念指导下，他开创了“非常语文课堂”，形成了自己个性鲜明的课堂教学艺术。

## 一、课堂导入——先声夺人

好课的关键之一在于教学伊始能不能引起学生的兴趣，导入往往是课堂的亮点。因此，作为语文教师，精心设计新颖别致的导入语，有助于产生一种先声夺人的教学气势，营造出融洽的课堂教学气氛，吸引学生的注意力，调动学生的情绪，激发他们的思维，从而更加高效地完成课堂的教学目标。

王开东老师在导入环节上一直进行着创新和突破。他的语文课总是与生活息息相关，导入时能结合实际生活，与生活中的所见所闻联系在一起，吸引学生，引发兴趣。如教学泰格特的《窗》时，王开东老师读出了蕴涵其中的诗性之美，并以诗句贯穿课堂的形式传达了这种诗意。

师：2003年高考作文，陕西有个考生写了一首诗歌，在网上炒得很火，同学们知道吗？

---

①王开东.深度语文·诗意地攀登［M］.桂林：漓江出版社，2009.

②朱永新.非常老师的非常课堂［M］//王开东.非常语文课堂.上海：华东师范大学出版社，2006：1–2.

生：不知道。

师：高考作文明确规定，不允许写诗歌，可他写了；明确规定不少于1000字，可他只写了209字；然而这首诗却被评为满分。他也因此改变了中国考试的历史——把高考作文不允许写诗歌，送进了坟墓。

（学生发出了赞叹声）

师：同学们非常敬佩他的创新精神。确实是这样：创新，是一个人发展的基石，是一个民族进步的灵魂。他的这首诗的题目是——《打开窗帘，阳光只有一种颜色》

生：（小声地，多美的名字）

师：可我要问的是：打开窗帘，阳光真的只有一种颜色吗？我以为：在有的人眼里，打开窗帘，他的内心不仅阳光灿烂，而且还能把光明播撒到别人的心灵；而在有的人眼里，却永远只能面对一堵光秃秃的墙。正如北岛的一句名诗：卑鄙——

生：卑鄙是卑鄙者的通行证，高尚是高尚者的墓志铭。

师：很好。下面我们共同走进澳大利亚著名作家泰格特的《窗》，一起见证人性的光辉与暗淡！

在这个导语中，他以一位考生的满分作文——《打开窗帘，阳光只有一种颜色》引入，使学生立刻被“优美的名字”所吸引。同时，王老师还以诗化的语言表达自己对人性的理解，“在有的人眼里，打开窗帘，他的内心不仅阳光灿烂，而且还能把光明播撒到别人的心灵；而在有的人眼里，却永远只能面对一堵光秃秃的墙”。王老师的这种设计，极大地激发了学生的学习兴趣，引发了学生强烈的好奇心，达到了先声夺人的效果。

好的导入给课堂提供了一个序曲，才能使接下来的环节进行得更顺利。再如王老师在教学《人是能思想的苇草》一文时，他突然问学生——人是什么？这样一个旁逸斜出的导入成就了一节关于“人”的大讨论的课，教学效果出奇的好。其实这种导入在王老师的课堂上比比皆是，却不重复。

## 二、课堂讲授——精彩诗意



王老师的学生（2007年苏州文科状元吕曜辉）曾说："听王老师的课，感觉每个字都好像径直地从他的灵魂深处迸涌而出，燃烧着全部信仰的火焰……好像有什么帷幕就在他面前揭开，有什么光辉就在他眼前闪耀，连我们都附带着光亮。"①

王老师的课总是能表现出语文味道之醇厚，文学修养之深厚，审美情趣之丰厚。他从来不会按照"教参"上课，每节课都是自己精心编排，但又可以随意调整，每每引导学生追求语文的深度。如在教学《我与地坛》一课时，当分析到史铁生从残疾后的心理阴影中走出来经历了生命的历练而坚强起来时，他讲道：

> 记得原野在《人生》一诗中这样写道：
> 人生，
> 从自己的哭声中开始，
> 在别人的泪水中结束。
> 这中间的时光，就叫做幸福；
> 人活着，当哭则哭，
> 声音不悲不苦，为国为民啼出血路。

人死了，让别人洒下诚实的泪，
数一数，那是人生价值的珍珠。

诗人用了朴实的言辞道出了生命的真谛。人这一辈子说长不长，说短也不短。或长或短，自有论道。而贯穿其中的生命的意义却是每个人

①王开东.我行我素教语文［M］.北京：教育科学出版社，2012.

毕生的追求。史铁生在这里也提出一个重要的论题，人应该怎样战胜自己的苦难，开始对生命意义的探求。史铁生的个人问题，演变成众生的共同问题——“一切不幸命运的救赎之路在哪里呢？”复旦大学的陈思和教授从“平常心和非常心”的关系来看史铁生的写作，所谓的“平常心”的根基所在，是指“他把内在的痛苦外化，在具体的遭遇抽象化，把不能忍受的一切都扔给命运，然后再设法调整自我与命运的关系，力求达到一种平衡”。这种在根本上认可了苦难的命运和不幸的角色，却不是看轻生命的残酷和伤痛，而是把这生命的残酷和伤痛从自我中抽离出来，去融入一个更大也更恢弘的所在之中。这个“所在”就关系到了“非常心”。它是指“以最真实的人生境界和最深入的内心痛苦为基础，将一己的生命放在天地宇宙之间而不觉其小，反而因背景的恢弘和深邃更显生命之大”，正是在这种情况下，史铁生表现出了自我形象：他静静坐在园子的一角，在融合了过去现在和未来，融合了死生的时间里，看到了包容任何孤独个体的生命在内的更大的生命本相。关于怎样活着和怎样自我救赎的困扰，也终于为生命的永恒欲望而洗涤。[①]他的讲授无迹可寻，但讲出来以后学生会很快跟上他的思路。王老师的课教无定法，但他的语言、思想如涓涓流水，诗意盎然，往往能给学生以深刻的启发和深入的思考。

## 三、课堂提问——曲径通幽

教学中好的问题设计可以使一节课在这些问题的牵引下引发学生思考，激发学生探究。王老师在课堂上很会提问题，回答问题的学生会超过全班的半数，他从来不会直接说出答案，而是“疑问让学生讨论，结论让学生得出”，学生各抒己见，表明观点。例如在教学《林教头风雪山神庙》时，导入新课后，针对这篇小说的情节王老师是这样提问的：

刚才同学们说，《水浒传》中的人物尤其是林冲的性格，经历了一

①王开东.世界上最伟大的声音——《我与地坛》课堂教学实录［M］//王开东.非常语文课堂.上海：华东师范大学出版社，2006：79-80.

个发展变化的过程，下面我们就来研究这个过程。高尔基说，情节的发展史就是人物性格的发展史，这正可用于文本，谁先来说说这篇文章的情节？[①]

在梳理了小说的情节后自然要对人物性格进行分析，然后由人物形象分析过渡到环境分析，这一切都是在问题的牵引下自然巧妙的过渡，不露任何雕琢痕迹。

根据刚才的情节概括，我们来探讨林冲性格的发展变化。谁先来？

刚才同学们谈到雪与火，让我很受启发。文章中几次写到雪，作用各是什么？雪写得很有层次，很有讲究，谁来说说？描写雪有什么作用？

这些问题由浅入深，环环相扣，而且都由学生说出来之后，老师再明确提出。这样的提问对自然环境描写的意义价值，对于引导学生把握环境描写，对人物形象塑造的意义有很大的帮助。所以，王老师用丰富的知识和善于发现的眼睛，巧妙提问，捕捉亮点，借题发挥，“曲径通幽”。

## 四、过程智慧——鼓励犯错

为了让学生变被动学习为主动学习，王开东老师想了很多办法。他发现学生不愿主动回答问题，原因无非就是害怕出错，怕丢面子。为此他开展了如何认识错误的讨论，并提出了一个理念——“鼓励犯错”。因为错误，能给我们教训；因为错误，能让我们前进；因为错误，还能让学生警醒。而在某些时候，所谓的正确却让我们一无所获。王老师还把“畏惧错误就是毁灭前进”贴在教室的明显处。

另外，在每次回答问题之前，他都让学生交流一下，同时还会时不时地表扬和鼓励学生，以提高他们的自信心。在他的课堂上学生不会因为回答不正确而挨骂，自然也不会有“丢面子”的事情发生。终于，害

①王开东.非常语文课堂［M］.上海：华东师范大学出版社，2006.

怕答错问题的学生越来越少，这与他非同寻常的做法不无关系。



## 五、课尾结课——余音绕梁

完美的结课艺术会产生“课虽尽而趣无穷，思未尽”的效果，始终使学生保持浓厚的学习兴趣。

王老师在教学《窗》时这样结课：

师：同学们今天的表现真的非常优秀。现在，我们来共同挑战最后一个难题：如果让你为文章续写一个结尾，要求有创意，切合主旨，符合人物性格，你有哪些好的想法。请同学们思考一下，然后说出来，让我们共同分享。

生17：我想引用顾城的一首诗。

师：顾城的诗，我也很喜欢，你说。

生17：天是灰色的/路是灰色的/楼是灰色的/雨是灰色的在一片死灰中/走过两个孩子/一个鲜红/一个淡绿

师：这个结尾，非常别致，对比的色彩很鲜明。

生18：我想平淡一点。

师：好，平平淡淡才是真！

生18：他，无力地躺了下去，窗外，更加安静了……

师：这个结尾很有意思，静中有动，表面的安静恰恰烘托出人物内心的波动。

（下课了，响起了萨克斯乐曲《回家》）

师：从好的方面，谁来说一说。

生19：于是近窗边，又多了一个重症病人，继续为病友们编造窗外的美景……

师：回答得很好，感觉近窗的人使我们的心灵都受到了一次洗礼。人确实就是这样，比如说我，每次听到《回家》这首乐曲，都深有感触。“回家”，我认为它呼唤的不仅是回到我们身体栖息的场所，更重要的是呼唤我们回归灵魂升华的家园——那就是人类要永远求真、求善、求美。最后，我也想用顾城的一首诗来结束我们今天的这堂课：

我要在大地上，画满窗户。

让所有习惯黑暗的眼睛，都习惯光明。

再一次感谢同学们的精彩解读，谢谢！让我们在《回家》的优美旋律中结束这节课。同学们，再见！

一曲优美的萨克斯乐曲《回家》，配以如诗的语言，王老师的结课很精彩，充满了思维的张力。但这个精彩并没有随着结课而结束，它让学生进入了更深层次的思考。可以说，这个结课真正起到了余音绕梁，不绝于心的作用。

类似的教学艺术展示不胜枚举，“非常语文课堂”的成功离不开王老师的努力和探索。他的成功之路是艰辛的，他的每一次进步都伴随着对过去的反思和对当前的思考。从理想教育到“三有六让”的提出，再到“非常语文课堂”教学艺术的形成，是一个教育工作者孜孜不倦追求的结果。作为全国语文名师，他并没有满足现状，而是不停地阅读、实践、学习、思考完善着自己的教育理念和课堂教学艺术。王老师的课堂教学并不是没有缺点的，面对许多教师的批评、指正，他都虚心接受，因为具备了这些修养才在教育之路上走得更远！

学习王开东课堂教学艺术时，每个教师应该有清醒的认识，在掌握和学习王开东教学理念和课堂教学艺术的同时，贵在活用，不可僵化，应兼容并蓄，理性地审视，合理地付诸教学行为。同时，要有意识进行教学反思，在不断反思和批判中真正达到语文教学科学与艺术的完美结合，形成我们自己的语文教学风格。再次，还要有创新意识，勇于开拓，使语文课堂教学多元化，立体化，并不断地拓宽语文教学设计研究的思路，充实语文教学研究的领域，使语文教学改革之路，走向更加深入的境地。

（本文刊于《中学语文教学参考》2014 年第 3 期）

# 语文教学功利化批判

褚治明[1]　戴　道[2]

（1.宁夏师范学院　人文学院；2.固原市第二中学　语文教研组）

**摘　要：**当前语文教学存在的主要问题是功利化现象严重，主要表现为：原生态课堂功利化、教育信念功利化、公开课、优质课、示范课功利化、语文教育科研功利化等，这些现象对一线语文教师的教育教学思想产生着直接的影响，对此我们要进行批判，并提倡坚持践行语文新课程的教育理念，使语文教学发展步入正确轨道。

**关键词：**语文教育；功利化；课堂评价

当前，笔者认为语文教学的弊端主要表现为语文教学的功利化。事实上，功利以及功利主义在日常生活中一般是作为贬义词使用，指最大限度地追求个人利益，着眼于眼前利益而忽视了长远利益。它导致社会效用至上，物质支配法则盛行，导致人的价值观畸形发展。语文教学中的功利主义，主要是指语文教师在教学过程中急功近利的做法。具体说，就是目前语文教学领域考什么就教什么，怎么考就怎么教，考什么就学什么，怎么考就怎么学，一切围着考试转。不仅课堂情形是这样，在语文教研活动中也往往把是否能提高成绩作为评课的重要依据，有关语文课外活动：比如诗歌朗诵、话剧演出等往往被一些学校取消。而语文教学中的功利主义倾向会导致教师的教育教学观和学生观畸形发展，因为“当教育领域内的功利主义也日渐扩张时，人便被工具化或手段化了。”[①]而教师的工具化或手段化将直接引发教师教育信念危机，影响教师队伍整体素质，进而影响教育质量。所以，语文教学功利主义倾向严重地影响了日常语文教学的正常开展和教师的专业能力提升。

中小学语文教学过程中的功利主义现象由来已久。审视教师“教”的方面，主要有以下情形：



## 一、原生态课堂功利化严重

教学内容主要由语文辅导练习册和语文试卷的内容决定，大多数语文课不是以培养学生的听说读写能力为主，而是以会做题，拿高分为目标，结果导致课堂过度训练，课外作业繁重。

在小学语文教学中，充满人性、人情之美的语文课本被教师分解成一个个知识点，并且给学生明确告知这就是考试内容，然后用频繁的考试排名奖励惩罚强化学生认知。内容单一毫无语文精神的大量的重复强化训练使学生苦不堪言，学生自由读书的时间大大减少。久而久之学生在内容单一毫无趣味可言的语文课上失去了对语文的兴趣。学生一开始就为考试而学习，对自身发展没有“立人”的具体目标，学习动力无法激发，教师一厢情愿的“对学生好”，忘记了没有“生命成长意识”的教学根本无法内化为真正的能力。

过度训练使课堂失去了应有的生命力。由于学生禀赋各异，接受程度快慢不一，教师反复讲解，言者谆谆，听者藐藐。正是小学语文剔除了童趣外衣，使得小小孩童过早的厌学。语文老师研究试卷题型和解题思路，强加给每一个学生，开展针对性练习，学生的读书兴趣被过早抹杀，致使小学生六年级毕业只会做题不会读书。

大部分初中语文课堂更是走入了纯工具训练的羊肠小道，教学过程教师照本宣科，学生照猫画虎，不断的重复训练和繁重的课外作业，室

①张宏喜，徐士强.教育：跨越功利主义，复归人性关怀[J].当代教育论坛，2009(4).

息了学生求知的乐趣。由于不读书，对生活的感悟不会用自己的语言表达，学生作文只好胡编乱造，假大空盛行。课堂呆板无趣，学生思维定势，发现问题和解决问题的能力、动手操作能力、创造力都没有得到正常培养，学生只知道不断重复别人的思想会填空就可以及格甚至高分，就可以获得家长的鼓励和老师的青睐，很多学生几乎一本语文课外书都没有读就进了层次不同的高中。

毋庸讳言，现在升大学容易进重点高中难。而大多数重点高中无非就是训练跟高考的对接更加紧密的“科学”。笔者所了解的高中语文教学，教师很少提倡读原著，认为没用处。现实中，学校最关注的是中考高考上线率，是平均高低几分的排名顺序，重奖的是超额完成“承包”任务的“优秀教师”（哪怕是不惜任何代价包括牺牲自己的身心健康和学生的全面发展得来的高分）。因为教师知道，应试鏖战中抓不到好分数是要被淘汰的，这才是硬道理！如此这般的职业潜规则和生存压力，使普通教师心里最急需的不是那遥不可及的“教育家”梦想，而是决定衣食饭碗的分数；心里最恐慌的也不是能否成为学者，而是被无情的分数淘汰出局。因为分数才是一切的一切。面对高考试卷，语文教师都知道自己的教育培养目标：培养学生正确无误的理解如今的社会规范和官方提倡的道德制度，不允许有丝毫偏差。（极端地说，高考零分作文就是例子。）培养学生自觉地理解试卷所要求的文体知识和一般鉴赏能力，已经不需要自己再发挥些什么。许多高考诗歌鉴赏训练答案的范本竟然是“百度知道”，有独特的看法就是错！好多学生的经验是：看书多了，思考得深刻了，反而不利于做题。因为和“参考答案”相差太远。学生碰壁碰的次数一多，便会痛苦而无奈地自觉回到一条自己不愿意走而又不得不走的路上来。

过度训练造成另一个恶果人所共知：语文德育功能丧失，一切只用来考试。掌握的名言名句是引用的，掌握的各种素材是为作文举例的，看到一首诗首先想到的就是表达方式表现技巧修辞手法，看到一篇小说立刻想到人物塑造情节结构环境描写，看到一篇散文立刻琢磨题目结尾字词句篇，用来考试的什么都有，就是没有语文最基本的要素——文化。除了高考必背的64篇古诗文，学生几乎没有兴趣再背别的诗文。两千多年前的孔子就说过：“德之不修，学之不讲，闻义不能徙，不善不能改，是吾忧也。”正如钱理群教授所说：“我们今天高考所暴露的教育危机，并不在于对知识、能力的训练本身，而是我们走向了科学主义的极端，一方面知识、能力的训练陷入了繁琐哲学，一方面又忽略、排除了作为教育的根本的对人的心灵、智慧的开发，对人的性情的陶冶，人格与个性的培育，独立自由精神的养成，甚至有可能走向窒息与控制受教育者的心灵的反面……”①。更广泛地说，哪一科不是训练先行？原来提倡的精讲精练和精讲多练就是现在对付高考的法宝。随着语文德育功能的丧失，随之而来的便是学生想象力审美力思维能力和创造力的丧失，把包含宇宙人生的广阔高贵的精神天地压缩逼仄到无以复加，只剩下干瘪空洞的说教。进一步说，目前“唯分数化”所形成的残酷竞争和毫无乐趣的学习生活不知道使多少学生精神失常崩溃甚至自杀；“伪圣化”盛行，口号下自私和利己正悄然生长，社会上不断出现的各种关于学生伤害父母，杀害同学，虐待动物，投毒放火的事件几乎都可以在这里找到部分病源。



## 二、教育信念功利化严重

一切跟着考试转，学校的评价机制表现为“分数就是一切”。

“教师的教育信念是一种文化和习惯，是积淀于教师心智结构中的价值观念，它常作为一种无意识的经验假设支配着教师的教育行为。”②从教师认知的层面来看，教育信念是教师对教育教学工作最本质的理解和最基本的看法。不论教育信念是有意识呈现还是无意识存在，但是关于教育的理念以及由这些理念对教育实践所产生的巨大影响是确定无疑的存在。因为“从宏观的角度来说，教师的教育信念包括教

①钱理群.语文教育门外谈·往哪里去？！［M］.桂林：广西师范大学出版社，2003：71.

②傅道春.教师的成长与发展［M］.北京：教育科学出版社，2001：152.

育观、学生观和教育活动观；从微观的角度来说，主要有关于学习者和学习的信念、关于教学的信念、关于学科的信念、关于学会教学的信念和关于自我和教学作用的信念等。”[①]所以教育信念对教师的影响无处不在。从教师实践的层面来看，教育信念影响着教师的教育判断，左右着教师的教育决策，过滤着教师的教育认知，甚至控制着教师的教育行动。所以，教育信念的功利化也是长期以来逐渐形成的。

事实上，教师教育信念功利主义倾向的出现与中小学教师评价功利性导向有直接关系，主要表现为以下几个方面。

### （一）目前语文教学“去自主化”和“去个性化”倾向严重

毋庸置言，语文教学跟教师本身的学识、修养、水平关系很大。语文教学应该是极具个性色彩的教学活动，正如陈日亮先生所说：“我即语文”。语文教学如同文章写作，是“大体须有，定体则无”，至高境界应该是“运用之妙，存乎一心。”这个“心”，按照陈日亮先生所说，是“教师的整体素养”。笔者非常欣赏陈日亮先生的一段话：“教了一辈子语文，仍只坚信一句话，这话是鲁迅说的——‘从喷泉里出来的都是水，从血管里出来的都是血。’语文教师的知识管道不贮满‘语文的水’，精神体内不充盈‘语文的血’，他的思想和语言就不免干涸，并迟早会使自己陷入生存困境。”[②]这些话就是表明了“在开放性的环境中，语文教学只有原则，没有定律。”[③]这就表明了真正的语文课堂必然是充满个性而且充分自主化的。然而现在语文教学的实际情况大多是：集体备课，统一操作；步调一致，严禁僭越。甚至语文教学也讲“堂堂清”，“周周清”，“月月清”，辅助以时隔半月一月就搞的“检测卷”“统测卷”等各种名目的考试，基本上语文教师就“不敢越雷池半步”。个别有思想有个性的教师摒弃功利，想在导、读、编、写等方面下功夫，把课上得新颖别致，以形成自己的教学风格，表现自己

①叶澜.教师角色与教师发展新探［M］.北京：教育科学出版社，2001：232.

②陈日亮.我即语文［M］.福州：福建教育出版社，2007：314.

③陈日亮.我即语文［M］.福州：福建教育出版社，2007：287.

对课文的独特认知。开始学生非常喜欢听，奇怪的是后来学生不答应，因为即时成绩（检测成绩和统测成绩，并不是高考成绩）上不去，“忧心如焚”的家长也直接把电话打到了校长那里，后果可想而知。别说普通教师，大名鼎鼎者如钱理群教授，给中学生上课也遭遇同样的尴尬。（2004年4月，钱理群站在南京师大附中的讲台上，讲授“鲁迅作品选读”选修课，开始学生踊跃，后来“稀稀拉拉”，2005年，钱理群在北大附中和北师大实验中学再次试手，情形一模一样：一开始人很多，慢慢儿地就减少到二十余人。）在现行教育体制下，没有校方的放手支持，语文教学改革需要冒很大的风险。教师对自身的教学现状不满意想有所改变和创新，但是强大的外部因素（如考试）迫使其回到校方规定的路上（如训练），身不由己的教师往往选择放弃而从众。因为在现实中，教学水平和教学艺术高低的直接对应物就是分数。学校评价教师的量化标准就是围绕分数来制定的。这种量化标准过于强调硬性指标，不可避免地会出现导向性偏差，多数教师的教育教学行为极有可能围绕与自身尊严和利益密切相关的各级评优评奖、津贴发放、职称评定而进行。这使得教师在平时的教学中表现出“去自主化”和“去个性化”的倾向。

**（二）教师责任淡化导致教育良知弱化，使语文教学失去其应有功能**

“好的制度能让坏人变好，坏的制度能让好人变坏”，是邓小平提出的一种政治规律，在教育领域内也有着相似的真切之感。教育领域竞争激烈，以硬性的量化标准衡量教师的工作业绩也许是不得已而为之，表面上看是科学化管理，但是忽略了教师工作的复杂性。教师的个人品质、工作态度、敬业精神和职业道德等较为隐蔽的软性的生命内容如果被长期忽视，会使教师失去追求崇高精神的动力，最终导致教师精神上追名逐利、庸俗不堪、工作中拈轻怕重、得过且过的后果。个别教师甚至人生观价值观扭曲，教师观学生观变态，失去了最起码的教师责任和教育良知。近年来媒体上层出不穷的教师残害学生事件就是明证。（笔者撰文过程中，2013年5月8日，海南万宁市发生一小学校长带六名小学生开房事件。）

教师的责任感直接表现为教育良知。所谓“教育良知”，主要是指教师个体或集体在教育实践中，对社会向教师提出的道德义务的自觉意识，对履行教育职责的道德责任感的价值认同和情感体认，以及对自我行为进行道德判断，道德调控和道德评价的能力。教师责任感是教师人格的守护神。而语文教师教育良知的弱化，直接性的后果就是语文课堂应有的教育功能的丧失。

众所周知，语文课堂的教育功能有其特殊性。语文的“教”，实际上是一种多向的对话与交流。更重要的是，“中学教育，特别是语文教育应当赋予学生的生命以一种理想主义、浪漫主义的亮色。……在青少年时期一定要为对真善美的追求打下底子。这种教育是以后任何时期的教育所无法补偿的。人若缺少这种底子是会有问题的。而现在的教育理念和教育结构中都没有这种东西，所以现在的年轻人心中也基本没有这种东西。现在的中学生真是过于懂得现实，过早面对世俗丑恶，过早学会世故，这是很可怕的事。”①所以很难想象，一个没有精神追求，没有信念，缺乏彼岸关怀的语文教师如何能把学生的精神引向崇高的境地。

其实，教师的教育良知也使大多数语文教师明白真正的教育需要什么，但是在强大而急功近利的教育现实面前教师的表现被动而无奈。真正的问题也就出现在这里：教育信念没有把教师的教育认知和教育实践连接为一个整体。教育信念的弱化，使得它没有做到强化教师情感和坚定教师意志的作用，没有为教师寻找“真正的教育”保驾护航——在考试等外部因素的强大压力下，很多教师放弃了自己存在的价值和意义，那就是语文教师应该成为具有丰厚文化底蕴、谙熟人类文明历程、能确立现代社会核心价值（如自由、民主、平等、人权等）、有思想有灵魂的人。

①钱理群.语文教育门外谈［M］.桂林：广西师范大学出版社，2003：76.

## 三、公开课、优质课、示范课功利化严重

公开课、优质课、示范课（以下简称三课）一直是教师交流学习、教学研究、专业发展的重要平台。在现实中，“三课”活动和教师评职称、晋升挂钩，早已成为教师追求高速发展、快速成名的主要场所。教师参加市县一级的“三课”活动所取得的证书、成绩已经是教师评职称的一个硬件。事实上，许多在全国有影响的教师基本上都是在全国的“三课”评比中脱颖而出的，“三课”活动的正面效应我们应该加以肯定，此不赘述。但我们不得不正视的是，由于现实教师评价错位导向，“三课”活动已经背离促进教师专业发展的初衷，成为追名逐利的场所。许多在校后勤人员为了评职称，也不得不通过暗箱操作弄来“三课”优等证书作为硬件。

功利主义导向下的语文“三课”活动弊病尤多。由于现代网络媒体的强大，复制一节成功的课型已经是很便利的事情。因此上，语文“三课”活动出现许多共同特征：同样形式的讨论、同样形式的提问、同样形式的师生互动，甚至上课环节都十分雷同。教师只需按照既定套路、模式主导学生认真严格地按照教学设计表演，不用考虑教学内容和教学对象的特殊性，教学过程呈现出程式化、表演化的特点。语文界把这种课叫“作课”，本意是让“作课”教师展示课型供研究讨论之用。但是，教师追求成名的“三课”活动早已脱离教育实际与教育理想。教师形象的把这些课叫“上好一节课”，它和“上好每一节课”还是有很大的差距。

因为，语文教学方法不能定于一尊，它总是自然的随机而施，千变万化，乃至于无法可施而又不得不施，如行云流水，教师所施之“法”皆于“不自知”中展现出来。正如陈日亮先生所言：“我们需要的是真诚且真实的对自己语文教学的生命体验，写出和说出自己的真的声音，而不是借助外来的理念别人的言说和自己浅层的经历和感觉整合出来的

文字，不是'做'出来的经验谈。"[①]语文"三课"活动饱受诟病的原因即在此。表面上课堂热热闹闹，实际上效果甚微。因为功利化严重，过度追求"表演效果"，实质上缺乏生命活力和灵性，只不过是教师展示其娴熟的授课技巧给评委看罢了。学生处于工具地位，这样的课就失去了教育价值，使得原本纯真的教育活动走向异化。令人更担忧的是，一节优质课挣来现实的好处太多，如评优评职称提干优先，到处上观摩表演课，然后是教学能手、名师、学科带头人等称号接踵而至。这对于多数默默无闻、辛勤耕耘的教师不公，也会助长教师之间争名争利、弄虚作假的风气。一堂课的成功只能证明这堂课的成功，不代表也不等于这位教师的全部才学。评价教师的体系过于简单化、功利化，极易挫伤真有个性与才华的教师的积极性。

## 四、语文教育科研功利化

"做研究型教师"不仅仅是鲍传友先生的一本书，这句话已经成为现代教师专业发展的先进理念和广大教师的崇高追求。教师在鲜活的教学实践中开展教育科研是促进教师成长的重要途径。但是在中小学教育科研中的确存在着"伪科研"。李镇西先生早在2003年就指出"伪教育科研"的十大表现，现在读来现实感竟然特别强[②]。有很多教师写论文只是为了评职称的需要，我们暂称"职称论文"；搞课题研究也不是为了解决实际教学过程中产生的问题，而只是为学校"增光添彩"，为自己的教学生涯锦上添花，我们暂称"名誉课题"。

目前，功利化严重的"职称论文"泛滥，量大质劣，人所共知。由于职称关乎教师切身利益，而职称评定是否有论文是一个"参考硬件"，许多"虚假论文"便应运而生。剽窃抄袭，请人代写，花钱购买托关系发表，甚至替人写发论文成为一种专门行业。"论文代写"

①陈日亮.我即语文[M].福州：福建教育出版社，2007：291.
②李镇西.教育科研：警惕"伪科学"[J].科学咨询（教育科研），2003，(3).

广告充斥网络，贴满校园。不少语文教育报刊推崇的所谓有“实用价值”的“论文”，原来是“剪刀加糨糊”，现在是“复制加粘贴”。比如题目汇编、解题技巧、文章的阅读分析、知识讲解、作文的应试技巧等充斥语文报刊的各个版面，让人不敢恭维。从研究“如何教”到“如何考”，这些“教科研”对语文教学规律性的东西都阐述得少而又少，更谈不上挖掘语文学科的人文价值、人文底蕴，将充满人性、人情之美的语文变成枯燥的技巧之学、知识之学，语文“教科研”变成了纯技术的、急功近利的“考试之学”。而这些大家心知肚明的虚假论文，年终统统会成为一所学校的科研成果。

和“职称论文”相比，“名誉课题”更是“华而不实”，“说做各异，阳奉阴违”（李镇西语）。现在许多教育者特别是一线校长和教师心目中的“课题”，主要是来自上级教育行政或科研部门下达的“课题”——“市级课题”、“省级课题”、“国家级课题”等。在科研环节上，教师的时间和精力大都耗费在课题的立项、开题和结题上，对于课题申报后的实施研究并没有足够热情。正如有论者说，“因为在现在的中国，所有的‘教育科研课题’一旦立项开题，定会成功，而绝不会失败。难道不是吗？试问，这么多年来，全国中小学承担了多少‘课题实验’？这些课题有哪一项被宣布过‘实验失败’？本来，既然是科学研究，就必然存在着成功和失败的双重可能，而对于真正的科学研究来说，失败也是有意义的。但唯独中国的教育‘课题实验’，无论其过程如何，一旦到期，专家验收时均宣布‘取得了预期的成果’”。[①]

功利化十足的语文教育科研，导致的直接后果就是教师的盲目跟风和对自己实践主体地位的放弃，丧失了自己的教育理想，丧失了生命的建树，心灵的感召和精神的创生，回到最现实的对应试鏖战中的好分数的追求上。

总之，以上四种语文教学功利化现象早已出现，既有其现实原因，还有着体制层面的更深刻的历史原因和社会原因。急功近利的自上而下

①李镇西.教育科研：警惕“伪科学”[J].科学咨询（教育科研），2003，（3）.

的学校评价制度在高考的重压下似乎变本加厉，愈演愈烈。虽经过屡次改革，但最后总是不了了之。国家鼓励语文教学改革，但是这种改革碰到高度集权和统一化的刚性教育体制上，便很快溃不成军。因为教育者和被教育者都被剥夺了自主权，只能被动地接受和顺从。从这个意义上说，广大普通语文教师一方面是功利化语文教育的执行者，也是这种畸形教育制度的受害者。李政涛说，我们培养出来的是“一群有知识无智慧、有目标无信仰、有规范无道德、有欲望无理想的一代人，”并非危言耸听，因为越来越多的有悖情理的事件（青少年杀父杀母杀同学残害虐待动物以及自杀）似乎越来越有力证明这一点。“如今的教育并不缺少先进的教学方法和教学设备，并不缺少教育思想和教育著作，也不缺少教育学的教授和博导，但唯独缺少有灵魂的教育。那种饱含对生命的终极关怀，对人的自由、公正和生存尊严的教育已经远离我们，被淹没在利己主义、机械主义和实利主义的冰水之中。”但是，作为语文教育工作者，我们还是应该铭记钱理群先生的一段话：“中小学语文教育主要应培育学生对真善美的追求，对彼岸理想世界的向往与想象，对人类、自然、宇宙的大关怀，对未来事物的好奇心，并由此焕发出内在与外在的激情，生命的活力，坚强的不屈不挠的意志力，永不停息的精神的探索，永远不满足于现状的批判与创造的欲求。”[①]看来，对功利化语文教育教学的克服和摒弃，寻找有灵魂的教育，我们正走一条荆棘丛生的路上，坎坷曲折，任重而道远。

（本文刊于《中学语文》2014年第3期）

①钱理群.语文教育门外谈[M].桂林：广西师范大学出版社，2003：9.